Ohne Stress leben

GUY BODENMANN | CHRISTINE KLINGLER

OHNE STRESS LEBEN

Die besten Strategien zur Stressbewältigung

Ein BILD am SONNTAG-Ratgeber – kompetent, umfassend, topaktuell

Die Autoren

Guy Bodenmann ist Professor für Klinische Psychologie an der Universität Zürich (Schweiz). Er ist spezialisiert auf Stressforschung und entwickelte mit »stressfit« und »paarlife« wissenschaftlich fundierte Programme zur Stressbewältigung.

Christine Klingler Lüthi studierte Sprachwissenschaften (Anglistik, Germanistik, Japanologie) an der Universität Zürich. Sie ist freiberufliche Lektorin (spezialisiert auf die Themen Psychologie und Gesellschaft), verheiratet und Mutter von zwei Teenagern.

Ratgeber Edition der BILD am SONNTAG
1. Auflage 2013
© 2013 Axel Springer Schweiz AG
Titel der in der Beobachter-Edition erschienenen Originalausgabe: Stark gegen Stress
© 2013 Axel Springer Schweiz AG
Alle Rechte vorbehalten

Redaktion der BILD am SONNTAG Ratgeber Edition: Stephanie Quandt
Umschlaggestaltung: Wunderhaus
Foto Umschlag: gettyimages
Fotos Inhalt: iStockphoto, Fotolia
Infografik: Daniel Röttele
Typografie: Cornelia Federer
Druck und Weiterverarbeitung: CPI Books GmbH, Ulm

ISBN 978-3-906185-02-6

Inhaltsverzeichnis

Vorwort

Liebe Leserin, lieber Leser,

Bücher zum Thema Stress gibt es jede Menge. Was hat uns also dazu bewogen, noch eins zu schreiben?

Eines unserer Hauptanliegen war, den Stressprozess als den komplexen und vielschichtigen Vorgang zu erklären, der er ist. Dabei spielen das Selbstwertgefühl und die soziale Lebensgeschichte eines Menschen eine Rolle. Aber auch die Wertschätzung für das, was er tut. Sowie seine Fähigkeit, zu leisten, zu lieben und zu genießen, seine Werte, die Sinnfrage und die Dimension der Zeit. In jahrelanger eigener Forschung und klinischer Arbeit wuchs der Wunsch, einen neuartigen Ratgeber zu schreiben, der unsere Leser aufmerksam macht für diese vielen Stress-Aspekte.

Im Gegensatz zu anderen Ratgebern konzentrieren wir uns nicht nur auf den einzelnen Menschen und seine ganz persönlichen Möglichkeiten, Stress zu bewältigen. Wir beziehen auch den Bereich Partnerschaft und Familie mit ein, in dem wir seit Jahren intensiv forschen. Gerade für diese Schnittstelle zwischen Einzelperson und Partnerschaft bieten wir eine Menge wertvolle Anregungen für eine bessere Stressbewältigung.

Es geht in diesem Ratgeber nicht vor allem um Tipps und Anleitungen – obwohl die natürlich auch vorkommen. Doch in erster Linie wollen wir Verständnis dafür wecken, weshalb es manchmal nicht so einfach klappt, eine Kritik mal eben wegzustecken, eine Aufgabe zielstrebig anzugehen, einen Misserfolg leicht zu verdauen oder eine Hürde mit links zu nehmen. Und wir möchten zeigen, wie Sie das eben doch hinkriegen können – nämlich dann, wenn Sie besser verstehen, wo die Fallen liegen, in die man hineintappen kann.

Stress sitzt oft tiefer, als man auf den ersten Blick denkt. Wichtige Fragen sind: Warum ist das so? Und weshalb können tägliche Widrigkeiten so dauerhaft stressen? Wenn Sie diese Zusammenhänge verstehen, dann werden Sie sich (und auch anderen) erfolgreich helfen können. Dann werden Sie einfach ohne Stress leben.

Guy Bodenmann, Christine Klingler Lüthi
im März 2013

11

MEHR SPIELRAUM IM UMGANG MIT STRESS

1

Gestresst sind heutzutage ja alle – es gibt kaum jemanden, der sich nicht darüber beklagt. In diesem Buch wird Stress als vielschichtiges Phänomen beschrieben. Und mit dem können Sie auf ebenso vielschichtige Weise umgehen.

Das Modell des Stresshauses

Ein einsames Haus auf einer Klippe am Meer – oder ein kleines Stadthaus in einem netten Wohnviertel? Lassen Sie beim Entwurf Ihres persönlichen Stresshauses Ihre Fantasie spielen. Denn eins Ihr Haus sicher nicht: ganz schlicht und gewöhnlich.

Dieser Ratgeber sieht Stress ganzheitlich. Was heißt das? Das Buch beschränkt sich nicht nur auf einzelne konkrete Aspekte und Handlungen. Sondern es versucht, tiefer zu gehen. Denn Stress ist eine Mixtur aus äußeren Ereignissen, inneren Reaktionen und Persönlichkeitsmerkmalen! Die äußere Welt mit ihren Anforderungen lässt sich ja leider oft kaum beeinflussen. Aber die persönlichen Reaktionen darauf schon. Hier kann jeder Einzelne aktiv werden, seinen eigenen Spielraum innerhalb dieses Zusammenspiels zwischen Außen und Innen abstecken – und zum Glück auch erweitern.

Widerstandskraft, Wind und Wetter

Das Modell vom Stresshaus, dem Sie in diesem Ratgeber begegnen, ist ein Symbol für Ihre Widerstandskraft gegen Stress.

Stellen Sie sich vor, dass Ihr Stresshaus so etwas ist wie Ihre gesamte Persönlichkeit mit all ihren Eigenheiten. Und stellen Sie sich vor, dass der Stress die Form unterschiedlichster Witterungseinflüsse annimmt: Wind in verschiedenen Stärken, vom Säuseln bis zum Orkan. Wasser in Form von Regen, Hagel, Schnee, vielleicht sogar Sturmfluten oder Lawinen. Erdbeben, die manchmal kaum wahrnehmbar, manchmal aber erschütternd sind. Ihr Stresshaus ist – sinnbildlich gesehen – all diesen Einflüssen ausgesetzt. Die unterschiedlichen Wetterlagen sind quasi der Stress in seinen verschiedenen Schattierungen, Ausprägungen und Stärken im Alltag – und Ihrer persönlichen Lebensgeschichte.

Warten und pflegen

Wer sich regelmäßig um sein Stresshaus kümmert, stellt sicher, dass es nicht verlottert. Oder anfängt, Schwachstellen zu entwickeln, durch die zerstörerische Witterungseinflüsse ein leichtes Spiel haben. Viele Wartungsarbeiten können Sie selbst erledigen, einiges können Sie auch selbst reparieren (zum Beispiel mit Hilfe dieses Ratgebers). Für anderes brauchen Sie vielleicht die Unterstützung von Experten. Wie bei Unterhaltsarbeiten an einem normalen Haus kann man nicht alles selbst schaffen. Doch größere Reparaturen können durch eine gute Pflege des Hauses vermieden oder minimiert werden. Ein gut gebautes, solides Haus kann gut eine Generation ohne nennenswerte Schäden überstehen.

Das Stresshaus ist kein 08/15-Haus mit klar getrennten Stockwerken und Räumen. Im Gegenteil: Es ist ganz besonders verschachtelt und komplex angelegt. Weder die Etagen noch die Räume sind strikt voneinander getrennt, sondern alle Ebenen gehen ineinander über und sind miteinander verbunden. Es gibt Zwischenebenen, Durchgänge und Treppenverbindungen an Orten, wo man sie kaum erwartet. Und jeder Raum hängt mehr oder weniger direkt mit den meisten anderen Räumen zusammen.

Es ist ein Haus, in dem alles mit allem in Verbindung steht – eine Glanzleistung der Architektur, kühner als alle Bauten, die Sie kennen. Ihr Stresshaus ist etwas Besonderes, eine spezielle Schöpfung. Es ist einzigartig.

HINWEIS *Ein gutes Stresshaus ist kein Fertigbau, der in wenigen Wochen hochgezogen wird. Es ist ein über Jahre solide aufgebautes, sorgfältig gepflegtes, von Leben erfülltes Haus, an dem der Bewohner immer mal wieder Veränderungen und kleine Umbauten vornimmt. Ein Haus, das in allen Räumen die ganz einzigartige Persönlichkeit des Besitzers widerspiegelt.*

Die Ebenen des Stresshauses

Stellen Sie sich Ihre Widerstandskraft gegen die Witterungseinflüsse so vor: Als ein Haus mit mehreren Stockwerken, von denen jede Etage eine

15

Das Stresshaus

DER DACHBODEN
Hier geht es um Werte und um Sinn.
Einen Sinn zu erkennen und eigene Werte zu
haben, bedeutet Orientierung im täglichen Tun.
Das wirkt stressmindernd.

DER 3. STOCK
Er repräsentiert konkrete Strategien
einer Person im Umgang mit Stress.

DER 2. STOCK
Er stellt das aktuelle Befinden einer
Person dar; ihre Leistungs-, Liebes-
und Genussfähigkeit.

DER 1. STOCK
Hier sind Wertschätzung und Anerkennung
angesiedelt. Die Wertschätzung, die andere,
aber auch wir selbst uns entgegenbringen,
stärkt das Selbstwertgefühl.

DAS FUNDAMENT
Es repräsentiert das Selbstwertgefühl.
Ein gutes Selbstwertgefühl bedeutet
psychische Stabilität und damit eine
gute Stressresistenz.

DER BLITZABLEITER
Wenn nichts mehr geht, ist Hilfe von außen nötig.
Der Blitzableiter symbolisiert Fachleute,
die beim Weg aus der Krise Unterstützung bieten.

DREI LEITUNGSSYSTEME
Sie versinnbildlichen alles, was zu Ihrem Wohlbefinden und damit zur Stressresistenz beiträgt.

ELEKTRIZITÄT
Sie steht für die Bedeutung
der Zeit im Zusammenhang
mit Stress.

WASSERVERSORGUNG
Sie symbolisiert die
Ernährung – ein Faktor,
der Stress verstärken
oder mindern kann.

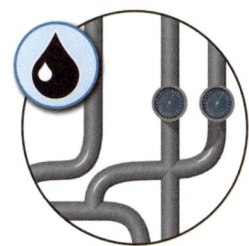

HEIZUNGSROHRE
Hobbys, Freunde, Muße:
Das sind die stressaus-
gleichenden Aktivitäten,
die durch die Heizungsrohre
repräsentiert sind.

bestimmte Funktion in Ihrem Umgang mit Stress hat. Wie bei einem Gebäude kommen nicht nur Einflüsse von außen zum Tragen. Sondern auch im Inneren des Hauses kann es zu Funktionsstörungen, Verschleißerscheinungen, Materialermüdung und Schäden kommen. Es ist also wichtig, drinnen und draußen anzusetzen.

 HINWEIS *Nur darauf zu achten, dass die Fassade gut aussieht, reicht nicht, um Stress wirksam zu bewältigen.*

Das Fundament für Stabilität

Das Fundament eines Hauses ist entscheidend für seine Stabilität und für die Qualität aller weiteren Stockwerke. Es entspricht beim Menschen dem Selbstwertgefühl. Das wird vor allem in den frühen Kinderjahren und in der gesamten späteren »Lerngeschichte« einer Person ausgebildet. Zu dieser »Lerngeschichte« gehören positive und negative Erfahrungen, die jemand in Bezug auf den Stellenwert macht, den man bei anderen – ganz besonders bei den Eltern – hat. Dazu gehören aber auch Erfahrungen, die man mit seiner eigenen Wirkung macht. Erfahrungen von Erfolgen und Misserfolgen in verschiedenen Lebensbereichen. Und Rückmeldungen dazu von wichtigen Bezugspersonen (Eltern, Lehrern, Freunde, Geschwister, Verwandte).

Für das Stresserleben ist dieses Fundament ausschlaggebend (siehe Kapitel 4, Seite 91): Ein gutes Selbstwertgefühl und eine realistische Einschätzung der eigenen Einflussmöglichkeiten (internale Kontrollüberzeugung, Selbstwirksamkeitserwartung) verleihen uns Menschen psychische Stabilität und Stressresistenz – es sind also sehr wirksame Puffer gegen Stress.

 INFO *Wer aus was für Gründen auch immer sein Selbstwertgefühl nicht positiv entwickeln konnte und sich häufig unsicher, ängstlich, überfordert, ohnmächtig und ausgeliefert oder wertlos fühlt, der ist auch anfälliger für Stress.*

Im ersten Stock: Wertschätzung und Anerkennung

Das Selbstwertgefühl hat viel mit eigener und fremder Wertschätzung zu tun. Gleich oberhalb des Fundaments, im ersten Stock, »wohnen« daher Wertschätzung und Anerkennung. Hier sind die zentralen Fragen: Kann

18

eine Person sich selbst Wertschätzung entgegenbringen? Und erfährt sie im Alltag von anderen – zum Beispiel vom Partner, vom Vorgesetzen, von Arbeitskollegen, von Freunden oder Bekannten – Wertschätzung, die sie für sich verbuchen kann und die ihr gut tut?

HINWEIS *Selbstwert und Wertschätzung sind eng miteinander verbunden. Denn ob jemand sich selbst Wertschätzung entgegenbringen und die Wertschätzung anderer für sich »verbuchen« kann, hängt direkt mit dem Selbstwertgefühl zusammen (mehr ab Seite 91).*

Im zweiten Stock: das aktuelle Befinden

In der zweiten Etage sind drei Elemente angesiedelt: Ihre Leistungsfähigkeit, Ihre Liebesfähigkeit und Ihre Genussfähigkeit. Sind diese drei Dinge voll funktionstüchtig, so ist ein Mensch psychisch und physisch gesund und gut gerüstet gegen Stress. Der kann gut bewältigt werden und führt selten zu Störungen und Ausfällen in den drei Bereichen.

Der zweite Stock des Stresshauses steht also für die aktuelle Verfassung einer Person, ihr allgemeines Befinden. Tatsächlich kann man auch mit einem geringen Selbstwertgefühl als Fundament trotzdem im Alltag eine einigermaßen gute Funktionsfähigkeit erreichen – vorausgesetzt, dass man genug Fähigkeiten und Mittel hat, die das mangelnde Selbstbewusstsein gewissermaßen kompensieren.

Im dritten Stock: Kompetenzen, Ressourcen, Strategien

Im dritten Stock »leben« Ihre Kompetenzen zur Stressbewältigungs. Die praktischen Ressourcen, die Ihnen im Umgang mit Stress zur Verfügung stehen. Dabei handelt es sich einerseits um Ihre Art, Stress zu bewältigen. Aber auch um Ihre Strategien, die Sie für bestimmte Situationen haben, und Ihre aktuellen Bemühungen um ein gesundes und stressverträgliches Leben. Konkret geht es hier also um Ihre Fähigkeiten, sich gegen vermeidbaren Stress zu schützen. Und bei nicht vermeidbarem Stress angemessen zu reagieren.

INFO *Das dritte Stockwert entspricht Ihrem Repertoire zur Stressbewältigung in all seinen Facetten. Dieses Programm ist ständig im Fluss, verändert sich, Es kann trainiert und ausgebaut werden.*

Der Dachboden: Werte und die Sinnfrage

Der Dachboden entspricht schließlich weiteren wichtigen Bestandteilen der Stressentstehung und des Stresserlebens – nämlich Ihren persönlichen Werten. Und der Frage: Welchen Sinn haben diese Werte in Bezug auf Alltagssituationen, aber auch ganz generell auf Ihren Lebensentwurf? Welche Rolle spielen diese Werte in Stresssituationen? Und welche Mittel bieten sie?

Bei den einen ist der Dachboden besonders wichtig, ein Herzstück des Hauses und ein Zufluchtsort, der inneren Halt und Orientierung bietet. Andere betreten ihn fast nie – im Modell vom Stresshaus bedeutet das, dass diese Menschen eine geringe Wertorientierung haben, Philosophie und Religion als unbedeutend erleben und/oder hier »oben« vor allem Schrott und Abfall deponieren (Speicherung von negativen Haltungen und zerstörerischen Vorbildern). Ein Dachboden, der so vernachlässigt ist, taugt wenig als Hilfe im Umgang mit Belastungen. Denn eine Orientierungslosigkeit im Bezug auf Werte kann zu zusätzlichem Stress führen.

Das Leitungssystem: Ernährung, stressausgleichende Aktivitäten und Zeit

Wie der lebenswichtige Blutkreislauf im Körper zieht sich durchs ganze Haus hindurch ein System von Leitungen und Rohren. Heizungsrohre, Stromkabel und Wasserleitungen machen das Haus erst bewohnbar und versorgen es mit lebenswichtigen Dingen. Das Leitungssystem ist ein Sinnbild für all das, was Sie brauchen, damit Sie im Alltag gut klar kommen und dem Stress die Stirn bieten können:

- Die Elektrizität steht für die Zeit, die Sie aufwenden müssen, um gesund zu bleiben, sich erholen zu können und für andere da zu sein.
- Die Wasserversorgung ist das Symbol für eine gesunde Ernährung, die Stress entgegenwirkt.
- Die Heizungsrohre repräsentieren die Energie, die Sie brauchen, um gesund und stressresistent zu bleiben. Konkret meinen wir damit Ihre Fitness. Aber auch die Energie, die Sie aus Hobbys, Entspannung, Genuss und dem Zusammensein mit anderen Menschen ziehen können

Blitzableiter für Notfälle

Dass der Blitz einschlägt und eine Verwüstung anrichtet, ist selten. Doch gerade für solche Notfälle ist der Blitzableiter wichtig: Damit sind Experten gemeint, die unterstützen (Arzt, Psychotherapeut, Seelsorger, andere professionelle Vertrauenspersonen). Bei denen man die Sorgen und Nöte abladen kann, wenn es nicht mehr gelingt, sie selbst zu bewältigen. Wie wenn der Blitzschlag in ein Haus trifft, ist hier Hilfe von außen notwendig.

Fertig gebaut hat man nie

Im und am Haus gibt es immer etwas zu tun – es ist nie komplett zu Ende gebaut und bleibt dann für alle Ewigkeit unverändert bestehen. Das ist auch gut so, denn es bedeutet, dass Sie auf allen Ebenen Ihres Stresshauses immer wieder etwas verbessern können:

■ Nehmen Sie sich ausreichend Zeit für sich, zur Erholung, für Ihre Partnerschaft, für die Pflege von Freundschaften? → Prüfen Sie die Energieversorgung Ihres Hauses und verbessern Sie sie eventuell. Anregungen finden Sie auf Seite 178.

■ Kommen die schönen Dinge des Lebens bei Ihnen genügend zum Zug? → Es ist gar nicht so schwierig, das Zimmer seiner Genussfähigkeit besser auszustatten. Ideen finden Sie ab Seite 138.

■ Können Sie die Komplimente Ihrer Umgebung nicht ernst nehmen? Bekümmert Sie jedes kritische Wort? Haben Sie öfter das Gefühl, dem Lauf des Lebens einfach ausgeliefert zu sein, ohne selbst etwas verändern zu können? → Ihr Fundament braucht Unterstützung! Es ist notwendig, den Unterbau mit geeigneten Maßnahmen dauerhaft zu stabilisieren und den eigenen Handlungsspielraum zu erweitern. Mehr zu den zentralen Themen Selbstwertgefühl, Kontrollüberzeugungen und Wertschätzung sich selbst gegenüber siehe Kapitel 4 (Seite 97).

■ Fühlen Sie sich häufig ausgelaugt, vom Alltagsstress überrannt und ihm ausgeliefert? Machen Ihnen Kleinigkeiten das Leben schwer? → Lesen Sie ab Seite 163, wie Sie Ihre Kompetenzen zur Bewältigung von Stress verbessern können.

■ Wie sieht es mit Ihrer Leistungs- und Liebesfähigkeit aus? → Wünschen Sie sich dazu Anregungen, dann lesen Sie ab Seite 134.

■ Welche Rolle spielen Werte oder die Frage nach dem Sinn des Lebens bei Ihnen? → Falls Sie sich gerne mit diesen Themen im Zusammenhang mit Stress auseinandersetzen möchten, dann lesen Sie ab Seite 228.

■ Alle Stricke reißen? → Falls Sie einen Blitzableiter, also einen Experten, brauchen, der Sie unterstützt, geben wir Ihnen auf Seite 200 und im Anhang einige Tipps, wie Sie eine geeignete Person finden.

Dieser Ratgeber soll Ihnen helfen, herauszufinden, auf welcher Etage in Ihrem Stresshaus Handlungsbedarf besteht. Sie werden hier keine einfachen Tipps und Ratschläge für provisorische Reparaturen finden, die schon wieder nachgebessert werden müssen, kurz nachdem sie gemacht worden sind. Dieses Buch versucht, den grundlegenden Ursachen für Stress nachzugehen. Weil man bei denen ansetzen muss, um Stress dauerhaft zu bewältigen. Hier finden Sie Vorschläge, was Sie konkret unternehmen können, wenn Sie in Ihrem Stresshaus Schwachstellen entdecken.

TIPP *Ihr Haus instand halten: Das ist Ihre Aufgabe, bei der wir Sie nur anleiten können. Die Arbeit selbst können wir Ihnen nicht abnehmen. Doch wenn Sie erkennen, wie verschiedene Faktoren zusammenwirken, und wenn Sie sich bewusst werden, wo Sie ansetzen müssen, haben die Veränderungen auf alle Lebensbereiche einen positiven Einfluss.*

Zwischenfrage: Ist jeder an seinem Stress »selbst schuld«?

Die Kernaussage des modernen »transaktionalen Stressmodells« (siehe Seite 14), auf dem dieses Buch aufbaut, lautet: Stress und negatives Empfinden resultieren direkt daraus, wie man eine Situation persönlich bewertet. Die Folge dieser Annahme ist: Jeder schafft sich viel von seinem Stress selbst.

Bedeutet das nun, dass man die Verantwortung dafür auch komplett selbst übernehmen muss? Dass es eine rein persönliche Sache ist, ob man unter Stress leidet oder nicht? Ist diese Sicht vielleicht sogar Munition für eine innere Stimme, die ab jetzt sagen könnte: »Wie, du bist schon wieder gestresst? Selbst schuld!«?

Die Antwort auf diese Fragen lautet: Ja und nein. Es gibt Veränderungen in der Gesellschaft und in der Arbeitswelt, die eindeutig stressfördernd sind – auf sie kommen wir noch in verschiedenen Kapiteln dieses

Ratgebers zu sprechen. Dazu gehören zum Beispiel ein schnelleres Tempo in der Arbeitswelt und die zunehmende Flut von Informationen aller Art, die man »filtern« muss. Die hohe Mobilität der modernen Gesellschaft, das allgegenwärtige »Multitasking«, die rasanten Entwicklungen in den Bereichen Informatik, Kommunikation und Produktion. Der Verlust von Verbindlichkeiten in der Gesellschaft. Die Individualisierung und Selbstverwirklichung, die dem Einzelnen zwar mehr Freiheiten geben, ihn aber auch dazu verpflichten, daraus nun ganz allein für sich selbst ein gutes Leben zu gestalten. Die Globalisierung und viele weitere Entwicklungen, die Stress begünstigen.

Gegen diese stressfördernden Veränderungen in der Gesellschaft können Sie als Einzelperson nicht viel ausrichten – Sie können nur lernen, die Umstände anzunehmen oder im Rahmen Ihrer Möglichkeiten zu beeinflussen. Was Sie allerdings durchaus tun können: sich Ihren eigenen Anteil am Stressempfinden bewusst zu machen. Und dann Ihren Spielraum – mittendrin in diesen schwierigen Gegebenheiten – so weit wie möglich auszunutzen. Denn das verbessert ganz aktiv Ihre Fähigkeit, mit Stress klarzukommen. Die Dimensionen dieses Spielraums sind nicht bei jeder Person gleich, sie hängen von einer Menge Dinge ab: von Ihrer Persönlichkeit, von Ihrem (familiären) Umfeld, von Ihrer psychischen und physischen Gesundheit und von der genetischen Veranlagung. Aber auch von Ihren finanziellen und zeitlichen Möglichkeiten. Und, ganz wichtig bei der Stressbewältigung, von Ihrer Motivation und Ihrem Engagement.

Den Handlungsspielraum optimal nutzen
Wie Sie Ihren Handlungsspielraum ausloten und zu Ihren Gunsten nutzen können, das ist das Kernthema dieses Buches. Denn nur Sie sind der Eigentümer Ihres Stresshauses. Sie allein können und sollen an Ihrem Gebäude Verbesserungen vornehmen.

Im nächsten Kapitel geht es darum, wie Stress entsteht und welche Faktoren die Reaktion darauf beeinflussen. Mit diesem Wissen können Sie sich aufmachen zur Erkundung Ihres Spielraums. Denn einen Spielraum gibt es in fast jeder Situation – und sei er noch so klein.

DER ALLTÄGLICHE STRESS MIT DEM STRESS

2

Natürlich gibt es die großen Ereignisse, die uns belasten – zum

Beispiel ein Verlust oder eine folgenschwere Entscheidung.

Doch im Alltag sind es häufig Banalitäten, die uns zusetzen. Worauf

und wie stark wir reagieren, darum geht es in diesem Kapitel.

25

Stress früher, Stress heute

Stress gibt es in allen Lebensbereichen. Deshalb bringt es langfristig nicht viel, sich hier nun auf einzelne Situationen zu konzentrieren. Wer dagegen seinen eigenen Mechanismen auf die Spur kommt, der profitiert von der Erkenntnis – und kann seine Stressresistenz stärken.

Es ist erst rund 150 Jahre her, seit Menschen aus Deutschland nach Übersee auswanderten, weil sie aufgrund der anhaltenden Wirtschaftskrise kein Einkommen mehr hatten und sogar unter Hunger litten. Damals kam es zur größten Massenauswanderung des 19. Jahrhunderts, ganze Auswandererströme zog es Richtung USA. Diese Menschen waren ganz gewiss in einem großen Stress – und nahmen riesige Strapazen auf sich, um diesem fern der Heimat zu entkommen. Keine Frage: Auch früher waren die Menschen enormen Belastungen ausgesetzt. Sie mussten Herausforderungen meistern, von denen ihre Existenz abhing. Es gab in Europa immer wieder Kriege, Seuchen und Krankheiten, die die Menschen dahinrafften und Leid verbreiteten. Die körperliche Arbeit war hart, Kinder zu gebären lebensgefährlich. Die hygienischen Bedingungen waren oft schlecht, die Sterblichkeit daher hoch. An bedrohlichen und belastenden Situationen hat es wirklich nicht gemangelt – das Leben war sicherlich nicht leichter als heute.

Stressquelle Nummer 1: tägliche Widrigkeiten

Viele dieser Schwierigkeiten früherer Zeiten haben wir zum großen Teil hinter uns gelassen. Wir sind gut ernährt, die medizinische Versorgung bei uns ist gut, die Arbeitszeiten sind geregelt, der Sozialstaat funktioniert. Unbestritten: Materiell gesehen sind die Lebensumstände immer besser geworden.

Aber haben wir deshalb weniger Stress? Scheinbar nicht. Noch nie wurde das Wort Stress so häufig in den Mund genommen – bereits Kindern kommt es ganz selbstverständlich über die Lippen. Die Menschheit

26

wirkt gestresster denn je, doch die Gründe dafür haben sich verändert. Der Stress kommt nicht mehr in erster Linie von außen und in Form von einschneidenden lebensbedrohlichen Ereignissen. Sondern er hat in unserem ganz normalen Alltag seinen festen Platz erobert – und wir machen uns den Stress ziemlich oft auch selbst. Hektik, Leistungs- und Zeitdruck sowie Mehrfachbelastungen sind in Sachen Stress an die Stelle getreten, an der es früher um existenzielle Dinge ging. Hinzu kommt, das sich im Bereich Technik alles so schnell ändert und uns zu regelmäßigen »Updates« unserer Kenntnisse zwingt, damit wir den Anschluss nicht verlieren. Stressrelevant sind außerdem hohe Anforderungen an die Mobilität – berufsbedingte Umzüge sind an der Tagesordnung – sowie berufliche Unsicherheiten und fehlende Verbindlichkeiten. Diese Stressauslöser sind häufig verknüpft mit Ungewissheit, Angst, Hilflosigkeit und dem Gefühl, nicht zu genügen, überholt und ausrangiert zu sein.

Die Menge macht's

Im Gegensatz zu früheren Zeiten beruht Stress heute nur noch zum Teil auf Ereignissen, die ohne Vorwarnung von außen über uns hereinbrechen. Zwar gibt es die nach wie vor, und sie sind immer noch intensive Belastungen, zum Beispiel Naturgewalten (Überschwemmungen, Erdrutsche, Lawinenniedergänge), Wirtschaftskrisen (umfassender Stellenabbau, Umstrukturierungen, Inflation usw.) oder persönliche Schicksale (Tod eines geliebten Menschen, Unfall, schwere Krankheit, Behinderung usw.). Rein mengenmäßig betrachtet sind allerdings die sogenannten »daily hassles«, die täglichen Widrigkeiten, bedeutender: im Stau stehen, Spannungen mit Kollegen am Arbeitsplatz, Zeitdruck, Hektik, Mehrfachbelastungen usw. Und, wie Studien zeigen, sind sie in ihren Folgen für Gesundheit und soziale Beziehungen häufig auch zerstörerischer.

INFO *Heute stressen uns vor allem die kleineren und größeren Schwierigkeiten des ganz gewöhnlichen Alltags. In der Regel prägen sie unser Leben mehr als kritische Lebensereignisse. Besonders schlimm ist es, wenn beide gemeinsam auftreten. Kritische Lebensereignisse und tägliche Widrigkeiten – eine solche Mischung kann auch stressresistente Menschen überfordern.*

Die Abschaffung der Langeweile

Nicht nur im Beruf herrschen Hektik und Leistungsdruck. Wer nicht als Langweiler gelten will oder keine »leeren« Zeiten erträgt, plant auch die Freizeit durch. Momente der Ruhe, des Nichtstuns sind selten. An ihnen »klebt« scheinbar der Makel der Faulheit, des Nichtgebrauchtwerdens, der Unwichtigkeit. Etwas überspitzt ausgedrückt: Wer jemand ist, der hat Stress. Wenn Sie ehrlich sind: Wie gut halten Sie es aus, in der S-Bahn oder im Wartezimmer beim Arzt zu sitzen, ohne in der Zeitschrift zu blättern oder mit dem Smartphone herumzuspielen? Selbst ein kurzes Nickerchen auf der Heimfahrt in Bus oder Bahn hat häufig einen Zweck: Man ist nachher wieder voll einsatzfähig.

TIPP *Ob Sie nun Hausfrau und Mutter sind, Angestellter, Selbstständiger oder Rentner: Gönnen Sie sich Momente des (ausgedehnten) Nichtstuns? Erlauben Sie es sich, auch mal unproduktiv zu sein? Und genießen Sie es, ohne dabei ein schlechtes Gewissen zu haben?*

Gestresst = wichtig?

So sehr Stress auch unseren Alltag prägt, so sehr ist unser Verhältnis dazu doch auch zwiespältig. Einerseits leiden wir sehr darunter. Doch andererseits fällt es uns trotzdem extrem schwer, uns dem gewissen gesellschaftlichen Zwang zu entziehen. Einfach mal nichts tun, ausgiebig faulenzen – das gestehen wir uns kaum zu. Wir wollen immer aktiv und dynamisch sein: unterwegs, zu Hause, in der Freizeit, allein, mit der Familie, mit Freunden. Und bei der Arbeit sowieso.

Wer nie den Anschein erweckt, von einem vollen Terminkalender terrorisiert zu werden, setzt sich dem Verdacht aus, weder ehrgeizig noch fleißig noch besonders interessant zu sein – dafür ganz sicher unwichtig und bedeutungslos. Wenn Sie also von sich sagen, Sie seien gestresst, schwingt da vielleicht auch die Botschaft mit, dass Sie eine unentbehrliche und besonders gefragte Person sind. Stress verleiht eine gewisse Aura von Wichtigkeit – oder zumindest meint man das.

Auch Unterforderung ist Stress

»Ich bin im Stress«: Wer das sagt, meint selten, dass er sich besonders wohl fühlt, weil er motiviert und beflügelt ist. Selbst wenn man damit auch ein wenig signalisieren möchte, dass man eine kompetente und begehrte Person ist. Allerdings: Gar keinen Stress zu haben, ist auch nicht gut. Eine gewisse Dosis braucht der Mensch, sonst erlahmt der Antrieb. Es ist wissenschaftlich bewiesen, dass man bei einem mittleren Stresslevel am leistungsfähigsten ist. Ist der Stress zu gering, fehlt der nötige Kick für eine gute Leistung. Bei zu viel Stress hingegen kommt es häufig zu Blockaden, zu Gefühlen der Überforderung und zu Fehlleistungen (Blackout). Andauernde Unterforderung ist genauso schädlich wie anhaltende Überforderung. Doch Stress an sich ist nicht negativ, sondern – wie so vieles – eine Frage des guten Mittelmaßes.

Eine Frage der Souveränität

Vermutlich werden Sie genau überlegen, in welchem Rahmen Sie Ihren Stress zeigen und wem gegenüber Sie ihn lieber überspielen oder abstreiten. Zuzugeben, dass Sie unter Stress leiden, verträgt sich schlecht mit der Ausstrahlung von Kompetenz und Souveränität im Arbeitsalltag. Erwerbstätige, die ihren Stress nicht gut verstecken können, müssen befürchten, als überfordert oder sogar als unfähig zu gelten. Vielleicht denken sie sogar selbst, dass sie nicht gut genug sind, weil sie es nicht schaffen, ihr Pensum mit links zu bewältigen. Auch Führungskräfte, die in Gegenwart der Belegschaft oder in

> **GUT ZU WISSEN**
> Stress wird erst dann schädlich, wenn er chronisch und zu intensiv ist. ■

der Öffentlichkeit Anzeichen von Anspannung zeigen, wirken wenig überzeugend. Sie strahlen Schwäche aus und wirken negativ. Stress zu haben, ist hier verpönt. Man spricht im Arbeitsleben eher von »guter Auslastung«, »vollem Terminkalender« usw.

Was im Job besonders stresst

Wie auch immer man es nennen will: Neuere Studien belegen, dass die Belastung am Arbeitsplatz groß ist und in den letzten Jahren zugenommen hat. Wichtige Belastungsfaktoren, die sich auf Arbeit und Organisation beziehen, sind zum Beispiel:

- Arbeiten in der Freizeit, um die Anforderungen zu erfüllen (Stress aufgrund von mangelnder Struktur, Unklarheit der Rahmenbedingungen und fehlender Abgrenzung)
- das Freundlichkeitsdiktat (mehr dazu gleich unten).
- unklare Anweisungen von Vorgesetzten (Stress aufgrund von Zweideutigkeit und Unkontrollierbarkeit)

Dazu kommen soziale Belastungsfaktoren wie Schikanen oder Benachteiligung aufgrund von Alter oder Geschlecht.

Stets zuvorkommend: das Freundlichkeitsdiktat
Immer freundlich und locker, auch wenn es im Innern anders aussieht – das ist anstrengend. Das Freundlichkeitsdiktat bedeutet, dass man nach außen Gefühle zeigen muss, die mit den wahren inneren Empfindungen nicht übereinstimmen. Sie fühlen sich vielleicht nicht besonders fit, haben schlecht geschlafen, sind erschöpft, etwas bedrückt oder beschäftigt Sie – und trotzdem müssen Sie immer lächeln und freundlich und hilfsbereit sein.

HINWEIS *Es kostet unheimlich viel Energie, sich nach außen souverän, kompetent und zuvorkommend zu geben, wenn man sich innerlich angespannt fühlt. Diese sogenannte »emotionale Dissonanz« – das Auseinanderklaffen von innerem Empfinden und den nach außen gezeigten Gefühlen – ist sehr belastend.*

Es ist nicht verwunderlich, dass das Freundlichkeitsdiktat an Bedeutung gewonnen hat, seit sich die Arbeitswelt von der Produktions- zu einer Dienstleistungsgesellschaft entwickelt hat. Jobs mit Kundenkontakt und personenorientierte Dienstleistungen nehmen zu. Europaweit sind mittlerweile mehr als die Hälfte aller Beschäftigten an Dienstleistungsarbeitsplätzen tätig. An solchen Stellen wird erwartet, dass Angestellte immer zuvorkommend auf die Bedürfnisse anderer Menschen eingehen, sich selbst zurücknehmen, die eigenen Ansichten, Gefühle und Befindlichkeiten verbergen – auch wenn sie sich nicht danach fühlen. Ein übermäßiges Freundlichkeitsdiktat führt häufig zu dem Gefühl, emotional verbraucht zu sein. Und dieses Gefühl ist wiederum ein Warnsignal für einen Burnout (mehr zu diesem Thema siehe Seite 130).

INFO *Eine neue Stressstudie zeigt: Je häufiger Erwerbstätige angeben, sich in den letzten 12 Monaten gestresst gefühlt zu haben, desto eher geben sie auch an, sich bei der Arbeit emotional verbraucht zu fühlen. Überdurchschnittlich häufig fühlen sich Personen in den Wirtschaftszweigen Erziehungs-, Gesundheits- und Sozialwesen emotional verbraucht. Diese Arbeitnehmer sind daher auch am meisten Burn-out-gefährdet.*

Arbeitsbedingungen, die Stress entgegenwirken

Es gibt in der Arbeitswelt aber auch Bedingungen, die dem Stresserleben erwiesenermaßen entgegenwirken bzw. vor Stress schützen. Dazu zählen ganz besonders ein gewisser Handlungs- und Zeitspielraum sowie ein positives Führungsverhalten des Vorgesetzten (das dem Arbeitnehmer eben diesen Spielraum auch lässt). Wichtige Punkte dabei sind:

- Mitspracherecht bei der Auswahl von Personen, mit denen man zusammenarbeitet,
- Entscheidungsmöglichkeiten, die für die eigene Arbeit wichtig sind (z.B. Reihenfolge bei der Erledigung von Aufgaben selber bestimmen oder das Vorgehen bei der Erledigung einer Aufgabe selber festlegen zu können, Pausen nach Bedarf machen zu können, Arbeitstempo und -rhythmus selbst bestimmen zu können).

All diese Aspekte haben mit der Frage zu tun, ob jemand eine gewisse Kontrolle über seine Tätigkeit hat und Einfluss darauf nehmen kann. Und außerdem damit, ob es einen Handlungsspielraum gibt, der es erlaubt, die eigenen Fähigkeiten zu nutzen (mehr dazu siehe internale Kontrollüberzeugung, Seite 98). Lässt der Vorgesetzte seinen Mitarbeitern diesen Spielraum, so ist das ein Ausdruck von Vertrauen und Respekt. Erst unter diesen Voraussetzungen können Arbeitnehmer ihre Kompetenzen auch wirklich entfalten und zeigen, was sie leisten können – ein Gewinn für alle.

 HINWEIS *Wenn Mitarbeiter an zu kurzer Leine geführt werden, schränkt das nicht nur ihr Potential ein, sondern führt auch dazu, dass sie sich nicht ernst genommen fühlen und dadurch demotiviert und passiv werden.*

Mutterstress, Familienstress

Im privaten Bereich sind besonders Mütter einem hohen Erwartungsdruck ausgesetzt, der oft auch noch durch die eigenen Anforderungen (siehe Seite 34) verstärkt wird: Sie sollen – beziehungsweise wollen – perfekte Hausfrauen, prima Köchinnen, Expertinnen in der Kindererziehung, liebevolle Partnerinnen und attraktive Geliebte sein. Dazu kommt: Viele Frauen haben das Bedürfnis, weiterhin in ihrem Beruf, der ihnen Spaß macht und in dem sie sich vielleicht jahrelang ausgebildet haben, zu arbeiten. Und sich darin auch weiterzuentwickeln. Doch die Erwerbstätigkeit gerät neben der Familienarbeit leicht zum Extra. Zum Sahnehäubchen, obwohl der Job ja ebenfalls viele Anforderungen mit sich bringt – ein Spagat nach vielen Seiten. Kommt dann das Gefühl auf, weder Familie noch Beruf gerecht zu werden, ist da der Gedanke »Ich habe das ja selbst gewählt« nicht weit – und der meint: »Wenn ich schon berufstätig sein will, bin ich auch dafür verantwortlich, dass sich Familie und Beruf vereinen lassen. Deshalb muss ich das alles auch meistern können.« Ein unerreichbares Ziel, ein unmenschlich großer Anspruch an sich selbst – und höchst stressrelevant. Gerade Mütter sind heute eine Risikogruppe für hohen chronischen Stress, dauernde Überforderung und entsprechende psychische und physische Folgen (z.B. Burn-out, Allergien, chronische Beschwerden).

Für Frauen mit familiär schwieriger Finanzlage oder niedrigem Familieneinkommen, zum Beispiel für alleinerziehende Mütter, stellt sich oft gar nicht die Frage, ob sie erwerbstätig sein wollen oder nicht. Sie müssen einfach, um ein minimales Familieneinkommen zu sichern. Die Ansprüche sind entsprechend hoch, der Weg in die Überforderung kurz. Und die soziale und gesellschaftliche Anerkennung dieser Situation, die Wertschätzung gegenüber Müttern oder Vätern, die sich für Familie und Beruf engagieren, fehlt nahezu völlig.

Voller Terminkalender schon beim Nachwuchs

Bei den Kindern bündelt sich nicht nur der Stress der Umgebung und der Familie. Auch ihr eigenes Leben ist schon früh überfrachtet: Frühförderung, Schule, Nachhilfeunterricht, Musikstunde, Theaterspielen, Sportverein(e), Lieblings-TV-Sendung – für viele Kinder ist der Tag total ausgebucht und durchgeplant, und sie finden nur noch selten eine ruhige Minute für sich selbst. Sie können kaum noch Pausen machen, in Ruhe das tun, wonach ihnen gerade der Sinn steht, und sich komplett darin vertiefen.

Vielleicht halten manche Eltern eigenständiges Spielen für verlorene und unproduktive Zeit. Leistung wird immer früher gefordert und gefördert. Viele Eltern stellen hohe Ansprüche an ihre Kinder, gleichzeitig haben sie aber kaum Zeit für sie.

HINWEIS *Stress betrifft alle Menschen in der westlichen Kultur. Er fängt bei den Kindern an und hört bei den Rentnern nicht auf. Stress ist ein gemeinsames Schicksal. Und trotzdem ist jeder mit seinem Stress alleine und muss selbst zusehen, wie er damit klarkommt.*

SELBSTTEST: MEIN PERSÖNLICHES STRESS-MANHATTAN

In welchen Bereichen Ihres Alltags erleben Sie Belastungen, und wie stark sind diese? Zeichnen Sie Ihr Ausmaß an Stress in die verschiedenen »Hochhäuser« ein. Ein ganz ausgefülltes Hochhaus bedeutet »maximale Belastung«, ein leeres bedeutet »kein Stress in diesem Bereich«. Wie sieht Ihr persönliches Stress-Manhattan aus?

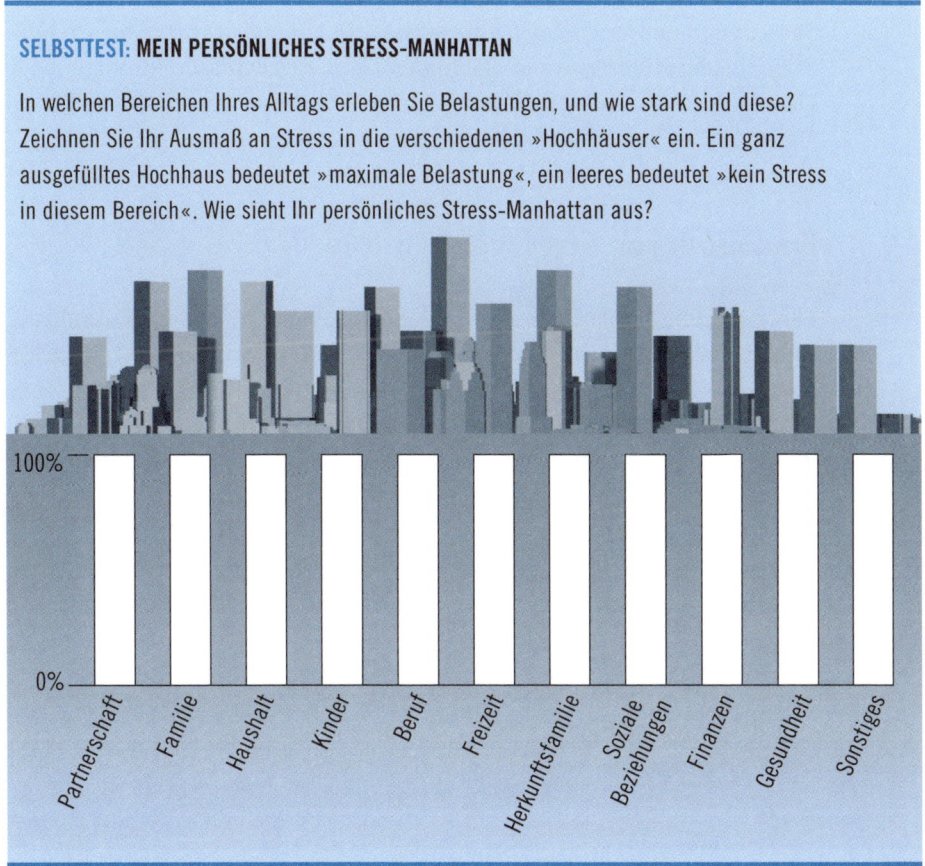

33

Stress als subjektives Geschehen

In diesem Kapitel geht es um das Gleichgewicht zwischen den aktuellen Anforderungen an Sie und den Ressourcen, die Sie ihnen entgegensetzen können. Erkunden Sie, wie diese Elemente bei Ihnen ineinandergreifen.

Dieser Ratgeber möchte Ihnen ermöglichen, sich besser gegen Stress zu wappnen. Damit das möglich ist, ist es wichtig zu verstehen, was Stress denn nun genau ist und was er in uns auslöst. Im vorigen Kapitel wurde das Wort »Stress« im umgangssprachlichen Sinn verwendet: Im täglichen Sprachgebrauch bezeichnet »Stress« sowohl ein unerwartetes belastendes Ereignis (ein Kind ist krank, Sie finden keine Betreuung) oder ungünstige Umstände (z.B. Zeitdruck) als auch die Reaktion darauf (»Ich bin im Stress.«).

Das moderne Stressverständnis

Die moderne Psychologie sieht das Stressgeschehen als ein Zusammenspiel zwischen den Anforderungen einer Situation und der subjektiven Einschätzung dieser Anforderungen durch die betroffene Person. Die körperlichen Prozesse (hoher Blutdruck, schneller Pulsschlag, Schweißausbrüche usw.) sind dabei Begleiterscheinungen.

GUT ZU WISSEN

Es gibt kein allgemeingültiges, objektives Maß dafür, was als Stress gilt und was nicht. Stress ist ein subjektives Empfinden. Es ist nicht ein Ereignis an sich, das Stress darstellt. Sondern unsere eigene Interpretation und Bewertung des Ereignisses. ■

DER ARBEITSPLATZ VON CLAUDIUS O. befindet sich in einem Großraumbüro. Einige seiner Kollegen hören bei manchen Arbeiten gerne Radio. Durch die Hintergrundmusik fühlen sie sich wohl und sie können besser arbeiten. Für Claudius O. aber ist es genau andersrum: Er reagiert sehr sensibel auf Geräusche. Und so leise die Musik auch ist – sie stresst ihn und hindert ihn daran, sich zu konzentrieren.

So hat dieselbe Situation für verschiedene Menschen eine unterschiedliche Bedeutung und führt zu unterschiedlichem Erleben. Bei komplexeren Situationen, zum Beispiel wenn jemand eine Prüfung ablegen muss oder kritisiert wird, spielt die eigene Einschätzung eine noch wichtigere Rolle.

Eine Frage des Gleichgewichts

KEIN STRESS

A = Anforderungen
R = Ressourcen

Am besten lässt sich das Stressgeschehen am Bild einer alten Waage mit zwei Schalen verdeutlichen. Sind Anforderungen und Bewältigungsmöglichkeiten (Ressourcen/ Mittel) im Gleichgewicht, so besteht kein Stress. Beide Waagschalen sind auf einem Gleichstand. Sie fühlen sich motiviert, Ihre Aufgaben verlangen Ihre volle Aufmerksamkeit, Sie sind ihnen aber auch durchaus gewachsen.

ABTEILUNGSLEITERIN MICHAELA S. soll vor der Geschäftsleitung die Jahresergebnisse präsentieren und zu der Frage Stellung nehmen, warum der Gewinn in ihrem Verkaufsbereich im Vergleich zum Vorjahr deutlich geringer ausgefallen ist. Michaela S. macht häufig Präsentationen. Sie ist es gewohnt, vor Publikum zu sprechen. Erfahrungsgemäß gewinnt sie mit ihrer sachlichen und zugleich unverkrampften Art leicht die Aufmerksamkeit des Publikums (Ressource). Aber über einen Gewinneinbruch zu reden, für den sie mit ihrer Verkaufsstrategie auch noch direkt verantwortlich ist, das ist trotzdem alles andere als angenehm (Anforderung). Michaela S. hat jedoch eine Reihe einleuchtender Argumente, und sie bereitet sich besonders gut vor (Ressourcen). Deshalb ist sie zuversichtlich, dass sie auch diese Präsentation (Anforderung) gut über die Bühne bringen wird. Sie fühlt sich nicht sonderlich gestresst, obwohl sie ein bisschen aufgeregt ist – aber das gehört dazu.

35

ÜBERFORDERUNG

A = Anforderungen
R = Ressourcen

Wiegt die Waagschale mit den Anforderungen schwerer als die mit den Ressourcen, so entsteht Stress. Wenn Sie mit einer inneren oder äußeren Anforderung (mehr dazu Seite 38) konfrontiert sind, aber nicht genug Möglichkeiten haben, um angemessen darauf zu reagieren, und wenn Sie diese Tatsache als unangenehm (ängstigend, traurig stimmend, ärgerlich machend) empfinden, so erleben Sie Überforderungsstress.

Im Überforderungsstress haben Sie möglicherweise das Gefühl, dass die Situation Ihnen über den Kopf wächst. Sie befürchten, sich zu blamieren oder zu versagen. Vielleicht lassen Sie sich sogar entmutigen und werden traurig, weil Sie denken, dass es nun noch eine Herausforderung mehr ist, die Sie nicht meistern werden. Dass Sie nichts auf die Reihe kriegen und auch gar keine Chance haben, Einfluss auf die Situation zu nehmen, um sie zu Ihren Gunsten zu verändern. Dass sich diese negativen Erfahrungen immer von Neuem wiederholen und Sie verfolgen. Diese Einschätzung und das Gefühl der Ohnmacht verstärken den Stress (mehr dazu Seite 97).

OLIVER M. hat sich um eine neue Stelle beworben, die gute Zukunftsperspektiven und attraktive Aufstiegsmöglichkeiten verspricht. Er ist ehrgeizig und würde diesen Karriereschritt gern machen. Heute ist er nun zum Vorstellungsgespräch eingeladen (Anforderung). Er hat sich im Bewerbungsschreiben sehr positiv dargestellt und angegeben, dass er mehrere Sprachen fließend beherrscht (Ressourcen). Er weiß auch, dass er sich schriftlich gut präsentieren kann (Ressource), sich mündlich jedoch weniger gut »verkauft« (Anforderung). Er wirkt oft etwas nervös, sodass man seine Sprachgewandtheit gar nicht wahrnimmt und seine Kompetenzen unterschätzt (Anforderung). Besonders schlimm ist es immer, wenn er Personen mit einem höheren Status gegenüber steht (Anforderung). Eine Stunde vor dem Gesprächstermin fühlt sich Oliver M. so gestresst, dass er überlegt, ob er den Termin überhaupt wahrnehmen soll. Der Stress entsteht, weil ihm die Anforderungen größer erscheinen als die Ressourcen, die er ihnen entgegenstellen kann.

UNTERFORDERUNG

A = Anforderungen
R = Ressourcen

Die Waagschalen können aber auch ein Ungleichgewicht zugunsten der Ressourcen anzeigen. Wenn man mehr Mittel zur Verfügung hat, als man für die Anforderungen benötigt, dann entsteht Unterforderungsstress.

Sie leiden unter Unterforderungsstress, wenn Sie Ihre Talente nicht nutzen und Ihre Fähigkeiten nicht einsetzen können. Wenn Sie Ihre täglichen Aufgaben mit links bewältigen und eigentlich für schwierigere oder anspruchsvollere Aufgaben bereit wären, die es aber nicht gibt. Oder wenn Sie sich vielleicht sogar langweilen und unausgefüllt fühlen. Diese Art von Stress hat kaum öffentliche Aufmerksamkeit, obwohl Unterforderungsstress genauso schädlich ist wie Überforderungsstress und dieselben negativen Auswirkungen haben kann. Wer unterfordert ist, kann seine Ressourcen nicht genügend ins Spiel bringen und leidet darunter, dass ihm zu wenig zugetraut wird. Die Chance, sich zu beweisen, bleibt aus. Unterforderungsstress ist aber auch mit den oben erwähnten Leerzeiten verbunden: dem Herumhängen, TV-Schauen, Computer-Spielen – mit leerem Zeitvertreib statt mit anspruchsvoller Tätigkeit. Das macht mürbe und schadet dem Selbstwertgefühl auf Dauer genau so stark wie chronische Überforderung.

MARIA V. ist persönliche Assistentin eines Geschäftsleitungsmitglieds in einem mittelgroßen Unternehmen. Diese Funktion hat sie schon seit einigen Jahren, Mit kleinen Kindern war dieser Job perfekt. Maria V. ist beliebt und wird für ihr Engagement und ihre Kompetenz geschätzt. Seit einiger Zeit fühlt sie sich jedoch unausgefüllt und lustlos. Sie grübelt immer wieder darüber nach, dass sie die vielen bürokratischen und organisatorischen Aufgaben zwar problemlos im Griff hat (Ressource). Aber dass sie jedoch so gut wie keine Selbstständigkeit und keine Möglichkeit hat, ihre Ideen einzubringen (Anforderung). Sie führt lediglich aus, was andere ihr auftragen (Anforderung). Sie weiß, dass sie mehr leisten könnte (Ressource), und würde gern mehr Verantwortung übernehmen. Sie weiß aber auch, dass ihr Vorgesetzter ihre Arbeit so sehr schätzt, dass er sie wohl kaum bei einer Veränderung unterstützen würde. Maria V. steckt in einer verzwickten Situation.

Sie langweilt sich und ist immer weniger motiviert. Das hat jetzt sogar schon zu kleineren Patzern geführt.

Innere und äußere Anforderungen

Kennen Sie das? Sie werden von Ihrem Vorgesetzten gefragt, ob Sie kurzfristig eine zusätzliche Arbeit erledigen könnten (äußere Anforderung). Ablehnen möchten Sie nicht, weil dann der Eindruck entstehen könnte, dass Sie sich drücken wollen, sich nicht kompetent fühlen, sich zu gut für den Job sind oder anderen eins reindrücken möchten. Und sowieso: Irgendjemand muss den Job ja erledigen. Und obwohl Sie sowieso schon im Zeitdruck sind, wollen Sie auch nichts Halbfertiges abliefern (innere Anforderung). Das liegt Ihnen nicht – für Sie ist es selbstverständlich, dass Sie alle Aufgaben zu mindestens 100% erledigen (innere Anforderung). Auch die, die Sie zusätzlich übernehmen. Sie haben sich ja auch mehr oder weniger freiwillig dazu bereit erklärt.

Hier spielen äußere Anforderungen perfekt mit inneren zusammen, um Stress auszulösen. Termine und Erwartungen von Vorgesetzten oder Kunden gehören zu den Anforderungen, die von außen an Sie herangetragen werden. Die meisten Menschen würden ohne Zögern der These zustimmen, dass diese Faktoren verantwortlich für Stress sind. Das stimmt aber nur teilweise. Denn meist entfalten äußere Anforderungen ihre Wirkung erst im Zusammenspiel mit inneren Anforderungen.

Zu den inneren Anforderungen gehören persönliche Maßstäbe und Leistungsstandards (Termine um jeden Preis einhalten, Aufgaben jederzeit perfekt ausführen), aber auch eigene Ziele und Wünsche sowie die

SELBSTTEST: WO FÜHLE ICH MICH ÜBER-, WO UNTERFORDERT?

Gehen Sie die folgende Tabelle durch und notieren Sie, wie sehr Sie sich in bestimmten Bereichen überfordert oder unterfordert fühlen. Orientieren Sie sich dazu an den Bereichen, die im Stress-Manhattan (Seite 33) angegeben sind. Antworten Sie ehrlich, so wie es für Sie zutrifft. Es gibt keine richtigen oder falschen Antworten. Zählen Sie anschließend die Punkte zusammen.

ÜBERFORDERUNG

In diesem Bereich fühle ich mich überfordert:	1 Trifft gar nicht zu	2 Trifft nicht zu	3 Trifft eher nicht zu	4 Trifft eher zu	5 Trifft zu	6 Trifft voll und ganz zu
....	☐	☐	☐	☐	☐	☐
....	☐	☐	☐	☐	☐	☐
....	☐	☐	☐	☐	☐	☐
Bei diesen Aufgaben fühle ich mich überfordert:						
....	☐	☐	☐	☐	☐	☐
....	☐	☐	☐	☐	☐	☐
....	☐	☐	☐	☐	☐	☐

AUSWERTUNG:

Die Bereiche oder Aufgaben, bei denen Sie einen Wert über 5 angekreuzt haben, sind kritisch. Vielleicht kompensieren Sie eine subjektive Überforderung in einzelnen Bereichen durch andere, in denen Sie mehr Spielraum wahrnehmen – das können nur Sie beurteilen. Doch nehmen Sie insgesamt mehrere Bereiche und Aufgaben als überfordernd wahr, besteht Handlungsbedarf.

UNTERFORDERUNG

In diesem Bereich fühle ich mich unterfordert:	1 Trifft gar nicht zu	2 Trifft nicht zu	3 Trifft eher nicht zu	4 Trifft eher zu	5 Trifft zu	6 Trifft voll und ganz zu
....	☐	☐	☐	☐	☐	☐
....	☐	☐	☐	☐	☐	☐
....	☐	☐	☐	☐	☐	☐

Bei diesen Aufgaben fühle ich mich unterfordert:

	1	2	3	4	5	6
....	☐	☐	☐	☐	☐	☐
....	☐	☐	☐	☐	☐	☐
....	☐	☐	☐	☐	☐	☐

AUSWERTUNG:

Achten Sie auf die Bereiche und Aufgaben, in welchen Sie Werte über 5 angekreuzt haben. Hier nehmen Sie eine subjektiv starke Unterforderung wahr. Bei diesen Bereichen oder Aufgaben können Sie Ihre Stärken zu wenig zeigen. Ändern Sie das. Suchen Sie neue Herausforderungen. Versuchen Sie, Situationen zu schaffen, in denen Sie Ihre Fähigkeiten und Begabungen leben können.

Befriedigung der eigenen Bedürfnisse. Denn ein Zeitdruck (äußere Anforderung), der vom Vorgesetzen gesetzt ist, verursacht nicht grundsätzlich Stress. Denn der Stress entsteht erst dann, wenn jemand eine Aufgabe trotzdem ganz perfekt machen möchte (innere Anforderung), obwohl das innerhalb der gegebenen Frist realistischerweise gar nicht möglich ist.

40

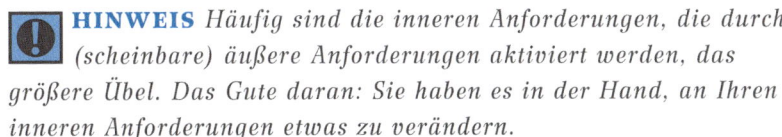 **HINWEIS** *Häufig sind die inneren Anforderungen, die durch (scheinbare) äußere Anforderungen aktiviert werden, das größere Übel. Das Gute daran: Sie haben es in der Hand, an Ihren inneren Anforderungen etwas zu verändern.*

Zum Überlegen: Innere Stimmen, die Unrealistisches verlangen

Hier eine Liste mit unrealistischen, überhöhten inneren Anforderungen, die Sie unter Druck setzen und Stress auslösen oder verstärken:

- Ich muss allen anderen beweisen, dass ich das kann.
- Ich muss das besser können als andere.
- Ich muss alles im Griff haben, darf mir keine Blöße geben.
- Ich muss es allein schaffen, darf keine Hilfe in Anspruch nehmen.
- Ich zeige allen, dass ich der Beste bin.
- Ich will, dass mich alle toll und nett finden.
- Ich darf mich nicht blamieren.
- Ich darf niemanden enttäuschen, alle erwarten, dass ich das kann.
- Was ich mache, muss perfekt sein.
- Ich bin nur jemand, wenn ich Erfolg habe.
- Ich muss das schaffen, sonst verliere ich das Gesicht.
- Ich bin nur etwas wert, wenn die anderen mich toll finden.

Überlegen Sie Folgendes:

- Welche dieser Sätze hören Sie sich häufig zu sich selbst sagen?
- Gibt es weitere Anforderungen, die Sie an sich stellen und die hier nicht aufgelistet sind?
- Identifizieren Sie die Aussagen, die Ihnen das Leben besonders schwer machen. Versuchen Sie, im Alltag darauf zu achten, wann Sie diese Sätze in sich hören. In welchen Situationen? Bei welchen Personen? Erkunden Sie, weshalb sie genau dann auftreten.
- Achten Sie auch darauf, wann die Sätze nicht auftreten, in welchen Situationen, bei welchen Personen. Was macht den Unterschied aus? Können Sie ein System erkennen?

Solche inneren Anforderungen üben im Zusammenspiel mit äußeren Anforderungen eine regelrechte Schreckensherrschaft aus, die viel Stress bewirkt. Was Sie ihr entgegensetzen können, lesen Sie im Kapitel »Strategien der Stressbewältigung« (Seite 163).

41

Innere und äußere Ressourcen

Ressourcen sind die Möglichkeiten einer Person, den an sie gestellten Anforderungen in angemesser Weise zu begegnen. Auch hier lässt sich zwischen inneren und äußeren Ressourcen unterscheiden.

Innere Ressourcen sind:
- eine günstige biologisch-genetische Ausstattung (gute Gesundheit, gute Konstitution, hohe Intelligenz etc.) und körperliche Ressourcen wie physische Belastbarkeit, schnelle Regenerationsfähigkeit, geringes Schlafbedürfnis
- positive Charaktereigenschaften (Verlässlichkeit, Flexibilität, Großzügigkeit, Offenheit, Toleranz, psychische Belastbarkeit etc.)
- Fähigkeiten und Fertigkeiten (Sozialkompetenzen, Problemlösefähigkeit, Stressbewältigungskompetenzen, Organisationstalent etc.)
- Außerdem zählen zu den inneren Ressourcen ein gutes Selbstwertgefühl, eine internale (verinnerlichte) Kontrollüberzeugung (»Ich habe es in der Hand, die Situation zu beeinflussen.«; mehr dazu ab Seite 98), eine vorteilhafte Zuschreibung von Ursachen (»Ich bin befördert worden, weil ich bisher einen guten Job gemacht habe.«) sowie eine gute Bindungssicherheit (mehr dazu ab Seite 92).

Äußere Ressourcen umfassen:
- ein stabiles soziales Netz, privat und im Beruf (Partnerschaft, Familie, Freunde, Kolleginnen, Nachbarn)
- materielle Sicherheit
- eine förderliche Umgebung (z.B. eine schöne, ruhige Wohnung, ein angenehmer Arbeitsplatz, eine sichere Wohngegend, Naherholungsgebiete)
- ein leichter Zugang zu Unterstützungsangeboten (Weiterbildungskurse, Schulungen, Beratungsangebote, medizinische Versorgung, Psychotherapie, aber auch Freizeitangebote usw.)

Auch hier ist die eigene Einschätzung ausschlaggebend: Wer bei sich objektiv vorhandene innere und äußere Ressourcen nicht erkennt oder sie als wertlos oder nicht verfügbar einstuft, wird sie in Stresssituationen auch nicht zu seinen Gunsten einsetzen können.

Anders ausgedrückt: Wenn jemand der Ansicht ist, eine Situation nicht bewältigen zu können, wird diese subjektive Einschätzung die Oberhand behalten – ganz egal, wie viele Ressourcen in Wirklichkeit vorhanden sind.

Erschwerend kommt hinzu, dass solche Einschätzungen in der Regel unbewusst und sehr schnell ablaufen. Diesen Sachverhalt veranschaulicht das folgende Beispiel, das zwei völlig unterschiedliche Reaktionen auf ein und dieselbe Situation zeigt.

ZWEI JUNGE WISSENSCHAFTLERINNEN erhalten von ihrem Professor den Auftrag, für eine Firmenanfrage eine Projektidee auszuarbeiten. Das Projekt verspricht für das ganze Institut Prestige und Förderung. Der Professor möchte daher von seinen beiden besten Mitarbeitern je einen unabhängig voneinander ausgearbeiteten Projektentwurf.

> **GUT ZU WISSEN**
> Je mehr Ressourcen zur Verfügung stehen, desto besser ist die Widerstandsfähigkeit gegen Stress.
> Sie haben bei den meisten Ressourcen Einflussmöglichkeiten, außer natürlich bei der genetischen Ausstattung und Ihrer Konstitution, die sich nur minimal beeinflussen lassen. Den größten Einfluss aber haben Sie bei den eigenen Kompetenzen, die Sie stärken und festigen können. ▪

Die eine Wissenschaftlerin ist gestresst und fühlt sich blockiert. Sie hat schon einige viel beachtete Projekte verwirklicht und gilt als Nachwuchshoffnung. Doch jetzt fehlen ihr die Ideen, ihre Kreativität ist versiegt. Ihr will einfach kein origineller Ansatz in den Sinn kommen. Was ist, wenn sie den Zuschlag diesmal nicht erhält? Lohnen sich die Mühe und der ganze Aufwand überhaupt? Sie schläft nachts schlecht, tagsüber ist sie mürrisch und gereizt.

Auch die andere Wissenschaftlerin hat sich bereits einen Namen gemacht. Sie fühlt sich beflügelt und geht voller Elan an die Aufgabe heran. Im Handumdrehen hat sie einige Ideen, wie sich das Projekt realisieren lassen könnte. Ihr macht die Arbeit Spaß. Sie plant, verwirft, feilt aus und beginnt zwischendurch auch mal ganz von vorn. Sie ist ausgeglichen und gesellig, unterhält sich mit Kollegen über das Projekt, treibt Sport wie immer und schaltet zwischendurch bei einem guten Film ab. Alles läuft wie am Schnürchen.

SELBSTTEST: ÜBER WELCHE INNEREN UND ÄUSSEREN RESSOURCEN VERFÜGE ICH?

Gehen Sie die Tabelle durch und kreuzen Sie bei jedem Bereich das Zutreffende an.

INNERE RESSOURCEN

In diesem Bereich verfüge ich über ausreichende Ressourcen:	1 Trifft gar nicht zu	2 Trifft nicht zu	3 Trifft eher nicht zu	4 Trifft eher zu	5 Trifft zu	6 Trifft voll und ganz zu
Gesundheit	☐	☐	☐	☐	☐	☐
Konstitution	☐	☐	☐	☐	☐	☐
Intelligenz	☐	☐	☐	☐	☐	☐
physische Belastbarkeit	☐	☐	☐	☐	☐	☐
schnelle Regenerationsfähigkeit	☐	☐	☐	☐	☐	☐
psychische Stabilität	☐	☐	☐	☐	☐	☐
Verlässlichkeit	☐	☐	☐	☐	☐	☐
Flexibilität	☐	☐	☐	☐	☐	☐
Großzügigkeit	☐	☐	☐	☐	☐	☐
Offenheit	☐	☐	☐	☐	☐	☐
Toleranz	☐	☐	☐	☐	☐	☐
Sozialkompetenzen	☐	☐	☐	☐	☐	☐
Problemlösungsfähigkeiten	☐	☐	☐	☐	☐	☐
Organisationstalent	☐	☐	☐	☐	☐	☐

ÄUSSERE RESSOURCEN

In diesem Bereich verfüge ich über ausreichende Ressourcen:	1 Trifft gar nicht zu	2 Trifft nicht zu	3 Trifft eher nicht zu	4 Trifft eher zu	5 Trifft zu	6 Trifft voll und ganz zu
Stressbewältigungskompetenzen	☐	☐	☐	☐	☐	☐
Partnerschaft	☐	☐	☐	☐	☐	☐
Familie	☐	☐	☐	☐	☐	☐
Freundeskreis	☐	☐	☐	☐	☐	☐
Finanzen	☐	☐	☐	☐	☐	☐
Wohnen (sichere Umgebung, Naherholungsgebiete, Freizeitangebote)	☐	☐	☐	☐	☐	☐
Arbeitsplatz	☐	☐	☐	☐	☐	☐
Zugang zu Unterstützungsangeboten (Beratung, Weiterbildung, medizinische Versorgung, Therapie)	☐	☐	☐	☐	☐	☐

Auswertung:

■ Betrachten Sie die Bereiche, in denen Sie eine 5 oder 6 angekreuzt haben. Hier verfügen Sie über gute bis sehr gute Ressourcen.

■ Analysieren Sie dann die Bereiche, die Sie mit 1 bis 3 bewertet haben. Wählen Sie zwei davon aus und überlegen Sie, wie Sie Ihre Ressourcen hier stärken könnten. Gibt es Angebote wie Trainings, Coaching, Beratung, Therapie, die Sie unterstützen könnten?

■ Füllen Sie diese Checkliste immer mal wieder aus, um auch Veränderungen festzuhalten. Bei Stillstand auf niedrigem Niveau (1 bis 3) sollten Sie nach einer gewissen Zeit handeln und Unterstützung in Anspruch nehmen.

Beide Wissenschaftlerinnen haben in der Vergangenheit erfolgreich Projekte verwirklicht und sich einen Namen gemacht. Ojektiv liegen also bei beiden gute Ressourcen vor. Diese sind für die erste Wissenschaftlerin jedoch wertlos, weil sie sie nicht wahrnimmt oder aber, weil sie für sie zurzeit keine Bedeutung haben. Die Folge: Überforderungsgefühle, Versagensängste, blockierte Kreativität und Stress. Das kann beispielsweise der Fall sein, weil ihr dieser Auftrag besonders wichtig wäre und sie sich verkrampft. Weil sie momentan in einer schwierigen Phase oder Krise steckt und allgemein an sich zweifelt. Oder einfach weil sie zurzeit den Konkurrenzdruck nicht so gut verträgt und sich der anderen Wissenschaftlerin gegenüber unterlegen fühlt, sich zu stark beeindrucken lässt.

Anders die zweite Wissenschaftlerin: Sie weiß aus früheren Erfahrungen, dass sich die besten Projektideen einstellen, wenn sie einfach mal drauflos plant. Und sie ist zuversichtlich, dass es auch diesmal so sein wird. Sie ist sich ihrer Ressourcen bewusst. Das gibt ihr die Gewissheit, der Situation gewachsen zu sein. Ihre Ressourcen können fließen.

Zum Überlegen: Schätze ich meine Möglichkeiten richtig ein?
Im Selbsttest auf Seite 44 haben Sie Ihre Ressourcen herausgefunden. Stellen Sie sich nun folgende Fragen:
- Haben Sie im Nachhinein schon einmal gemerkt, dass Sie in einer Situation objektiv über mehr Ressourcen verfügt hätten, als Sie sich subjektiv zugestanden haben?
- Wann ist das besonders der Fall? In welchen Situationen? Bei welchen Personen?
- Stellen Sie sich eine Person vor, die Sie mit Zuneigung und Sympathie betrachtet. Welche Ressourcen würde diese Person Ihnen zuschreiben?

Wie die Gedanken, so die Gefühle

Wie kommt es dazu, dass ein und dasselbe Ereignis bei der einen Person Stress auslöst, bei einer anderen nicht? Die Antwort ist einfach: Stress entsteht im Kopf. Ob wir uns gestresst fühlen oder nicht, hängt davon ab, wie wir eine Situation subjektiv einschätzen. Erst die Interpretation der Situation macht den Unterschied zwischen Stress oder Nicht-Stress aus.

Die Wahrnehmung durch unsere ganz persönliche Brille entscheidet darüber, wie wir ein Ereignis, eine Situation – eben eine Anforderung – erleben.

OLIVIA C. steht vor einer wichtigen Abschlussprüfung (äußere Anforderung). Sie hat viel gelernt und beherrscht den Stoff (innere Ressource). Auch ihr Partner unterstützt sie und macht ihr Mut (äußere Ressource). Trotzdem denkt sie, dass sie im entscheidenden Moment versagen und die Prüfung nicht bestehen wird (ungünstige kognitive Einschätzung), dass sie andere enttäuschen wird (innere Anforderung). Diese negative Einstellung kommt von früher: In der Schule erlebte Olivia C. häufig Misserfolge und wurde dafür ausgeschimpft und gehänselt. Sie hat ein geringes Selbstvertrauen in Bezug auf Prüfungen und erwartet daher, auch diesmal ein schlechtes Ergebnis zu erzielen (negative Erwartung).

> **GUT ZU WISSEN**
> Stress ist ein kognitives Problem. Er entsteht im Kopf, nicht im Bauch. Daher muss man dem Stress auch dort begegnen. ■

ROGER T. steht vor der gleichen wichtigen Prüfung (äußere Anforderung). Er ist ehrgeizig und will es beruflich zu etwas bringen. Für ihn zählt nur, der Beste zu sein (innere Anforderung). Roger T. ist intelligent, und das Lernen fällt ihm leicht (innere Ressource). Es ist so gut wie sicher, dass er den Test mit Bravour bestehen wird, da er bisher alle Prüfungen bestanden hat (objektive Situation). Dennoch nagen an ihm leise Zweifel. Wird er es schaffen, die Bestnote zu erreichen? Alles andere wäre für ihn ein Misserfolg und ein Zeichen dafür, dass er es im Beruf nie zu einer Spitzenposition bringen wird (negative Einschätzung).

Faktoren, die das Stresserleben beeinflussen

Es gibt eine Reihe von Faktoren, die sich auf die persönliche Einschätzung einer Situation oder eines Ereignisses auswirken. Dazu gehören:
- die Relevanz der Situation: Wie wichtig ist die Situation für mich?
- die aktuelle Stimmung: Fühle ich mich allgemein schon etwas angeschlagen, müde, energielos, gestresst, deprimiert?
- Persönlichkeitsmerkmale, z.B. psychische Labilität.

- Motivation: Wie sehr bin ich motiviert, ein Ziel zu erreichen?
- Kompetenzen: Bin ich der Aufgabe gewachsen, habe ich die nötigen Fertigkeiten, um sie erfolgreich zu bewältigen?

Einflussfaktor Relevanz

Je wichtiger eine Situation für jemanden ist, desto größer ist ihr Stresspotenzial. Ihr Bus hat Verspätung? Das ist objektiv gesehen nicht so tragisch, wenn Sie sich zum Sport mit Freunden verabredet haben. Anders sieht es – wiederum objektiv betrachtet – aus, wenn ein Vorstellungsgespräch ansteht und Sie an der Stelle ernsthaft interessiert sind. Oder wenn Sie ein Date haben, das Ihnen sehr wichtig ist. In beiden Fällen könnte Unpünktlichkeit schlecht ankommen und schwerwiegende Konsequenzen haben.

GUT ZU WISSEN

Subjektiv, objektiv – was heißt das genau? Die objektive Relevanz eines Ereignisses würde der Einschätzung durch Experten oder die der meisten Menschen entsprechen. Stressrelevant ist jedoch die subjektive Einschätzung einer Person, unabhängig davon, wie die Situation objektiv aussehen mag.

Doch solche objektiven Maßstäbe zählen für Sie als einzelne Person nicht – es kommt auf Ihre eigene subjektive Gewichtung an, ob Sie eine Situation als stressig erleben oder nicht. So kann es einer Person subjektiv wichtig sein, auch zum Sport mit Freunden nicht zu spät zu kommen. Vielleicht, weil Unpünktlichkeit für sie eine persönliche Schwäche ist, eine Unanständigkeit anderen gegenüber (ganz egal, ob das die Freunde oder Fremde sind) oder ein Zeichen dafür, dass man nicht perfekt ist.

HINWEIS *Geht es um etwas, das für Sie von Bedeutung ist, so wird ein Ereignis schneller als belastend empfunden. Und wie das Beispiel zeigt, ist das unabhängig davon, ob es einen objektiven Anlass dazu gibt.*

Doch auch ein- und dieselbe Situation kann als unterschiedlich wichtig bewertet werden – je nach Rahmenbedingungen. Einen Vortrag vor unbekannten Zuhörern zu halten, die man anschließend nie mehr sieht, ist vielleicht weniger schlimm, als wenn bekannte Personen anwesend sind, denen man immer wieder begegnen wird, die über einen negativ reden und einen möglichen Misserfolgs schnell herumerzählen werden. Die Relevanz wird vermutlich auch als niedriger eingeschätzt, wenn man den Vortrag nicht vor Vorgesetzten, sondern nur vor Kollegen hält. Der Grad der Belastung kann aber abhängig von der Menge der Zuhörer sein und vom Thema und dem eigenen Wissen über das Themengebiet. Oder aber von der Frage, ob nachher noch Zeit für eine Diskussion vorgesehen ist, auf die man sich nicht vorbereiten kann.

Doch auch hier kann alles umgekehrt sein: Man fühlt sich vor bekanntem Publikum wohler. Man möchte gerade den Vorgesetzten gerne dabei haben und wünscht sich ein möglichst großes Publikum. Was stressrelevant ist, lässt sich objektiv, also von außen, nicht beurteilen.

Einflussfaktor Stimmung

Die aktuelle Stimmung beeinflusst, wie Sie eine Situation wahrnehmen. Und damit auch Ihre Einschätzung, ob und wie Sie diese Situation meistern werden. Nehmen wir an, Sie kommen tatsächlich zu spät zum Vorstellungsgespräch – wegen des verpassten Busses. In einer positiven Stimmung werden Sie sich vielleicht sagen:»Dass ich zu spät komme, ist unglücklich. Anderseits: So etwas kann einfach jedem passieren, der mit öffentlichen Verkehrsmitteln unterwegs ist. Es war in diesem Fall nicht meine Schuld. Ich werde mich entschuldigen, damit sollte das dann kein Problem sein.«

Sind Sie jedoch den ganzen Tag schon nicht so gut drauf und nervös wegen des Vorstellungsgesprächs, dann schätzen Sie die Verspätung vermutlich eher als bedrohlich ein. Sie denken dann möglicherweise:»Dass ich zu spät komme, ist gar nicht gut. Was das wohl für einen Eindruck macht, wenn ich die Leute warten lasse? Ich hätte das voraussehen und früher losgehen müssen. So steht das ganze Gespräch schon von Anfang an unter einem schlechten Stern.«

Einflussfaktor Persönlichkeit

Persönlichkeitsmerkmale spielen für das Stressempfinden eine große Rolle. Sie entstehen im Zusammenspiel zwischen genetischer Veranlagung und der Lerngeschichte einer Person – also den Erfahrungen, die jemand im Laufe seines bisherigen Lebens gemacht hat. Persönlichkeitsmerkmale sind relativ stabil, das heißt, sie sind nur schwierig zu verändern. Dazu zählen:

■ Psychische Stabilität im Gegensatz zu Labilität (z.B. hohe Ängstlichkeit, starke Stressempfindlichkeit)
■ Flexibilität (Anpassungsfähigkeit) im Gegensatz zu Rigidität (Unbeweglichkeit)

- Selbstsicherheit im Gegensatz zu Selbstunsicherheit
- Bindungssicherheit im Gegensatz zu Bindungsunsicherheit
- Intelligenz im Gegensatz zu eingeschränkten intellektuellen Möglichkeiten

Manche Menschen sind ziemlich stressresistent, während andere schneller und stärker auf Belastungen reagieren und mehr Zeit brauchen, um sich wieder zu erholen und das Stressereignis zu »verdauen«. Stressresistente Personen zeichnen sich durch folgende Merkmale aus:

- Sie haben eine hohe Selbstwirksamkeitsüberzeugung. Sie sind also davon überzeugt, die Stresssituation selbst aktiv beeinflussen zu können (mehr dazu Seite 98).
- Sie schätzen mögliche Stresssituationen eher als Herausforderung ein statt als Bedrohung, Verlust oder Schädigung.
- Sie unternehmen größere Anstrengungen, um ein Ziel zu erreichen.
- Sie neigen zu Optimismus und können auch schwierigen Situationen etwas Gutes abgewinnen.

Einflussfaktor Motivation

Ob jemand mehr oder weniger motiviert ist, wirkt sich ebenfalls auf das Stresserleben aus. Wie viel liegt mir daran, einen guten Eindruck machen zu wollen? Wie motiviert bin ich, eine Stelle zu bekommen? Was unternehme ich, um trotz Hindernissen ans Ziel zu gelangen?

Motivation kann intrinsisch (Ich möchte für mich das Ziel erreichen.) oder extrinsisch sein (Ich möchte das Ziel wegen etwas anderem erreichen.). Die Motivation ist häufig das Zünglein an der Waage, wenn es darum geht, ob und wie stark man versucht, die Situation zu beeinflussen und zu verändern. Doch auch hier gilt: Die Motivation wird nur dann vorhanden sein, wenn man sich zutraut, etwas auszurichten, und die Chance als realistisch einschätzt, das Ziel auch wirklich erreichen zu können (internale Kontrollüberzeugung, siehe Seiten 98).

> **GUT ZU WISSEN**
> Stressresistente Menschen verfügen über ein gut gebautes Stresshaus. Das Modell des Stresshauses ist im Kapitel 1 dieses Ratgebers beschrieben (ab Seite 13).

HINWEIS *Motivation hilft, trotz Stress an einer Sache dranzubleiben, dem Stress die Stirn zu bieten. Bei längerfristigem Stress wird sie besonders wichtig.*

Einflussfaktor Kompetenzen

Schließlich hängt der Stress auch davon ab, wie jemand die eigenen Kompetenzen subjektiv einschätzt. Einerseits in Bezug auf die Anforderung (z.B. Wissen bei einer Prüfung), andererseits in Bezug auf die Stressregulation (z.B. »Wie gut gelingt es mir im Allgemeinen, mich vor Prüfungen beruhigen zu können?«). Der Stress wird umso geringer ausfallen, je mehr Kompetenzen Sie sich zuschreiben – bezüglich der Aufgabe, der Problemlösung und der Regulierung ihrer Emotionen.

> **HINWEIS** *Keiner der hier beschriebenen Faktoren bestimmt für sich alleine das Stresserleben. Es ist das Zusammenspiel, das es ausmacht. Dabei kann es sowohl zu einer Verstärkung wie auch zu einer Pufferwirkung kommen. Der Stress ist am größten bei: schlechter Stimmung, hoher Relevanz, stressanfälliger Persönlichkeit, als ungenügend eingeschätzten Kompetenzen und geringer Motivation. Andererseits können alle Faktoren auch stressabfedernd wirken. Nämlich dann, wenn sie als Ressource wahrgenommen werden (»Die Situation ist jetzt echt verzwickt. Doch ich bin trotzdem hoch motiviert, das Beste daraus zu machen.«).*

Was uns stresst – und wie wir reagieren

In diesem Kapitel geht es um eine kleine Systematik der Stressauslöser. Und um die Faktoren, die unsere Reaktion darauf bestimmen. Sie erfahren, warum uns Kleinigkeiten völlig aus der Fassung bringen können. Und warum auch positive Ereignisse, die doch eigentlich Freude machen sollten, mitunter Stress auslösen.

Erinnern Sie sich an die täglichen Widrigkeiten? Auf den ersten Seiten dieses Buches wurden diese sogenannten »Mikroereignisse« als Stressquelle Nummer eins unseres heutigen Lebens identifiziert. Aber auch einschneidende Lebensereignisse und Entwicklungsaufgaben – »Makroereignisse« genannt – können Stress mit sich bringen.

Scheidung und Lottogewinn: kritische Lebensereignisse

Kritische Lebensereignisse bedeuten auch immer eine extreme Veränderung im Leben. Dazu zählen aber nicht nur negative, sondern auch positive Veränderungen, die das Leben umkrempeln. Im Allgemeinen negativ sind beispielsweise schwere Krankheiten, Behinderungen, der Tod eines geliebten Menschen, Arbeitslosigkeit, Trennung und Scheidung, ein Umzug mit Wohnortswechsel. Zu den positiven kritischen Ereignissen zählen zum Beispiel die Heirat, die Geburt eines Kindes, ein Lottogewinn oder eine Beförderung.

Das hat uns zumindest die Stresspsychologie bisher über Jahrzehnte so erklärt. Doch nach dem modernen Verständnis von Stress ist das nur die halbe Wahrheit: Ein Lottogewinn kann auch als Bürde und Fluch bewertet werden. Die Geburt eines Kindes als einengendes Ereignis, das zu einem ungünstigen Zeitpunkt passiert. Oder eine Scheidung als Befreiung und Neuanfang. Es gibt keine Norm dafür, ob ein kritisches Lebensereignis als positiv oder als negativ wahrgenommen wird. Obwohl die meisten Menschen der oben beschriebenen Bewertung sicher zustimmen würden, tun einige das nicht – und beide haben recht. Denn die Bedeutung eines Ereignisses für den Einzelnen ist immer subjektiv.

HINWEIS *Kritische Lebensereignisse sind immer starke Stressauslöser. Erschwerend kommt hinzu: Solche Lebensereignisse wie zum Beispiel eine plötzlich auftretende schwere Krankheit sind häufig nicht vorhersehbar. Deshalb kann man sich nicht darauf einstellen oder vorbereiten. Dafür zeigt die Umwelt bei solchen Ereignissen meist Verständnis und Anteilnahme.*

Berufswahl, Lebensbilanz & Co.: Entwicklungsaufgaben

Auch hier handelt es sich um einschneidende Ereignisse, die mit beachtlichen Veränderungen im Leben verbunden sind. Beispiele für soziale Entwicklungsaufgaben sind: Einschulung, Berufswahl, Partnerwahl, Familiengründung. Persönliche Entwicklungsaufgaben sind zum Beispiel der Identitätsaufbau beim Erwachsenwerden. Oder die Bilanz des Lebens, die man im höheren Alter zieht. Biologische Entwicklungsaufgaben, wie beispielsweise die Pubertät und die Menopause, sind besonders prägend.

❗ HINWEIS *Entwicklungsaufgaben sind, wie auch die kritischen Lebensereignisse, starke Stressauslöser (sogenannte »Makrostressoren«). Und das, obwohl sie relativ gut vorhersehbar sind, da sie jeden Menschen im Laufe seines Lebens betreffen, und obwohl sie zeitlich eingeordnet werden können (z.B. Pubertät, Menopause, Berufswahl). Die Reaktion der Umwelt ist vorwiegend verständnisvoll, da alle Menschen Entwicklungsaufgaben aus ihrer eigener Erfahrung kennen.*

Tägliche Widrigkeiten: die scheinbaren Banalitäten des Alltags

Tägliche kleine Alltagshürden sind mit kritischen Lebensereignissen oder Entwicklungsaufgaben auf den ersten Blick nicht vergleichbar. Diese banalen stressenden Erfahrungen im Alltag auf der einen Seite – die schwerwiegenden, lebensverändernden Schicksalsschläge oder anspruchsvollen Lebensaufgaben auf der anderen Seite. Was aber macht tägliche Widrigkeiten so bedeutend? Warum setzen sie uns so zu, obwohl sie trivial sind und in unserem Leben keine einschneidende Veränderung bewirken?

Dass Banalitäten so viel Stress auslösen, hat damit zu tun, dass eine tägliche Widrigkeit selten allein kommt. Alltagsstress wird dann gefährlich, wenn er sich anhäuft oder chronisch wird. Hinzu kommt, dass er sich häufig nicht vorhersehen und kontrollieren lässt. Außerdem stehen Sie damit ziemlich alleine da. Denn wer wird schon Verständnis dafür haben, dass Sie wegen eines verpassten Busses ausflippen? Im Gegenteil:

Eine solche Stressreaktion wird häufig als unverhältnismäßig und übertrieben empfunden. Dann steht vielleicht der unausgesprochene Vorwurf im Raum, dass Sie solche Situationen besser im Griff haben sollten. Insgeheim teilen Sie diese Meinung vielleicht sogar, was den Stress noch mehr verstärkt.

Alleine mit all dem Stress
Beispiele für tägliche Alltagshürden sind: Bus verpassen, zu spät kommen, etwas versäumen oder vergessen, jemand anderes vergisst etwas für Sie Wichtiges, in Warteschlangen stehen oder am Telefon in der Warteschleife hängen, Schlüssel verlieren oder vergessen, etwas verlegen, Unzuverlässigkeiten anderer, lärmende Nachbarn. Aber auch Prüfungen, Vorträge, kleinere Verkehrsunfälle (z.B. Blechschaden am Auto beim Einparken), Kritik des Vorgesetzten, »Knöllchen«, lästige Anrufe von Werbefirmen, Störungen bei der Arbeit, Stehen im Stau, jemand drängt sich vor, obwohl Sie an der Reihe wären, eine bekannte Person grüßt Sie nicht, man weist Sie zurecht, man übergeht Sie beim Verteilen von Aufgaben usw.

HINWEIS *Ein einzelner dieser sogenannten »Mikrostressoren« ist meist nicht allzu stressauslösend – oder der Stress verraucht schnell wieder. Die Wiederholung und die Menge machen es aus, dass kleine Alltagshürden besonders schädlich sind, weil sie das Stressniveau hoch halten. Oder aber diese täglichen Widrigkeiten sind nur die Auslöser, die ein persönliches schmerzhaftes Thema zum Klingen bringen (mehr dazu siehe Seite 61). Typisch ist hier, dass man kaum auf das Verständnis der Umwelt zählen kann, weil die Ereignisse im allgemeinen als Bagatellen angesehen werden.*

Bedrückt oder beschwingt: emotionale Reaktionen

Frust, Ärger, Traurigkeit, Hilflosigkeit, Angst, Beklemmung, aber auch ein Gefühl des Beflügeltseins: Das alles können Reaktionen auf Stress sein. Es hängt ganz davon ab, wie die betroffene Person die Situation für sich einschätzt. Denn Stress entsteht nicht nur im Kopf, er wird dort auch emotional eingefärbt.

Eine Situation, verschiedene Reaktionen

In Ihrer Firma steht ein Personalabbau an? Wenn Sie diese Situation als bedrohlich erleben, löst sie bei Ihnen Angst aus. Sie fühlen sich möglicherweise in Ihrem Selbstwert bedroht, sehen Ihre Karriere gefährdet oder haben Existenzängste.

Denken Sie hingegen, dass das Management geschlampt hat und dass der Personalabbau durch bessere Führung hätte verhindert werden können, nehmen Sie den Stellenabbau als Schädigung bzw. Provokation wahr und empfinden Ärger.

SELBSTTEST: MEIN STRESSFASS

Unten finden Sie ein Beispiel für ein ausgefülltes Stressfass. Zeichnen Sie für sich ein ähnliches Fass auf ein Blatt Papier. Füllen Sie es mit den Belastungen, die von früher nachwirken und die Sie aktuell erleben:

Auf der **fünften Ebene** geht es um die sprichwörtliche Frage, was das Fass zum Überlaufen bringen könnte.

Auf die **vierte Ebene** gehören aktuelle tägliche Widrigkeiten.

Auf der **dritten Ebene** sind aktuelle kritische Lebensereignisse zu finden.

In die **zweite Ebene** gehören aktuelle Entwicklungsaufgaben.

In die **unterste Ebene** kommen eine womöglich angeborene Empfindsamkeit für Stress sowie bisherige stressrelevante Lebenserfahrungen.

Wieder anders sieht Ihre emotionale Reaktion aus, wenn der Stellenabbau für Sie ein Verlust ist, weil Sie sehr gerne in dieser Firma und mit den Kollegen in Ihrer Gruppe arbeiten. In diesem Fall löst die Situation bei Ihnen wahrscheinlich Traurigkeit aus.

Vielleicht empfinden Sie auch ein Wechselbad der Gefühle, bis sich eins durchsetzt – dieses bestimmt dann die Emotion, die überwiegt.

HINWEIS *Je nachdem, wie Betroffene eine Situation einschätzen, färbt sich die Stressreaktion emotional unterschiedlich ein. Eine Situation, die bei einer Person Ärger auslöst, kann bei einer anderen Traurigkeit bewirken und bei einer dritten Person Angst. Dieselbe Situation löst damit bei unterschiedlichen Personen unterschiedliche Gefühle aus– je nachdem, wie sie bewertet wird. Aber auch von ein und derselben Person kann die gleiche Situation je nach momentaner Stimmung unterschiedlich eingeschätzt werden und damit andere Gefühle hervorrufen.*

Gar kein Stress? Auch nicht gut

Stress kann positiv und stimulierend wirken – das ist der willkommene sogenannte »Eustress«. Ein Quäntchen davon ist das Salz in der Suppe, denn ganz ohne Stress ist man in der Regel auch nicht optimal leistungsfähig. Für beste Leistungen braucht man ein gesundes, mittleres Stressniveau.

Der amerikanische Psychologe Bernd Weiner brachte es mal auf den Punkt: »Wie wir denken, so fühlen wir.« Schätzen wir eine Situation negativ ein, so werden sich auch entsprechende Gefühle einstellen: Ärger, Angst, Traurigkeit. Lautet unsere Einschätzung »neutral«, beschäftigt uns die Situation nicht weiter, es entsteht kein Stress. Bewerten wir eine Begebenheit als positiv, dann werden wir Stolz empfinden, Freude, vielleicht sogar Euphorie. Stress entsteht also nur bei einer negativen Einschätzung. Und die emotionale Qualität, die sich daraus ergibt, durch die jeweilige Interpretation als Bedrohung, Verlust, Provokation/ Schädigung (Distress) oder Herausforderung (Eustress).

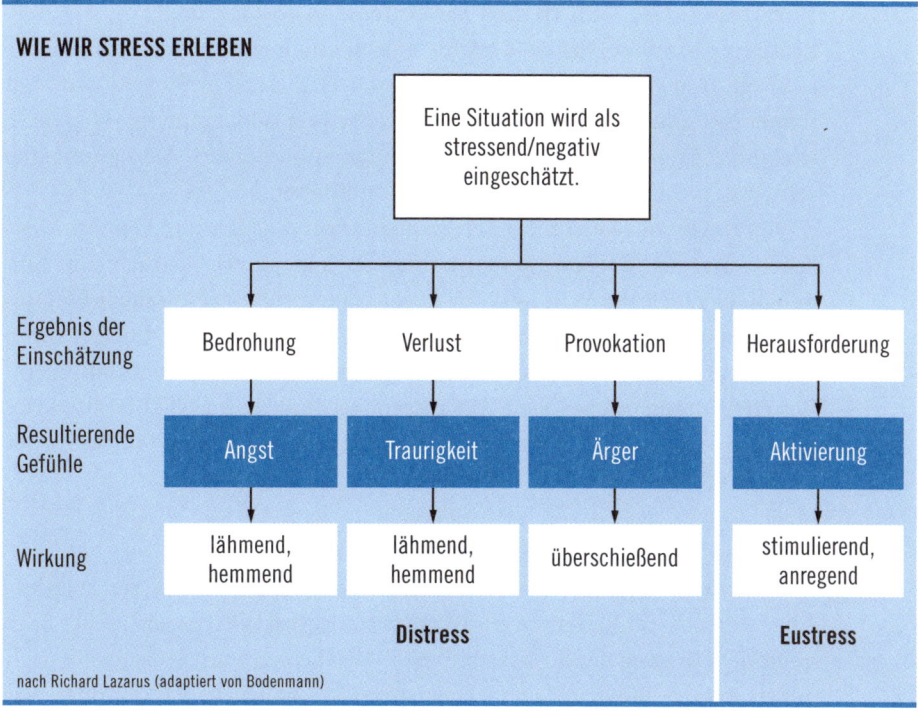

WIE WIR STRESS ERLEBEN

Eine Situation wird als stressend/negativ eingeschätzt.

Ergebnis der Einschätzung	Bedrohung	Verlust	Provokation	Herausforderung
Resultierende Gefühle	Angst	Traurigkeit	Ärger	Aktivierung
Wirkung	lähmend, hemmend	lähmend, hemmend	überschießend	stimulierend, anregend

Distress   **Eustress**

nach Richard Lazarus (adaptiert von Bodenmann)

Wohin mit all dem Ärger?

Wenn Sie gestresst sind: Wer leidet darunter? Sie selbst? Oder richten Sie Ihren Frust nach außen, auf die Personen in Ihrem Umfeld? Je nachdem spricht man von internalisierenden oder von externalisierenden Gefühlen. Zu den Gefühlen, die sich nach innen und somit gegen die gestresste Person selbst richten, zählen Angst, Traurigkeit, Hilflosigkeit, Hoffnungslosigkeit, Scham und Verzweiflung. Zu den nach außen gerichteten Gefühlen, unter denen vor allem die Menschen im Umfeld leiden, gehören Gereiztheit, Ärger, Wut und Aggression.

Die folgenden Betrachtungen beziehen sich auf den Umgang mit dem schwierigen Gefühl des Ärgers. Ärger ist eine der häufigsten Anfangs-Reaktionen in Stressituationen. Wie kann man Ärger handhaben? Es gibt drei schädliche Varianten und eine angemessene Form, mit dem inneren Aufruhr zurechtzukommen.

Variante 1: Die Wut in sich hineinfressen *(anger in)*
Es ist eine Binsenwahrheit: Gefühle in sich hineinzufressen, ist alles andere als gesund. Kein Wunder, dass Menschen, die das in Stresssituationen immer tun, mit hoher Wahrscheinlichkeit früher oder später psychosomatische Probleme entwickeln – z.B. Rückenschmerzen, Verdauungsbeschwerden, Migräne, koronare Herzkrankheiten.

Den Frust auf Dauer zu unterdrücken, birgt eine weitere Gefahr. Menschen, die das machen, gelten häufig als angepasst, friedlich und umgänglich. Doch die Wut und der Ärger stauen sich wie in einem Dampfkochtopf an, sie finden kein Ventil – bis sich die angestaute Energie ihren Weg bahnt und der Topf explodiert. Das kann in Form eines unkontrollierten Wutausbruches sein. Im extremsten Fall kann es aber auch der totale Ausraster sein mit erschreckender Gewalt gegen Objekte oder Mitmenschen.

Variante 2: Ungefiltert Dampf ablassen *(anger out)*
Es ist normal, dass wir manchmal die Nerven verlieren und laut werden. Aber wenn so ein Verhalten zur Regel wird, ist das kein angemessener oder gesunder Umgang mit Stresssituationen. Wer seinen Frust konsequent nach außen richtet, unwirsch und gereizt reagiert, Kollegen, Kinder oder den Partner anfährt, laut herumschreit, mit Gegenständen um sich wirft oder sie demoliert, der belastet die sozialen Beziehungen. Eine solche Person macht sich unbeliebt und läuft Gefahr, gemieden zu werden. Zwar sind viele Menschen, die Zeuge solcher Ausbrüche werden, zunächst eingeschüchtert. Doch gleichzeitig eben auch irritiert, verängstigt, schockiert und befremdet. Die Person, die sich nicht im Griff hat, wird als inkompetent, als nicht stressresistent und emotional labil wahrgenommen. Das wiederum führt bei ihr zum Gefühl, abgelehnt zu werden, nicht zu genügen. Und damit zu noch mehr Stress.

GUT ZU WISSEN
Den Ärger ignorieren – das funktioniert leider nicht. Studien zeigen: Auch wer nach außen hin cool bleibt und meint, dass er seinen Ärger erfolgreich verdrängt – »das macht mir alles gar nichts aus« –, zeigt bei Messungen die typischen physiologischen Stressreaktionen (erhöhter Puls und Blutdruck, Ausschüttung von Adrenalin und Noradrenalin, Kortisol). ■

Variante 3: Den Ärger weitergeben
(anger substitution)
Diese Variante ist eine Kombination der Varianten 1 und 2. Im Volksmund werden solche Menschen zuweilen als »Radfahrer« umschrieben: Sie halten sich gegen-

58

über Autoritätspersonen wie Vorgesetzten zurück (buckeln). Treten dafür aber nach unten, indem sie Menschen in schwächeren Positionen (Untergebene, Kinder) oder Tiere schikanieren und ihren Frust an ihnen auslassen.

Auch dieser Umgang mit Stress und Frustration ist weder für die betreffende Person noch für die Menschen in ihrer Umgebung günstig, da damit häufig Schuldgefühle verbunden sind. Bei den Personen, die von der Aggression betroffen sind, ruft sie Rückzug und Ablehnung hervor. Aber auch Verachtung, wenn sie realisieren, dass sich die Person sich nur bei Schwächeren traut, ihren Ärger zu entladen.

Variante 4: Die Wut im Griff *(anger control)*
Den Ärger weder leugnen und verdrängen noch ihn ungefiltert und cholerisch loswerden oder unfair an Schwächeren ausleben, sondern ihn kontrolliert zum Ausdruck bringen: Das ist der beste Weg.

TIPP *Überlegt Lösungen zu suchen und die Situation zuerst umsichtig zu analysieren, bevor man reagiert, ist das beste Mittel gegen Stress sowie für einen verträglichen sozialen Umgang und gutes Auskommen mit seinen Mitmenschen.*

Kleine Ursache, große Wirkung: Stressintensität

Keine Frage, die täglichen kleinen Ärgernisse nerven. Doch wenn sie vorbei sind, sind sie in aller Regel vorbei: Die Rechnung für den Lackschaden am neuen Auto ist bezahlt, die Aufregung hat sich gelegt. Die sanfte Kritik der Chefin für eine falsche Angabe in der letzten Präsentation ist entgegengenommen und verdaut. Verraucht sind auch der Frust und die Enttäuschung über das Chaos, das die Teenager nach der letzten Party in der Wohnung hinterlassen haben. Der ganze Stress war dann doch weniger bedeutend als anfangs, in der Hitze des Gefechts, gedacht. Da ist nichts, was nachhängen würde. Meistens verdauen wir Alltagsstress relativ schnell, und alles entpuppt sich als halb so schlimm, wenn der erste Ärger verraucht ist.

Doch es gibt eben auch die anderen Fälle: die, bei denen uns eine scheinbare Nichtigkeit komplett aus der Fassung bringt und uns auch Tage und Wochen später noch beschäftigt. Die banalen, aber schwer verdaulichen Ereignisse, über denen wir endlos brüten und die uns nicht richtig loslassen. Wie kommt es, dass wir uns von Kleinigkeiten so sehr aus dem Konzept bringen lassen? Dass sie uns so lange beeinträchtigen und wir uns so klein und hilflos, so verletzlich fühlen?

NINA M., eine vierzigjährige Frau, geht bei Rot über die Ampel. Auf der anderen Seite wartet ein alter Mann auf grünes Licht. Er spricht sie sofort darauf an, dass sie sich verkehrswidrig verhalten hat. Nina denkt zuerst, dass er einen Spaß machen will. Sie gibt ganz offen zu, nicht auf Grün gewartet zu haben – es seien ja keine Autos gekommen. Und Kinder, denen sie ein schlechtes Vorbild hätte sein können, seien auch keine da. Doch der Rentner ist nicht zum Scherzen aufgelegt. Das merkt Nina, als er in eine Schimpftirade gegen »Weiber und Ausländer« ausbricht und diese Menschengruppen kollektiv beschuldigt, Deutschland zu ruinieren, indem sie alle Regeln missachteten. Erschrocken lässt Nina den Mann stehen.

Am Rande bemerkt sie noch, dass zahlreiche Passanten auf sie aufmerksam geworden sind und neugierig oder kopfschüttelnd gucken. Sie fühlt sich vorgeführt, am Pranger, im Fokus aller Blicke. Das ist ihr unendlich peinlich. Am Abend erzählt sie ihrem Mann von dem Erlebnis. Als der darüber lacht und den Rentner als absurden Spinner abtut, bricht Nina in Tränen aus.

Wie kommt es, dass der schimpfende Rentner Nina so zusetzen konnte? Seine Schimpferein sind ungerechtfertigt und lächerlich – so würde man es bei nüchterner Betrachtung sehen, so sieht es auch Ninas Mann. Für ihn ist der Vorfall gar nicht weiter der Rede wert. So etwas kommt vor. Solchen Typen geht man am besten aus dem Weg. Doch Nina kann das Ereignis nicht einfach wegstecken, sie wird von einem wahren Gefühls-sturm überrollt. Dass ihr Mann über den Vorfall lacht, verstärkt Ninas Kränkung zusätzlich. Doch so richtig kann sie ihre Reaktion, ihre hefti-gen Emotionen, das nagende Gefühl der Minderwertigkeit und Scham, das sich in ihr ausbreitet, selbst nicht verstehen.

Schmerzhafte Emotionen
Was in Nina vorgeht, ist typisch für Situationen, in denen ein sogenann-tes Konstrukt aktiviert wird. Ein Konstrukt ist ein wunder Punkt, ein

persönliches Thema, bei dem man besonders empfindlich reagiert. Die Stressreaktion ist dann ungewöhnlich intensiv und hallt lange nach – daran lässt sich erkennen, dass es um mehr geht als nur um die (oberflächlich betrachtet) unbedeutende Situation. Wie die Reaktion von Ninas Mann zeigt, findet man in diesen Situationen kaum Verständnis von anderen und auch keine angemessene Unterstützung. Meist werten der Partner oder andere solche Situationen ab (»Das ist doch nicht so schlimm, das war doch nur ein alter Spinner ...«) und gehen damit nicht wirklich auf einen ein. Das ist die zweite schwierige Situation – dass man mit diesen starken Stressgefühlen alleine gelassen wird, dass niemand einen zu verstehen scheint und dass man selbst auch nicht einordnen kann, warum einem die Situation so zusetzt – zumal sie objektiv betrachtet ja häufig wirklich nicht der Rede wert ist. Doch Tatsache ist: Offenbar ist sie eben doch von Bedeutung, sonst wäre der Ärger längst verraucht.

Alte Geschichten mit Tiefenwirkung

In der Psychologie definiert man Konstrukte als Überzeugungen, die sich in der persönlichen Lerngeschichte ausgebildet haben und die ziemlich schwer zu verändern sind. Sie wirken sich auf das aktuelle Denken, Fühlen und Handeln einer Person aus. Konstrukte färben die Wahrnehmung und Bewertung einer Situation ein, indem sie Informationen, Geschehnisse usw. in einem bestimmten Licht erscheinen lassen.

INFO *Aktiviert ein noch so banaler Vorfall ein Konstrukt, wird – bildlich ausgedrückt – ein großes Fass aufgemacht. Entsprechend intensiv ist der Stress: Denn jetzt geht es nicht mehr nur um den konkreten Stressauslöser, sondern um eins der ganz zentralen persönlichen Themen, das einem häufig das Leben schwer macht.*

Wie ein Konstrukt entsteht

Konstrukte sind Produkte der Lerngeschichte einer Person. Erfährt ein Kind nur dann Zuneigung, wenn es gute Leistungen erzielt, so lernt es: Meine Eltern haben mich nur gern, wenn ich etwas leiste. Es speichert die Überzeugung ab, dass man nur geliebt wird, wenn man einen Gefallen tut, sich nützlich macht, etwas leistet – kurz, dass Zuneigung verdient werden muss. Eine solche Person wird es im Erwachsenenleben schwer treffen, wenn sie beruflich oder privat Zurückweisungen oder Misserfolge erfährt. Denn in der Logik ihres Konstrukts bedeutet das, dass sie nicht liebenswert ist. Die Folge ist starker Stress, begleitet von Gefühlen wie Traurigkeit, Angst, Verzweiflung.

INFO *Es gibt typische Konstrukte, die häufig auftreten. Sie sind in der Tabelle auf Seite 64/65 aufgeführt. Wenn Sie diese Tabelle betrachten, werden Sie vielleicht bemerken, dass Sie sich beim einen oder anderen Konstrukt angesprochen fühlen. Keine Sorge: Das ist völlig normal! Jeder Mensch trägt Konstrukte in sich. Problematisch werden sie dann, wenn sie uns überwältigen und wir ihnen ausgeliefert sind, wenn wir sie nicht kennen und daher nichts dagegen tun können.*

IN NINA M.S FALL ist es das Konstrukt der sozialen Bewertung, das aktiviert wird. Nina hat schon als kleines Mädchen gelernt, dass es negativ ist, aufzufallen. Wenn sie neugierige Fragen stellte, wenn sie vielleicht sogar eine Aussage des Lehrers in Zweifel zog oder beharrlich nachfragte, wurde sie sehr deutlich in die Schranken gewiesen. Sie erlebte, dass es den Eltern unangenehm war, wenn sie etwas tat, das die öffentliche Aufmerksamkeit auf sich zog: etwa wenn sie sich beim Geigenspiel am Schülerkonzert vergriff und dadurch auffiel. Wenn sie als Einzige inmitten ihrer Mitschülerinnen weinte. Oder wenn sie laut herumalberte und andere sie vorwurfsvoll anblickten. Sie spürte, dass die Eltern ihr Verhalten missbilligten. Sie wiesen Nina zurecht oder bestraften sie mit Liebesentzug. Nina lernte, dass man nur dann das Wohlwollen der Eltern oder anderer Erwachsener hat, wenn man in seinem Verhalten nicht von dem der anderen abweicht, sich im Griff hat, nicht unnötig auffällt und sich immer angemessen und korrekt verhält – so, »wie es sich gehört«.
Diese Haltung hat Nina verinnerlicht. Auch als erwachsene Frau hält sie sich fast immer an die Regeln. Sie achtet übermäßig auf die Bewertung der anderen, möchte nicht negativ auffallen, keinen Anlass zu Kritik und Bloßstellung geben. Kleine Freiheiten, wie bei Rot über die Straße zu gehen, nimmt sie sich aber doch hin und wieder heraus. Mit einer augenzwinkernden Zurechtweisung des Rentners wäre Nina vermutlich klargekommen. Doch der völlig übertriebenen Ermahnung für ihr

Verhalten und der neugierigen Aufmerksamkeit der Passanten hält sie nicht stand: Auf einmal fühlt sie sich wieder wie das kleine Mädchen, das für jedes angebliche Fehlverhalten abgestraft wurde. Sie wird traurig und fühlt sich gekränkt, doch fast noch schlimmer sind die Gefühle der Scham – Scham darüber, wie früher als kleines Kind abgekanzelt geworden zu sein. Und sich das heute noch, als vierzigjährige Frau, einfach so gefallen lassen zu haben – ohne Gegenrede, ohne den alten Mann zurechtzuweisen. Nina ist in ihr altes Muster hineingeraten, ihr Konstrukt ist aktiviert worden.

TIPP *Ein Ereignis stresst Sie, und Sie fühlen sich auch nach Stunden und Tagen noch immer mies, wenn Sie an diese Sache denken? Dann können Sie davon ausgehen, dass die Sache tiefer geht, dass ein persönliches Konstrukt aktiviert, einer Ihrer wunden Punkte getroffen wurde. Es lohnt sich, der Sache nachzugehen, zum Beispiel mit der Trichtermethode (siehe Seite 203).*

Die Spirale dreht sich

In der Paarbeziehung kann die Aktivierung eines Konstrukts zu zusätzlichen Irritationen und Verletzungen führen – dann nämlich, wenn das Gegenüber die Reaktion des Betroffenen nicht nachvollziehen kann, Unverständnis zeigt, zu rasch Ratschläge gibt oder zu schnell über die Sache hinweggeht. Und das ist die Regel. Denn wie soll man den gestressten Partner auch verstehen können, ohne die Vorgänge in seinem Innern zu kennen? Ninas Partner denkt, dass er in derselben Situation vor allem Ärger auf den alten Mann verspürt hätte. Dass sich Nina so aus der Fassung bringen ließ, kann er nicht begreifen. Er geht mit seiner Bemerkung nur auf den alten Mann ein, nicht auf Nina und ihre Empfindungen. Nina fühlt sich nicht ernst genommen und in ihrem Stress alleingelassen. Sie versteht ja selbst nicht, warum sie auf den Vorfall so heftig reagiert.

Wie hätten Nina und ihr Partner das Ganze besser bewältigen können? Die Chancen stehen gut, dass der Abend nicht verdorben gewesen wäre, wenn sich beide mehr mit dem Vorfall beschäftigt und sich länger darüber unterhalten hätten. Für solche Situationen gibt es eine spezielle Art der Kommunikation, die sogenannte Trichtermethode. Sie führt dazu, dass man sich gegenseitig besser versteht, und baut so den Stress ab. Wie und wann Sie diese Methode anwenden, lesen Sie ab Seite 203.

VERBREITETE KONSTRUKTE

Konstrukt	Inhalt	Auslöser	Tiefere Gefühle
Soziales Bindungkonstrukt	■ Bin ich wichtig? ■ Bin ich liebenswert?	■ Jemand kommt zu spät: Sie glauben, dass Sie dieser Person nicht wichtig genug sind. ■ Eine wichtige Person kritisiert Sie: Sie befürchten, dass sie Sie nicht mehr schätzt und Ihre Beziehung darunter leiden wird. ■ Ihr Partner will ein gemeinsames Vorhaben, das Ihnen viel bedeutet, nicht ausführen: Sie nehmen dies als Zeichen für seine mangelnde Wertschätzung und Liebe.	Gefühle, nicht geliebt zu werden, unnütz zu sein, andere zu stören, eine Last zu sein; Unsicherheit, Trauer, Verzweiflung, Einsamkeit
Soziales Bewertungskonstrukt	■ Genüge ich? ■ Was denken die anderen von mir?	■ Sie halten einen Vortrag und ernten nur verhaltenes Lob: Sie fürchten, dass Ihre Leistung vielleicht als ungenügend empfunden wurde und dass die Zuhörer Sie nicht kompetent finden. ■ Sie wollen sich in einer Gruppe zu Wort melden und werden nicht berücksichtigt: Sie interpretieren das so, dass die anderen an Ihrer Meinung kein Interesse haben. ■ Sie erscheinen in unpassender Kleidung zu einem Anlass: Es scheint Ihnen, als schauten alle auf Sie und fänden Sie schrecklich daneben.	Gefühle der Minderwertigkeit, Scham, Kränkung, des Ausgeliefertseins; Angst, bewertet zu werden; Traurigkeit, Resignation

64

Konstrukt	Inhalt	Auslöser	Tiefere Gefühle
Leistungskonstrukt	■ Ich bin nur etwas wert, wenn ich etwas leiste. ■ Ich muss perfekt sein. ■ Andere bewerten meine Person nur nach meiner Leistung.	■ Schule oder berufliches Umfeld: Sie stehen unter stetigem Druck, sich profilieren zu müssen, und hoffen, durch Ihre Leistungen Anerkennung, Status und Zuneigung zu erlangen. ■ Prüfungsmisserfolg: Sie vergleichen sich mit anderen, die besser waren, und schämen sich für Ihre schlechte Leistung. ■ Mittelmäßige Qualifikation durch Ihren Vorgesetzten: Sie sind enttäuscht, weil Sie sich höhere Ziele gesteckt haben, und hadern mit sich.	Unruhe, Enttäuschung, Versagensangst, Traurigkeit, Scham, Minderwertigkeit, Kummer
Kontrollkonstrukt	■ Ich muss in meinem Leben alles kontrollieren können und alles im Griff haben.	■ Bus verpasst: Sie fragen sich, wie Ihnen das passieren konnte. Hätten Sie den Fahrplan besser im Kopf gehabt, wäre das nicht geschehen.	Enttäuschung, Frustration, Kontrollangst, Gefühl des Ausgeliefertseins und der Hilflosigkeit, Trotz, Verweigerung, Unbehagen
Unabhängigkeits-konstrukt	■ Ich muss alle Aufgaben allein bewältigen können.	■ Sie arbeiten am liebsten allein, müssen aber jetzt für ein Projekt in einem Team mitmachen. Darin sitzen Leute, die weniger kompetent sind als Sie und trotzdem mehr Gehör finden. ■ Sie haben sich beim Sport das Kreuzband gerissen und gehen am Stock. Für so manche Dinge, die Sie gewohnt sind, allein zu tun, brauchen Sie jetzt Hilfe: einkaufen, waschen, putzen …	Ärger, Aggression, Auflehnung, Kränkung, Sehnsucht, Enttäuschung, Verletzlichkeit, Unterlegenheit, Passivität, Resignation

EIN TRUGSCHLUSS, DEN SIE VERMEIDEN SOLLTEN

So wie Ninas Mann tun wir es alle immer mal wieder: von uns auf andere schließen. Manchmal funktioniert es, meistens jedoch nicht. Wir sind alle Individuen mit einer ganz persönlichen Vergangenheit, die sich auf unser heutiges Erleben und unsere aktuelle Wahrnehmung auswirkt und sie einfärbt. Deshalb ist das, was Sie ärgert, für jemand anderen vielleicht nur traurig, macht ihm Angst, lässt ihn kalt oder freut ihn sogar. Das entspricht der modernen Sicht von Stress: Stress ist immer subjektiv, jede Situation ist für jeden anders. Was Sie als Herausforderung nehmen, ist für jemand anderen eine unüberwindbare Hürde, für einen Dritten wiederum kaum der Rede wert. Während eine Situation Ihnen mächtig Angst macht, bringt sie einen anderen erst so richtig auf Touren. Und während Sie es nie schaffen, sich zu wehren, fahren andere ihre Ellbogen schon vorsorglich aus.

Vorsicht also mit Rückschlüssen von sich auf andere, im Leben ganz generell und in der Partnerschaft besonders: Was für Sie gilt, gilt noch lange nicht automatisch auch für den anderen. Gerade deshalb ist es nötig, anderen Menschen gut zuzuhören – eine Kunst, die sich trainieren lässt (siehe auch Seite 208).

STRESS UND DIE FOLGEN

3

Stress durchdringt weite Teile unseres Lebens: Er wirkt sich auf das psychische Wohlbefinden und die Gesundheit, auf unser Verhalten, auf die Partnerschaft und das soziale Netz, auf Kinder und auf die Berufstätigkeit aus. In diesem Kapitel lesen Sie, wie genau das passiert.

Folgen für die Gesundheit

Stress ist ungesund – so viel ist klar. Doch was läuft genau im Körper ab? Dieses Kapitel gibt Einblick in einen faszinierenden biologischen Prozess. Zentrale Schaltstelle: das Gehirn.

Menschen im Stress sind unruhig, sie schlafen schlecht, sind gereizt und angespannt, unkonzentriert und sozial unverträglich. Stress trifft den Menschen als Ganzes. Er wirkt sich auf der körperlichen und auf der psychischen Ebene sowie auch auf der Verhaltensebene und auf soziale Beziehungen aus. So weit, so bekannt – doch welche körperlichen Mechanismen lösen diese Zustände aus? Es sind fein aufeinander abgestimmte Vorgänge, die ihren Ursprung im Gehirn haben. Und die einen immer wieder darüber staunen lassen darüber, wie komplex der Mensch funktioniert.

Das Erbe der Evolution

Zwar hausen wir nicht mehr in Höhlen, wir kaufen unser Essen im Laden nebenan oder im Supermarkt. Doch gewisse evolutionsbedingte Mechanismen in uns sind bis heute unverändert geblieben. Dazu gehören die Reaktionen auf Stress, die wir nicht mit unserem Willen steuern können. Früher sorgten sie dafür, dass sich unsere Vorfahren gegen die Gefahren in der Natur zur Wehr setzen oder rechtzeitig fliehen konnten. Flucht oder Kampf? Das war die Frage, die häufig über Leben und Tod entschied. Beide Aktivitäten brauchen die volle Aufmerksamkeit des Organismus und eine Menge Energie. Es sind diese beiden Voraussetzungen, die durch die körperlichen Reaktionen auf Stress sofort geschaffen werden.

Allerdings: Flucht oder Kampf – diese Frage ist heute nur noch selten von Bedeutung. Natürlich kann es vorkommen, dass man am späten Abend durch eine Unterführung geht und von Randalierern angerempelt wird. Oder dass man in eine andere gefährliche Situation gerät, in der man blitzschnell reagieren muss. Doch die meisten Stresssituationen heute sind Leistungssituationen oder soziale Konfliktsituationen – und da ist

Körpereinsatz nicht gefragt. So bleiben wir auf der bereitgestellten Energie sitzen, meist ganz wörtlich. Unsere Stressmechanismen sind also quasi überholt. Sie konnten nicht Schritt halten mit den Veränderungen und Anforderungen der modernen Welt. Neue Lebensweise, alte Mechanismen: Das spielt keine Rolle und schadet auch der Gesundheit nicht, solange sich der Körper nach einer Stresssituation regelmäßig wieder auf Normalwerte einpendeln kann. Gefährlich und schädlich wird es dagegen, wenn der Stresspegel anhaltend hoch und die Alarmbereitschaft daueraktiviert sind.

❗ HINWEIS *Die Reaktionen, die noch aus alten Zeiten stammen, schlagen uns auch noch in anderer Hinsicht ein Schnippchen: In Stresssituationen, in denen das Gehirn auf Hochtouren laufen müsste, fließt das Blut vermehrt in die Muskulatur der Gliedmaßen (Flucht!), also in Arme und Beine. Das erschwert klares Denken.*

Sofort-Alarm und Energiemobilisierung

Der menschliche Organismus verfügt über zwei Mechanismen, die bei Stress aktiviert werden. Über einen schnelleren und über einen langsameren. Bei dem ersten, einer Art Sofort-Alarm, reagiert das Gehirn, indem es einen Botenstoff namens Noradrenalin ausschüttet. Dieser wiederum löst die Produktion des Stresshormons Adrenalin aus. Adrenalin macht schlagartig hellwach und handlungsbereit. Es aktiviert die Atmung (wir atmen schneller und flacher) und den Kreislauf (unser Herz schlägt schneller), die Schmerzempfindlichkeit nimmt ab.

Wenn der Stress dank des Sofort-Alarms bewältigt werden kann, baut sich das Adrenalin im Blut wieder ab, und der Körper kann sich erholen. Und wenn der Sofort-Alarm zur Bewältigung der Situation nicht ausreicht? Wenn der Stress andauert? Dann bleibt der Organismus länger aktiviert. Und ein zweiter Mechanismus kommt zum Zug, der langsamer einsetzt und hauptsächlich dazu dient, Energie bereitzustellen. Zu diesem Zweck werden im Gehirn Hormone angekurbelt, die zur Ausschüttung von Kortisol führen.

Kortisol ist neben Adrenalin das zweite wichtige Stresshormon und ein extrem leistungsfähiger Stoff, der im Körper auf ganz verschiedenen Ebenen wirkt. Er sorgt unter anderem dafür, dass mehr Blutzucker für die Gehirnarbeit und mehr notwendige Fettsäuren bereitgestellt werden. Zudem erhöht Kortisol kurzfristig die Schlagkraft des Immunsystems, damit es gegen Fremdkörper gewappnet ist, die zum Beispiel durch eine offene Wunde eindringen könnten.

Wäre nun das Immunsystem langfristig so extrem aktiviert, könnte es zu überschießenden autoimmunen Reaktionen wie Allergien oder zu Entzündungen kommen. Damit das nicht passiert, gibt es in diesem langsameren Stressmechanismus eine Rückkopplungsfunktion: Viel Kortisol im Blut hemmt im Gehirn die weitere Ausschüttung jener Hormone, die wiederum die Produktion von Kortisol veranlassen.

HINWEIS *Beide Mechanismen, der längerfristige sowie auch der unmittelbar einsetzende, leisten in Stresssituationen unentbehrliche Dienste. Und sie richten keinen Schaden an, solange sich der Organismus innerhalb einer gewissen Zeit wieder erholen und auf Normalwerte einpendeln kann. Anders sieht es aus, wenn der Stress zum Dauerzustand wird: Dann ist diese Selbstregulation nicht mehr gewährleistet, sie kann versagen. Es sind diese Situationen, in denen Stress anfängt, sich schädlich auf den Organismus auszuwirken.*

Stress und die Formbarkeit des Gehirns

Wie oben beschrieben, wirkt Stress über unser geniales Verarbeitungszentrum, das Gehirn, auf verschiedene Organe. Aber auch im Gehirn selbst bewirken die ausgeschütteten Stoffe Veränderungen. Wie heute gut erforscht ist, bilden sich im Gehirn ein Leben lang neue Nervenzellverbindungen (Neuroplastizität, Formbarkeit des Gehirns). Verbindungen, die über Wahrnehmungen (z.B. ein Stresserlebnis) oder Tätigkeiten (z.B. Klavierspielen) häufig aktiviert werden, stabilisieren sich. Sie werden zu einer Art Nerven-Trampelpfade. Die Signale, die durch neue Reize von außen ausgelöst werden, bewegen sich hauptsächlich entlang dieser bestehenden Bahnen. Die Information geht sozusagen den Weg des geringsten Widerstandes. Daher ist eine gewisse Beharrlichkeit in Form von Übung, Training oder häufigen Erfahrungen notwendig, um neue Bahnen zu schaffen. Das ist lebenslang möglich – das Gehirn ist formbar.

Doch welche Auswirkung hat Stress auf diese Verschaltungen? Die Stoffe, die in Belastungssituationen ausgeschüttet werden, beeinflussen das Wachstum und die Ausbildung von Nervenzellen und Nervenzellverbindungen. Noradrenalin – der Botenstoff, der letztlich zur Ausschüttung von Adrenalin führt – fördert das Wachstum neuer Zellen und neuer Verknüpfungen. Das bedeutet, dass mit jeder akuten Stressreaktion, die erfolgreich und schnell bewältigt worden ist, jene Verbindungen, die dafür aktiviert wurden, gefestigt werden. Das ist durchaus sinnvoll, denn diese Bahnen haben sich als besonders günstig und wirksam erwiesen und sind nun in einer neuen Stresssituation noch schneller »begehbar«.

Kortisol hat den gegenteiligen Effekt. Je länger eine Stresssituation unbewältigt bleibt, desto länger verweilt es im Blut und gelangt so ins Hirn. Dort hemmt es das Zellwachstum. Es lockert bestehende Verbindungen, da diese sich ja in der aktuellen Stresssituation als untauglich erwiesen haben. Letztlich schafft Kortisol damit die Voraussetzungen dafür, dass neue Verbindungen für wirksamere Strategien zur Stressbewältigung aufgebaut werden können.

Das ist einerseits sinnvoll. Andererseits hat es schädliche Konsequenzen, wenn der Kortisolspiegel infolge des nicht bewältigten Stresses chronisch hoch bleibt. Dadurch wird die Rückkopplungsfunktion lahmgelegt. Das Kortisol bleibt im Gehirn aktiv und führt dort auf lange Sicht zur Beeinträchtigung gewisser Areale. Besonders deutlich ist das bei der Region zu erkennen, die für das Gedächtnis zuständig ist: Stress bewirkt ganz direkt eine Verschlechterung der Gedächtnisleistung.

Wie Stress die Gesundheit schädigt

Bereitgestellte und nicht verbrauchte Energiereserven; ein Organismus in Daueraktion, der sich nicht mehr selbst regulieren kann und schließlich zusammenbricht; ein beeinträchtigtes Immunsystem und schädliche Beruhigungsmaßnahmen wie etwa Alkoholkonsum: Das sind die Gefahren, die Stress für die Gesundheit mit sich bringt.

Power loswerden

Im Bürostuhl zu sitzen und sich über eine ungerechtfertigte Kritik des Chefs zu ärgern oder zu grämen kostet nun mal nicht genauso viele Ka-

73

lorien wie der Kampf gegen ein angreifendes Tier in freier Wildbahn in der Steinzeit. Wohin also mit all der überschüssigen Energie, die uns unser Organismus zur Verfügung gestellt hat? Wer nicht riskieren will, dass wegen des vielen Stresses Zucker, Fett und verklumpende Blutplättchen die Arterien verstopfen (was auf lange Sicht zu einem Infarkt in Herz oder Gehirn führen kann), sollte die überschüssige Energie abbauen, zum Beispiel mit Bewegung und Sport (mehr dazu auf Seite 157). Es ist also überhaupt nicht falsch, mit körperlichen Aktivitäten Dampf abzulassen und den Ärger beispielsweise einfach wegzujoggen.

Für Entspannung sorgen

Die Bewältigungsmechanismen unseres Organismus wurden in einer Zeit ausgebildet, als eine Stresssituation sich noch innerhalb einer kurzen Frist klärte. Der Kampf mit einem wilden Tier endete irgendwann – das Problem löste sich, ob nun zugunsten des Jägers oder zu jenen des Tieres (was dem Stress dann auch ein Ende machte). In der heutigen Zeit halten Stresssituationen typischerweise länger an – mit dem Kollegen, der sich im Internet vergnügt, während Sie Sonderschichten schieben, müssen Sie auch morgen noch zusammenarbeiten. Die gefürchteten alltäglichen Widrigkeiten wiederum treten in kurzen Abständen immer wieder auf und machen uns das Leben schwer. Das führt dazu, dass sich der Organismus zwischendurch nicht mehr regelmäßig auf seinen Normalzustand herunterregulieren kann. Irgendwann bleibt dann die Fähigkeit zur Selbstregulation ganz auf der Strecke. Stellen Sie sich diesen Vorgang vor wie ein Gummiband, das chronisch überdehnt wird und das sich schließlich auch durch Waschen nicht mehr auf seine ursprüngliche Größe kriegen lässt. Es ist überspannt und erschlafft – endgültig und unwiederbringlich.

TIPP *Ein überdehntes Gummiband lässt sich ersetzen, Ihr Körper nicht. Sorgen Sie deshalb dafür, dass Ihr Stresszustand nicht chronisch wird und dass Ihr Organismus immer mal wieder auf seine Normalwerte herunterfahren kann. Dafür sind Inseln der Entspannung, der Erholung und des Genusses, die regelmäßig in den Alltag eingebaut werden (mehr dazu ab Seite 156), ganz wichtig. Dazu eine Reihe an Kompetenzen zur Stressbewältigung, die Ihnen in akuten Situationen helfen (mehr dazu ab Seite 163).*

Immunabwehr stärken

Vielleicht haben Sie sich auch schon gefragt, warum Sie hartnäckig gesund bleiben, wenn Sie im Stress sind, und ausgerechnet dann krank werden, wenn die Hektik nachlässt und Sie ein wohlverdientes Wochenende oder sogar Ferien genießen möchten. Des Rätsels Lösung: Akuter Stress bringt das Immunsystem auf Vordermann. Lässt die Wirkung nach, haben Infektionen leichteres Spiel. Auch chronischer Stress mit anhaltend hohem Kortisolspiegel schwächt die Abwehr.

Genussmittelkonsum im Griff

Die Mahlzeiten hinunterschlingen oder gleich ganz auslassen, schnell eine rauchen, ein Glas Wein oder Whiskey zur Entspannung – all das darf hin und wieder sein. Als langfristige Bewältigungsstrategie für Stress ist so ein Verhalten aber ungeeignet und schädlich. Es ist nicht nur sowieso ungesund, sondern verringert in Zeiten mit ohnehin schon hoher Belastung die Widerstandskraft und führt so zu einer Schwächung des Organismus – was ihn wiederum für Belastungen anfälliger werden lässt.

> **GUT ZU WISSEN**
> Gesunde Ernährung und viel Bewegung stärken die Immunabwehr (mehr dazu ab Seite 152). Das gilt besonders auch für ausreichenden Schlaf. Denn das Immunsystem macht einen Großteil seiner Arbeit, während wir im Reich der Träume sind. ■

Auswirkungen auf Körper, Psyche, Verhalten

Wie oben beschrieben, setzen Stresssituationen im menschlichen Organismus komplexe Abläufe in Gang. Das hat konkrete, spürbare Auswirkungen auf verschiedenen Ebenen: auf der körperlichen, der psychischen und auf der Verhaltensebene. Zu unterscheiden sind kurzfristige und langfristige Folgen.

Physiologische Ebene (Körper): Typisch für Stress sind Verspannungen der Muskulatur (steifes Kreuz, steifer Hals, hochgezogene Schultern, angespannte Bauchdecke, zusammengepresster Kiefer, zusammengekniffene Lippen), akuter Spannungskopfschmerz, Übersäuerung des Magens, Verdauungsbeschwerden.

Langfristig können die Verspannungen der Muskeln zu Krämpfen, Rückenschmerzen, Muskelzittern, Haltungsschäden, zu allgemeiner Mattheit und körperlicher Erschöpfung führen. Verdauungsbeschwerden,

75

Schlafstörungen, Herzklopfen und andere Symptome erhöhen, wenn sie chronisch werden, das Risiko für Magengeschwüre, Migräne und Kurzatmigkeit. Auch Bluthochdruck, Herz-Kreislauf-Störungen (Arteriosklerose, Angina pectoris), Diabetes und Herzinfarkt werden begünstigt.

Psychische Ebene: Hier äußert sich Stress in einer Abnahme der Konzentrationsfähigkeit, einer geringeren Lern- und Erinnerungsfähigkeit (bis hin zum Black-out). Aber auch in einem allgemeinen Energie- und Interessensverlust, in emotionaler Überempfindlichkeit, Anspannung, Gereiztheit und Nervosität. Stress bewirkt oft auch eine gewisse Launenhaftigkeit, starke Gefühlsschwankungen, Unsicherheit und ein Gefühl der Überforderung.

Langfristig kann das zu Leistungseinbrüchen, beruflichem Versagen und in schweren Fällen zu Angstzuständen, Depressionen und psychosomatischen Störungen führen. Auch die Libido, die sexuelle Lust, ist häufig beeinträchtigt.

Verhaltensebene: Ein Mensch im Stress verändert sein Benehmen. Er verhält sich planlos und wenig organisiert, verspürt eine Bewegungsunruhe. Es kommt zu Leistungsschwankungen, Fehler nehmen immer mehr zu. Der Griff zu Nikotin, Alkohol, Medikamenten erfolgt schneller. Auch ein aggressives Verhalten, eine gereizte Stimmung und Selbstbezogenheit sind typisch. Das führt zu einer erhöhten Konfliktbereitschaft (Beruf, Beziehung), was mittel- und langfristig soziale Unbeliebtheit und Isolation fördert. In einer festen Partnerschaft sind die Auswirkungen auf die Beziehung besonders bedeutend (mehr dazu ab Seite 79).

TIPP *Die Auswirkungen von Stress auf Körper, Psyche und Verhalten sind vielschichtig. Obwohl sich der menschliche Organismus bei kurzen Stressepisoden auch auf wundersame Weise selbst regeneriert, so kann ihn ein dauerhaft aktivierter Stressmechanismus doch nachhaltig aus dem Gleichgewicht bringen. Das hat mitunter schwerwiegende gesundheitliche Folgen. Es lohnt sich deshalb, regelmäßige Erholungspausen sowie genüssliche und entspannende Aktivitäten in den Alltag einzuplanen. Und zu lernen, wie man unnötigen Stress vermeidet und unvermeidbaren Stress bewältigt (siehe das Kapitel »Strategien für die Stressbewältigung«, Seite 163).*

SELBSTTEST: WELCHE STRESSSYMPTOME BEOBACHTE ICH ZURZEIT AN MIR?

Dieses Stresssymptom zeigt sich häufig bei mir:	1 Trifft gar nicht zu	2 Trifft nicht zu	3 Trifft eher nicht zu	4 Trifft eher zu	5 Trifft zu	6 Trifft voll und ganz zu
Körper						
Verspannungen (Nacken, Kreuz, hochgezogene Schultern, angespannter Bauch, zusammengepresster Kiefer, zusammengekniffene Lippen usw.)	☐	☐	☐	☐	☐	☐
Kopfschmerzen	☐	☐	☐	☐	☐	☐
Schweißausbrüche	☐	☐	☐	☐	☐	☐
Verdauungsbeschwerden	☐	☐	☐	☐	☐	☐
Körperliche Unruhe	☐	☐	☐	☐	☐	☐
Schlafstörungen	☐	☐	☐	☐	☐	☐
Herzklopfen	☐	☐	☐	☐	☐	☐
Psyche						
Anspannungen	☐	☐	☐	☐	☐	☐
Nervosität	☐	☐	☐	☐	☐	☐
Überempfindlichkeit	☐	☐	☐	☐	☐	☐
Gefühlsschwankungen	☐	☐	☐	☐	☐	☐
Konzentrationsschwierigkeiten	☐	☐	☐	☐	☐	☐

Dieses Stresssymptom zeigt sich häufig bei mir:	1 Trifft gar nicht zu	2 Trifft nicht zu	3 Trifft eher nicht zu	4 Trifft eher zu	5 Trifft zu	6 Trifft voll und ganz zu
Energie- und Interessensverlust	☐	☐	☐	☐	☐	☐
Verringerte Lern- und Erinnerungsfähigkeit	☐	☐	☐	☐	☐	☐
Gefühl der Unsicherheit und Überforderung	☐	☐	☐	☐	☐	☐
Verhalten						
Gereiztheit	☐	☐	☐	☐	☐	☐
Egozentrik	☐	☐	☐	☐	☐	☐
Dominanz	☐	☐	☐	☐	☐	☐
Konflikte, Aggressivität	☐	☐	☐	☐	☐	☐
Erhöhter Genussmittelkonsum (Nikotin, Alkohol, Medikamente)	☐	☐	☐	☐	☐	☐
Planloses Verhalten	☐	☐	☐	☐	☐	☐

Auswertung:

Bei den Symptomen, die Sie mit 5 und 6 bewertet haben, sollten Sie die Stressfolgen ernst nehmen. Zählen Sie pro Bereich Ihre Punkte zusammen. Bei Summenwerten über 30 Punkte (körperliche Symptome), 40 Punkte (psychische Symptome) und 30 Punkte (Verhaltenssymptome) zeigen Sie starke Stressfolgen. Hier sollten Sie aktiv werden und sich um eine bessere Stressbewältigung bemühen: Reduktion von unnötigem Stress (siehe Seite 164), stressausgleichende Aktivitäten (siehe Seite 152), Entspannungsmomente (siehe Seite 160), eine gute Balance zwischen Stressbewältigungsstrategie und Anforderungsprofil (siehe Seite 130). Bei chronischen Symptomen empfiehlt es sich, professionelle Hilfe in Anspruch zu nehmen (Arzt, Psychologin, Psychotherapeut).

Folgen für die Partnerschaft

Auf den vorhergehenden Seiten haben Sie gelesen, welche negativen Folgen Stress auf der körperlichen, der psychischen und auch auf der Verhaltensebene hat. Das ist nicht nur für die betroffene Person unangenehm, sondern auch für ihr Umfeld. Besonders auf die Partnerschaft und die Kinder wirkt Stress zerstörerisch.

Gestresste Menschen sind keine besonders angenehmen Zeitgenossen. Stress »besetzt« die Gedanken, raubt uns die Gelassenheit, fordert die gesamte Aufmerksamkeit und schränkt unsere Wahrnehmungsfähigkeit ein. Er macht uns selbstzentriert und asozial: Wenn wir gestresst sind, sehen wir nur noch uns und unser aktuelles Problem. Wir verhalten uns planlos und schlecht organisiert oder aber hyperaktiv, problemfokussiert und zielstrebig. Wir sind unruhig, gereizt bis aggressiv oder angespannt, beherrscht und unnahbar. Wir können nicht mehr auf andere Menschen eingehen oder nur noch ungenügend. Wenn wir im Stress sind, wollen wir uns auch nicht noch zusätzlich mit den Problemen anderer Menschen belasten. Stress engt das Wahrnehmungsfeld ein, führt zu einem Tunnelblick, wir bündeln unsere Kräfte.

Gestresste Menschen wirken meist unfreundlich, oberflächlich, desinteressiert, nicht ausgeglichen und wenig sympathisch – das macht sie nicht besonders beliebt und auf Dauer einsam, wenn der Stress anhält und beginnt, das Leben zu bestimmen. Ein Teufelskreis, denn die Zurückweisung durch andere verstärkt wiederum den Stress. Besonders verhängnisvoll ist das in einer Partnerschaft.

HINWEIS *Stress gilt als einer der stärksten Faktoren, wenn es darum geht, einen ungünstigen Partnerschaftsverlauf und ein erhöhtes Scheidungsrisiko vorherzusagen. Er untergräbt Beziehungen unbemerkt und schleichend. Die Partner realisieren lange nicht, wie der Alltagsstress sich zwischen sie stellt und zu einer Entfremdung führt.*

Wie Stress von außen die Paarbeziehung belastet

Stress entfremdet Menschen voneinander. Denn Zuneigung und Liebe brauchen Zeit, Energie und Engagement – all das also, was wir unter Stress nicht haben oder nicht bieten können.

Stellen wir uns eine ideale Welt der Beziehungen vor. In der Tabelle nebenan stehen in der linken Spalte die Merkmale einer glücklichen Partnerschaft. Und rechts die Liste der dafür notwendigen »Zutaten«: Auf diese hat Stress negative Auswirkungen.

Faktor Zeit

Wenn sie fehlt, leiden die Aufmerksamkeit für das Gegenüber, die Verfügbarkeit in Sachen Gefühl, der gegenseitige Austausch und gemeinsame Unternehmungen. Das Wir-Gefühl wird geschwächt.

Unter Zeitmangel sucht man schnelle Lösungen, hört nicht richtig zu, ist problem- und zielorientiert und interessiert sich wenig für das Innenleben des Partners. Stress führt zu einer oberflächlicheren Kommunikation (siehe auch nebenan).

Faktoren Wertschätzung und Ausgewogenheit

Stress verhindert, dass man sich aufs Gegenüber einlassen und sein Wesen, seine Arbeit, seine Errungenschaften usw. schätzen kann. Wenn Stress krank macht, etwa indem er Schlafstörungen, sexuelle Unlust, Ängste oder Kopfschmerzen verursacht, dann bringt das Einschränkungen mit sich. Der Partner sorgt sich, vielleicht muss die gestresste Person auch gepflegt werden. Dauert der Zustand an, schafft er so ein Ungleichgewicht in der Beziehung, das auf die Dauer problematisch werden kann.

Faktor Kommunikation

Unter Stress verschlechtert sie sich. Sorgen und Nöte kommen nicht zur Sprache, wenn der Partner gestresst und daher ganz mit sich selbst beschäftigt ist. Konflikte werden nicht angesprochen, weil man das Gegenüber nicht zusätzlich belasten möchte. Oder weil man spürt, dass der Partner nicht auf einen eingehen kann. Das entzweit. Bei Konfliktgesprächen geht es schneller gereizt, sarkastisch und aggressiv zu. Die Gespräche entgleisen leichter und eskalieren. Oder es kommt zu Rückzug und Vermeidung.

80

MERKMALE UND »ZUTATEN« FÜR EINE GLÜCKLICHE BEZIEHUNG

Ideale Beziehungswelt:	Dafür sind wichtig:
Die Partner schenken einander Liebe und Aufmerksamkeit, sie unterstützen einander in schwierigen Situationen.	Zeit, Wertschätzung, Empathiefähigkeit, Motivation, Commitment
Beide geben und nehmen in fairer Ausgewogenheit und schätzen die Beiträge des anderen.	Wertschätzung, Gerechtigkeitssinn, Offenheit für den anderen, Wahrnehmung der Beiträge des Partners
Das Paar tauscht sich häufig aus und lässt den jeweils anderen am eigenen Innenleben teilhaben. Das stärkt das Wir-Gefühl.	Zeit, Interesse am anderen, Motivation, sich mitzuteilen und zuzuhören, Engagement
Konflikte werden rechtzeitig angesprochen und angemessen bewältigt.	Kommunikationsfähigkeit, Zeit, Offenheit für die Sicht des anderen, Toleranz und Kompromissbereitschaft
Die Partner können miteinander lachen.	Zeit, Humor, Kommunikation
Beide gestehen einander die benötigten Freiräume zu.	Realisieren der Bedürfnisse des anderen, Toleranz, Gelassenheit, Bindungssicherheit

Faktor Humor

Gemeinsam zu lachen befreit, entspannt und verbindet. Unter Stress bleibt uns das Lachen im Hals stecken. Stress macht humorlos, es fehlt uns der Sinn, um etwas lustig zu finden.

Faktoren Gelassenheit und Toleranz

Sie bleiben in stressigen Zeiten auf der Strecke, das lässt uns unnachsichtig und intolerant werden – pures Gift für die Beziehung.

Faktor Motivation

Unter Stress muss man seine Kräfte bündeln, man setzt die Energie gezielter ein, geht nach Prioritäten vor. Die Partnerschaft kommt häufig an letzter Stelle, weil man meint, die Kraft für den Beruf und andere scheinbar wichtigere Aufgaben aufwenden zu müssen. Unter Stress ist man schlicht und einfach nicht motiviert, sich für Dinge einzusetzen, die auf der Prioritätenliste nicht ganz oben stehen.

Faktor Commitment/Engagement
Zeit und Energie für ein echtes Engagement fehlen. Man wird unter Stress egozentrisch, achtet ausschließlich auf die eigenen Bedürfnisse, hat keinen Sinn mehr für den Partner und dessen Anliegen, Wünsche und Probleme. Man unterstützt nur halbherzig, oberflächlich und uninspiriert.

Die schwierigen Seiten des Partners

Stress macht aber noch mehr: Er legt die problematischen Persönlichkeitszüge des geliebten Partners frei – und das kann eine Enttäuschung und eine Belastung für die Beziehung sein. Möglich, dass Sie insgeheim schon immer geahnt haben, dass Ihr Partner einen gewissen unflexiblen, ängstlichen, dominanten, intoleranten oder knauserigen Zug hat. Doch der ist bisher gar nicht so richtig zum Vorschein gekommen. Irgendwie hat es in den guten Zeiten einfach zu vieles gegeben, das rund gelaufen ist, um sich davon aus dem Konzept bringen zu lassen oder sich dieser negativen Seite des Partners auch nur bewusst zu werden. Oder der Partner hatte genügend Kraft und Möglichkeiten, um seine problematischen Persönlichkeitszüge immer wieder kontrollieren und kaschieren zu können.

Nun ist Ihr Partner in einer Phase chronischen Stresses, und die schwierigen Eigenschaften werden sichtbar, nehmen überhand. Vorschläge oder Anregungen, die Sie früher noch offen diskutieren konnten, werden auf einmal schroff abgelehnt. Weil er einfach nicht will, zu keinen Kompromissen bereit ist oder fadenscheinige Gründe dagegen vorbringt. Weil Ihre Ideen gerade nicht ins Konzept passen. Weil sie zu riskant sind. Oder weil sie angeblich zu viel kosten. Und die Freude, die sie machen würden, im Moment nicht zählt.

Ein anderes Szenario: Ihr Partner wird zum General, spricht nur noch im Kommandoton, wird laut und ungeduldig, wenn nicht gleich alles so läuft wie geplant. Er setzt seinen Kopf durch und maßregelt Sie. Eins ist klar: So haben Sie sich das nicht vorgestellt.

Dieser Prozess zeigt, wie Stress, der ursprünglich von außen kommt, auch innerhalb der Paarbeziehung seine zerstörerische Wirkung entfaltet.

Wie er Ihre Beziehung durchdringt, sich dort ausbreitet und beginnt, Ihre Partnerschaft von innen heraus zu untergraben, sie langsam und unmerklich, aber stetig zu zersetzen.

INFO *Es ist ein Alarmzeichen, wenn schwierige Persönlichkeitszüge zum Vorschein kommen und man sich fragt, wo der Mensch, den man liebt, eigentlich geblieben ist. Die Faszination weicht der Ernüchterung, die Zuneigung der Frustration und die Liebe der Entfremdung. Wenn die Ursachen nicht angegangen werden, führen sie langfristig in aller Regel zu einer nagenden Unzufriedenheit, häufig auch zu einer Offenheit für eine neue Beziehung neben der Partnerschaft und so zu Trennung und Scheidung.*

TANJA UND THOMAS N. leben in einer glücklichen Beziehung. Während sie früher häufig gemeinsam etwas unternahmen und viel Zeit füreinander fanden, hat sich dies in den letzten Monaten verändert. Seit Tanja in eine Führungsposition befördert wurde und Thomas eine Weiterbildung in Angriff genommen hat, sehen die beiden sich nur noch kurz beim Abendessen. Danach ziehen sie sich in ihre Zimmer zurück und arbeiten bis spät in die Nacht hinein. Thomas fällt auf, dass sie viel weniger Sex miteinander haben. Tanja fühlt sich von Thomas oft nicht verstanden. Sein fehlendes Interesse an ihrem Leben frustriert sie, und sie wünscht sich die früheren Zeiten zurück.

Beide merken: Ihre Beziehung verändert sich, und das möchten sie nicht. Jetzt ist es wichtig, innezuhalten und ein paar Fragen zu beantworten: Was ist geschehen? Warum ist auf einmal alles andere wichtiger als die Partnerschaft?

Wie können wir eine Veränderung bewirken und dafür sorgen, dass die Beziehung wieder in Fahrt kommt und wir beide zufrieden sind?

Und die Kinder?

Stress wirkt sich nicht nur auf den Partner aus, sondern auch auf die Kinder. Denn gestresste Eltern prägen das Familienklima. Wenn schon Erwachsene Mühe haben, mit einem gestressten Gegenüber klarzukom-

SELBSTTEST: LEIDET UNSERE PARTNERSCHAFT UNTER MEINEM STRESS?

Bewerten Sie in der Tabelle unten die Aussagen. Lassen Sie auch Ihren Partner die Kreuze setzen. Zählen Sie dann jeweils die Punkte zusammen.

	1 Trifft gar nicht zu	2 Trifft nicht zu	3 Trifft eher nicht zu	4 Trifft eher zu	5 Trifft zu	6 Trifft voll und ganz zu
Auch wenn wir beide noch so sehr unter Druck sind, wir nehmen uns regelmäßig Zeit füreinander.	☐	☐	☐	☐	☐	☐
Wir unterstützen einander, besonders in stressigen Situationen.	☐	☐	☐	☐	☐	☐
Wir pflegen einen intensiven Austausch, auch wenn es drunter und drüber geht.	☐	☐	☐	☐	☐	☐
Wenn es Konflikte gibt, sprechen wir sie rechtzeitig an und klären sie, auch in stressigen Zeiten.	☐	☐	☐	☐	☐	☐
Wir können miteinander lachen, auch wenn es hektisch zugeht.	☐	☐	☐	☐	☐	☐
Unser Wir-Gefühl ist stark und ein gutes Gegengewicht zum Stress.	☐	☐	☐	☐	☐	☐
Wir sind auch in Stresszeiten gegenseitig tolerant.	☐	☐	☐	☐	☐	☐

AUSWERTUNG:

Bis zu 15 Punkte: Es sieht so aus, als ob Stress Ihre Beziehung stark beeinträchtigt. Suchen Sie in den Bereichen, die Sie ganz niedrig bewertet haben, zusammen mit Ihrem Partner nach Verbesserungsmöglichkeiten.

16 bis 30 Punkte: Gewisse Anzeichen, dass Stress sich in Ihrer Partnerschaft breitmacht, gibt es. Steuern Sie zusammen mit Ihrem Partner dagegen, einigen Sie sich gemeinsam auf ein Vorgehen.

31 Punkte und mehr: Ihre Partnerschaft scheint zurzeit nicht stressanfällig zu sein. Sorgen Sie dafür, dass es so bleibt! Falls Sie bei einzelnen Aussagen niedrige Werte haben, suchen Sie gemeinsam nach Verbesserungsmöglichkeiten.

Wenn Sie beide die Fragen beantwortet haben: Gibt es Übereinstimmungen? Suchen Sie in den Bereichen, in denen Sie beide niedrig gewertet haben, nach Verbesserungsmöglichkeiten. Wenn Sie einen Bereich ganz unterschiedlich gewertet haben, gehen Sie der Frage nach, wieso das so ist.

men, gilt das erst recht für Kinder. Sie haben nicht die gleichen Mittel wie Erwachsene, um mit angespannten Familiensituationen zurechtzukommen, und sind dem Geschehen viel stärker ausgeliefert. Das macht sie verwundbar. Hohe schulische Anforderungen, eine durchgeplante Freizeit und die ganz normale Alltagshektik gehen ebenfalls nicht spurlos an Kindern vorüber. Tatsache ist, dass zunehmend schon ganz junge Menschen extrem stressbelastet sind und typische Stresssymptome zeigen, zum Beispiel Schlaf- oder Verdauungsstörungen, chronische Verspannungen, Kopfschmerzen, Leistungsängste usw. (mehr zum Thema Stresssymptome auf Seite 77).

Eltern, nicht verfügbar

Gestresste Eltern sind für Kinder emotional weniger verfügbar. Sie sind ungeduldiger, haben vielleicht das Bedürfnis nach Ruhe und ziehen sich zurück. Sie wissen weniger, was ihre Kinder gerade tun, mit wem sie zusammen sind, was sie beschäftigt. Gestresste Eltern haben insgesamt weniger Zeit für ihre Kinder, kontrollieren die Hausaufgaben weniger, interessieren sich weniger für sie und sind froh, wenn sie in Ruhe gelassen werden und sich die Kinder selbst beschäftigen. Fernsehen und Spielen an Handys, Computern oder Konsolen werden zu Zeitfüllern. Medienkonsum und Internet-Netzwerke ersetzen den zwischenmenschlichen

Austausch. So führt chronischer Stress der Eltern häufig zur emotionalen Verarmung der Kinder, zu sinnlosem Zeitvertreib und zur Abstumpfung der Kreativität.

HINWEIS *Kinder laufen häufig nebenher. Man hat keine oder zu wenig Zeit für sie, doch füllt man vorsorglich ihre Terminkalender – so sind sie beschäftigt und vorerst mal ruhig gestellt. Doch fehlende Zeit und mangelnde Zuwendung – im wörtlichen Sinne – lassen sich nicht durch Aktivitäten kompensieren. Wie sollen Kinder später als Erwachsene innehalten und angemessen mit der Ressource Zeit umgehen können, wenn sie das in der Kindheit nicht lernen?*

Konflikte in Erziehungsfragen

Außerdem ist zu beobachten, dass es bei gestressten Paaren mehr Uneinigkeit in Erziehungsfragen gibt, dass die Eltern weniger am gleichen Strang ziehen. Es versteht sich schon fast von selbst, dass ein gestresster Vater, eine gestresste Mutter weniger souverän mit den Kindern umgeht – die Geduld fehlt, man hat keine Energie, die geltenden Regeln durchzusetzen, ist inkonsequent und überlässt die Kinder mehr sich selbst. Häufig führt Stress der Eltern auch zur Vernachlässigung der Kinder. Man kümmert sich weniger um ihre Hygiene und ihre Erscheinung – um ihre Kleidung, ihre Frisur oder ihr Gewicht.

Stress führt aber auch zu harscherem Erziehungsverhalten. Unter Stress schubsen, schütteln, stoßen und schlagen Eltern ihre Kinder häufiger, schreien sie häufiger an, drohen ihnen oder reagieren mit Liebesentzug. Langfristig hat Stress dadurch häufig negative Folgen für die Kinder. Manche entwickeln Verhaltensauffälligkeiten, andere psychische Störungen.

HINWEIS *Kinder sind das schwächste Glied in der Stresskette und dem Stress der Eltern hilflos ausgeliefert. Daher ist es gerade für Mütter und Väter äußerst wichtig, ihren Stress angemessen bewältigen zu können. Das beruhigt nicht nur die Stimmung und schafft ein förderliches Familienklima, sondern bedeutet auch, dass sie in Sachen Stressmanagement gute Vorbilder für ihre Kinder sind.*

86

Die Eltern als Modell

Die Art und Weise, wie die Eltern mit Stress umgehen, wird sich später entscheidend auf die Stressbewältigung der Kinder auswirken. Wie verhält sich der Vater, wenn er am Abend gestresst nach Hause kommt? Setzt er sich zuerst ein bisschen hin, um sich zu beruhigen und das Problem nochmal aus einer gewissen Distanz anzusehen? Und wenn die Mutter die Kinder gestresst vom Kindergarten abholt: Ist sie gereizt und ungeduldig? Oder versinkt sie in Schweigen, wirkt abwesend, ist nicht ansprechbar – hört kaum, was die Kinder vom Tag erzählen?

Wie kommt die Familie aus dieser Anspannung wieder heraus: Besprechen die Eltern den Vorfall? Erzählt der Vater, die Mutter beim Abendessen von dem belastenden Erlebnis? Hilft der Austausch, oder bleibt die Stimmung angespannt? Und wie reagiert die Mutter auf den Stress ihres Mannes: Gerät sie auch aus dem Häuschen? Oder lässt sie sich nicht aus der Ruhe bringen, hört seine Geschichte an und beschwichtigt ihn mit beruhigenden Worten? Und wie geht der Vater mit dem Stress seiner Frau um? Zeigt er sich interessiert und fürsorglich, oder blockt er und schwächt ihn ab?

Die Verhaltensweisen der Eltern übernimmt ein Kind in sein eigenes Bewältigungsrepertoire. Sein späterer Umgang in Stresssituationen wird das Verhalten der Eltern abbilden.

Folgen für das Berufsleben

In einem guten Klima lässt sich effizient und motiviert arbeiten. Stress ist dabei ein ernstes Hindernis, das nicht nur soziale Folgen hat, sondern häufig auch mit einem Leistungsabfall verbunden ist und das Wohlbefinden beeinträchtigt.

Stress führt am Arbeitsplatz zu unerfreulichen Folgen: Man ist häufiger krank und fehlt. Oder man sitzt am Arbeitsplatz und ist trotzdem nicht richtig anwesend (Absentismus). Man ist unkonzentriert, gereizt, vielleicht angesichts der Belastung auch wie gelähmt. Oder alles zusammen. Die Folgen davon: Es passieren mehr Fehler, die Kreativität ist eingeschränkt, die Motivation bleibt auf der Strecke. Oft ist mit Stress auch ein sozialer Rückzug verbunden, man ist weniger teamfähig, als Vorgesetzter wie als Kollege. Ein Teufelskreis beginnt: Das Arbeitsklima verschlechtert sich, was wiederum den Stress erhöht und auf die Leistung abfärbt.

SELBSTTEST: FÄRBT DER STRESS AUF MEIN WOHLBEFINDEN AM ARBEITSPLATZ AB?

Kreuzen Sie in der Tabelle unten an, wie sehr die Aussagen auf Ihre Situation am Arbeitsplatz zutreffen. Berechnen Sie dann die Gesamtpunktzahl Ihrer Antworten.

	1 Trifft gar nicht zu	2 Trifft nicht zu	3 Trifft eher nicht zu	4 Trifft eher zu	5 Trifft zu	6 Trifft voll und ganz zu
In dem ganzen Stress fällt es mir schwer, mich zu konzentrieren.	☐	☐	☐	☐	☐	☐
Ich bin häufig nicht fokussiert, verzettele mich.	☐	☐	☐	☐	☐	☐
Meine Kreativität leidet unter dem Stress.	☐	☐	☐	☐	☐	☐
Mir passieren mehr Fehler als üblich.	☐	☐	☐	☐	☐	☐
Mir fehlt die richtige Motivation.	☐	☐	☐	☐	☐	☐
Ich bin gegenüber Kollegen ungeduldig, gereizt oder ziehe mich zurück.	☐	☐	☐	☐	☐	☐

	1 Trifft gar nicht zu	2 Trifft nicht zu	3 Trifft eher nicht zu	4 Trifft eher zu	5 Trifft zu	6 Trifft voll und ganz zu
Ich bin häufiger krank als früher.	☐	☐	☐	☐	☐	☐
Manchmal sitze ich am Arbeitsplatz und bin innerlich doch nicht anwesend.	☐	☐	☐	☐	☐	☐

Auswertung:

Bis zu 20 Punkte: Der Stress an Ihrem Arbeitsplatz scheint sich im Rahmen zu bewegen. Sorgen Sie dafür, dass es so bleibt, und streben Sie in den Bereichen, die Sie mit einer 5 oder 6 bewertet haben, gegebenenfalls gezielt Veränderungen an.

21 bis 40: Die Belastung ist spürbar. Was stresst Sie besonders? Suchen Sie in diesem Buch nach entsprechenden Impulsen, um Ihr Stressniveau zu senken.

Ab 41 Punkten: Der Stress ist sehr hoch. Versuchen Sie, anhand dieses Buches herauszufinden, woran das liegt. Suchen Sie nach geeigneten Bewältigungsstrategien oder nehmen Sie professionelle Unterstützung in Anspruch.

89

FUNDAMENTAL: DAS SELBSTWERTGEFÜHL

4

Selbstzweifel und Ohnmachtsgefühle sind ein Thema, das viele Menschen beschäftigt. In diesem Kapitel lesen Sie, unter welchen Bedingungen sich ein gesundes Selbstwertgefühl entwickeln kann. Und wie wichtig die Überzeugung ist, dass es sich lohnt, Einfluss zu nehmen.

Bindungssicherheit und Stresserleben

Die frühen Jahre sowie auch die gesamte bisherige Lerngeschichte eines Menschen sind für sein Selbstwertgefühl ausschlaggebend. Zum Glück ist ein schwächeres Selbstwertgefühl nichts, was nicht zu ändern ist. Wird das Selbstbewusstsein gestärkt, wächst auch die Stressresistenz.

Es liegt auf der Hand, dass sich eine Person mit einem guten Selbstwertgefühl in Stresssituationen nicht so schnell aus der Ruhe bringen lässt. Sie wird sich selbst weniger in Frage stellen, weniger Selbstzweifeln ausgeliefert sein und sich auch besser wehren können. Sie wird ihre Möglichkeiten, mit einer eventuell stressigen Anforderung klarzukommen, realistischer einschätzen. Außerdem wird sie eher der Überzeugung sein, dass sie eine Sachlage beeinflussen und etwas bewirken kann. Ihr Stresshaus steht auf stabilem Fundament.

Menschen mit schwächerem Selbstwertgefühl lassen sich dagegen leicht verunsichern, wenn Druck von außen kommt, Kritik an sie herangetragen wird oder wenn sie sonst in irgendeiner Weise mit einer stressigen Situation konfrontiert sind. Sie sind schneller bereit, sich selbst in Frage zu stellen, ihre Ressourcen zu unterschätzen, sich und ihre Leistungen abzuwerten oder positive Ausgänge dem Zufall zuzuschreiben. Und sie sind oft der Überzeugung, dass sie eine Situation nicht beeinflussen können, dass sie ausgeliefert sind und dass das, was sie unternehmen, kaum von Bedeutung ist und wirkungslos bleibt. Ihr Stresshaus steht auf eher wackligem Fundament.

HINWEIS *Man wird nicht mit einem guten oder mit einem schlechten Selbstwertgefühl geboren. Der Grundstein für das Fundament wird in den Kleinkindjahren gelegt, wenn es darum geht, wie sicher die Bindung zur engsten Bezugsperson aufgebaut werden kann. Im Verlauf des Lebens verdichten sich diese Erfahrungen zur persönlichen Lerngeschichte. Allerdings: Nichts ist ein für alle Mal festgelegt. Nachbessern geht immer. Auch wenn Ihr Selbstbewusstsein zurzeit nicht das beste sein sollte: Veränderungen sind möglich.*

Bindung und Selbstwertgefühl

Um zu verstehen, wie sich der Selbstwert eines Menschen entwickelt, ist ein Blick auf die Kleinkindjahre und die bisherigen Lebenserfahrungen nötig. Nun fragen Sie sich vielleicht: »Wie bitte? Dass ich heute so viel Stress habe, soll damit zusammenhängen, wie ich als Baby behandelt wurde?«

Das ist tatsächlich so – zumindest teilweise. Die Erfahrungen, die Sie bis heute gemacht haben, sind dafür verantwortlich, wie stabil Ihr Stresshaus gebaut ist. Und das fängt früh an: Der erste Grundstein für das Selbstwertgefühl wird im Wesentlichen im Alter zwischen sechs Monaten und ungefähr zwei Jahren gelegt. Danach formt er sich mit allen weiteren Lernerfahrungen laufend aus. Es wird durch positive oder negative Rückmeldungen von Eltern, Lehrpersonen, Gleichaltrigen und anderen Personen auf Ihr Verhalten ausgebildet. Und es wird dadurch beeinflusst, ob Ihre Bedürfnisse angemessen erkannt werden und welche Ursachen Sie Ihren Erfolgen und Misserfolgen zuschreiben.

Frühe Erfahrungen mit nachhaltiger Wirkung

In der Kleinkindphase spielt sich Entscheidendes ab. Denn hier erfährt ein kleiner Mensch im Idealfall emotionale Bindungssicherheit[1] durch die Verlässlichkeit der Eltern und ihre prompten und angemessenen Reaktionen auf seine Bedürfnisse. Wenn ein Säugling weint oder schreit, weil er Angst hat, Nahrung braucht, Zuneigung erfahren und gehalten werden möchte oder frische Windeln benötigt, und wenn die Eltern richtig erkennen, was er braucht und zeitnah und angemessen darauf reagieren, dann macht das Kind wichtige Erfahrungen:

- Erstens erfährt es emotionale Sicherheit.
- Zweitens macht es eine Kontrollerfahrung: »Ich kann mit meinem Verhalten die Umwelt zum Handeln bewegen, ich habe Einfluss, man reagiert auf meine Bedürfnisse, wenn ich sie zeige.«
- Drittens erlebt es seine Wertigkeit: »Ich bin wichtig genug, dass man sich um mich kümmert, meine Bedürfnisse erkennt, ihnen Raum gibt und auf sie reagiert.«

Alle drei Aspekte sind für die spätere Stressbewältigung von Bedeutung.

---

[1] Hier wird auf die Bindungstheorie von John Bowlby Bezug genommen.

Die Rolle der engsten Bezugsperson

Menschenbabys sind hilflos (und bleiben es im Vergleich zu Tierbabys, die in der Regel schnell auf eigenen Beinen stehen, sehr lange). Das Bindungssystem wird bei Stress des Kindes aktiviert. Doch während es später selbst lernen muss, mit Stress umzugehen, ist es im Säuglings- und Kleinkindalter von den angemessenen Reaktionen der Bezugspersonen[2] abhängig. Es ist vollkommen darauf angewiesen, dass die Mutter seine Bedürfnisse wahrnimmt, sie richtig interpretiert und prompt und angemessen reagiert. Ob die Mutter in der Lage ist, diese Leistung zu erbringen, hängt von ihrer Sensitivität ab, also davon, wie empfänglich sie für die Signale ihres Babys ist. Kann sie in den meisten Fällen die Bedürfnisse ihres Kindes erkennen und angemessen darauf reagieren, dann macht das Kind die Erfahrung, dass seine Bindung zur Mutter zuverlässig und sicher ist. Dass ihm ein Platz in der Welt zusteht und dass seine Bedürfnisse zählen. Dass jemand dafür sorgt, dass es ihm gut geht. Das wirkt sich positiv auf das Stresserleben des kleinen (und später großen) Menschen aus. Anders ist es, wenn seine Bedürfnisse meistens ignoriert, falsch interpretiert oder nur mangelhaft beantwortet werden.

HINWEIS *Die Erfahrungen im Säuglingsalter werden sozusagen auf einem Konto »vermerkt« und summieren sich zu einer Überzeugung, die im späteren Leben von Bedeutung bleibt, solange andere Lernerfahrungen sie nicht überschreiben.*

Signale wahrnehmen

Babys machen sich bemerkbar, wenn sie gestresst sind und etwas brauchen. Mit ihren Verhaltenssignalen lösen sie bei der Mutter das Pflege- bzw. Fürsorgeverhalten aus. Damit wird eines der ersten Regulationssysteme für Stress in der Biografie jedes Menschen aktiviert. Denn Hunger, Durst, Müdigkeit, aber auch Unsicherheit und Angst oder das Bedürfnis nach Nähe sind für das Baby erste Stresserfahrungen. Sie veranlassen es dazu, Verhaltenssignale (Bindungsverhalten) auszusenden. Weil Babys nicht in der Lage sind, sich bei Stress selbst zu beruhigen, sind sie darauf

---

[2] Wenn wir uns in den folgenden Ausführungen auf die Mutter beziehen, so der Einfachheit halber und weil die Konstellation »engste Bezugsperson = Mutter« nach wie vor in den meisten Fällen der Realität entspricht. Wir meinen damit ausdrücklich nicht, dass der Vater oder eine andere Person die Funktion der engsten Bezugsperson nicht genauso gut übernehmen könnte.

angewiesen, dass jemand sich um sie kümmert (Fremdberuhigung). Nun ist es wichtig, dass die Mutter bzw. die Bezugsperson verlässlich reagiert: Nur so können die Kleinen Vertrauen entwickeln und machen damit verbunden eine Erfahrung ihrer Wertigkeit: »Ich zähle, ich bin wichtig, man nimmt mich wahr.«

Je präziser und verlässlicher die Bezugsperson auf das Baby eingeht, desto einfacher gestaltet sich in der Regel die Beziehung der beiden: Das Baby ist leichter zu beruhigen. Reagiert die Bezugsperson hingegen nicht oder nicht den Bedürfnissen des Kindes entsprechend, dann wendet es mehr Energie auf. Es wird lauter, es fängt an zu weinen und zu schreien und steigert sich in etwas hinein. Wenn auch das nicht zum Ziel führt und das Kind die Erfahrung macht, dass es nicht das bekommt, was es braucht, wird es mit der Zeit wieder weniger schreien. Es wird passiv und lethargisch. Denn was nützt Schreien, wenn die Umwelt nicht darauf reagiert? Das sind erste Erfahrungen von Kontrollverlust (»Ich habe keinen Einfluss.«) und Hilflosigkeit. Sie sind bedeutend für das spätere Leben.

HINWEIS *Studien zeigen: Babys von sensitiven Müttern sind pflegeleichter. Sie haben gelernt, dass sie mit geringem Aufwand ans Ziel gelangen: Es reicht, wenn sie wimmern. Diese Babys entwickeln ein gutes Selbstwertgefühl, sie lernen früh, wozu sie fähig sind.*

Mit den Reaktionen der Umwelt auf die Verhaltenssignale des Babys bildet sich das Fundament des Stresshauses aus. Der Säugling lernt: Ich kann mit meinen Signalen etwas bewirken. Das beeinflusst entscheidend die eigenen späteren Annahmen darüber, wie viel Einfluss man im Alltag im Leben nehmen kann (mehr zu den sogenannten Kontrollüberzeugungen siehe Seite 97):

- Machen Babys die Erfahrung, dass es Zufall, Glück oder Pech ist, ob die Bezugsperson auf ihre Bedürfnisse reagiert oder nicht, dann bildet sich eine external-passive (fatalistische) Kontrollüberzeugung aus (mehr dazu auf Seite 98).
- Macht ein Baby die Erfahrung, dass es vor allem von der Bezugsperson abhängt, wann und wie sie reagiert, dann bildet sich eine external-defensive Kontrollüberzeugung aus (mehr dazu auf Seite 98). Das passiert, wenn eine Bezugsperson manchmal reagiert, wenn das Baby schreit, manchmal aber auch nicht. Und wenn sie auch dann reagiert,

wenn das Baby nicht schreit, einfach weil sie gerade Lust hat, es zu halten oder zu füttern. Das Baby lernt, dass vor allem andere Personen darüber entscheiden, was es bekommt.

Mit weiteren späteren Lernerfahrungen zu Hause, in der Schule und Freizeit wird das Fundament des Hauses weiter positiv oder negativ ausgebaut und gefestigt.

TIPP *So zentral diese ersten Lernerfahrungen des Säuglings sind, sie bestimmen das Fundament nicht. Sie geben zwar eine erste Richtung vor und sind insgesamt sehr wichtig. Doch das Fundament des Stresshauses bilden auch all die weiteren Lernerfahrungen bis zum aktuellen Zeitpunkt.*

Erfahrungen im Kindes- und Jugendalter

Neben diesen frühen Erfahrungen spielen auch alle späteren eine Rolle und bilden erst im Zusammenspiel das Selbstwertgefühl als Fundament des Stresshauses aus. Wie reagierten die Eltern, Lehrer oder andere wichtige Bezugspersonen auf die Bedürfnisse des heranwachsenden Kindes und Jugendlichen? Auf seine Leistungen, seine Erfolge oder Misserfolge beim Spielen, beim Sport, in sozialen Situationen und in der Schule? Wenn das Kind zum Beispiel mit Klötzchen einen Turm baute, der einstürzte. Wenn es auf einen Baum kletterte und herunterfiel. Wenn es in der Schule nicht die beste Note schrieb: Welche Erklärungen gaben die Eltern dem Kind dafür? Welchen Kommentar gab der Lehrer ab?

Stellen wir uns vor, dass ein Kind in einer Mathematikarbeit eine 2 geschrieben hat. Es freut sich über seine Leistung und kommt zufrieden nach Hause. Wie reagieren die Eltern? Sagen sie: »Prima, das ist ja eine super Note!«? Oder: »Was, nur eine 2? Hat es nicht für eine 1 gereicht, die Prüfung war doch einfach?« Solche Äußerungen und Rückmeldungen der wichtigsten Bezugspersonen summieren sich während der ganzen Kinder- und Jugendjahre, wirken sich auf das Selbstwertgefühl aus und bilden Überzeugungen aus in Fragen wie »Bin ich geschickt oder ungeschickt?«, »Bin ich sozial gewandt oder linkisch?«, »Bin ich fleißig oder faul?«, »Bin ich intelligent oder dumm?«, »Gelingt mir vieles, oder misslingt mir das Meiste?«, »Glauben meine Lehrer, meine Mutter, mein Vater an mich?«.

Wie reagierten die Eltern bei Erfolgen des Kindes? Spürte es ihren Stolz? Wurde es gelobt und für seine Leistungen belohnt? Oder hörte es auch da nur, dass andere noch besser seien, weniger lernen müssten oder dass alles nur Zufall und Glück gewesen sei?

All diese Erfahrungen bilden zusammen das Fundament des Stresshauses. Auch heute noch, Jahre später, wird man bei Erfolg oder Misserfolg an diese früheren Erfahrungen erinnert und davon beeinflusst. Bei günstigen Reaktionen der Umwelt wird ein Kind ein gutes Selbstwertgefühl aufgebaut haben und als erwachsene Person selbst zufrieden und stolz auf ihre Leistung sein können. Sie kennt ihren Wert, weiß, was sie kann. Bei einem niedrigen Selbstwert wird man sich auch später nicht am Erfolg freuen können, am Misserfolg verzagen, sich grämen und schämen. Wie soll man sich heute etwas zutrauen können, wenn einem jahrelang niemand etwas zugetraut hat?

TIPP *Der bekannte Entwicklungspsychologe Jerome Kagan erzählte in einem Interview mit dem Magazin »Der Spiegel« (31/2012) ein sehr schönes Beispiel, wie ihm seine Mutter Selbstvertrauen gab, als er Probleme hatte: »Als ich fünf Jahre alt war, begann ich zu stottern. Meine Mutter aber sagte: ›Das ist nicht schlimm, dein Geist arbeitet eben schneller als deine Zunge.‹ Und ich dachte: ›Wow, das ist super, ich stottere bloß, weil ich so schlau bin.‹« Die Mutter hätte das Stottern auch als ein Defizit interpretieren können – was vielleicht dazu geführt hätte, dass der kleine Jerome an sich gezweifelt und nicht diese glanzvolle wissenschaftliche Karriere durchlaufen hätte.*

Selbstwertgefühl und Kontrollüberzeugung

»Kontrollüberzeugung« ist ein Begriff aus der Psychologie und beschreibt das Ausmaß, in dem eine Person das Gefühl hat, ihr Schicksal oder zumindest den Verlauf eines Ereignisses oder einer Situation aktiv beeinflussen – eben kontrollieren – zu können. Man unterscheidet internale und externale Kontrollüberzeugungen.

Internale Kontrollüberzeugung

Menschen mit dieser Kontrollüberzeugung trauen sich zu, eine gegebene Situation zu beeinflussen. Sie fühlen sich in der Lage, aktiv anzupacken, um den Lauf der Dinge zu verändern und auf den Ausgang einer Situation Einfluss zu nehmen.

TIPP *Ein intaktes Selbstwertgefühl geht mit einer internalen Kontrollüberzeugung einher. Wenn Sie sich zutrauen, Dinge beeinflussen zu können, trauen Sie sich und Ihren Fähigkeiten. Sie wissen, was Sie leisten können. Diese Kontrollüberzeugung macht stark gegen Stress.*

Externale Kontrollüberzeugung

Menschen mit einer externalen Kontrollüberzeugung sehen sich ohne Einflussmöglichkeiten. Sie versuchen weniger, eine Situation zu verändern, weil sie denken, dass es sowieso nichts nützt. Ihr Selbstwertgefühl ist eher schwach. Sie trauen sich nicht zu, entscheidend auf den Ausgang einer Situation einwirken zu können. Externale Kontrollüberzeugungen verstärken Stress.

Ist die Kontrollüberzeugung **external-defensiv**, so schreiben sie wichtigen Menschen in ihrer Umgebung Einfluss zu. Diese sind verantwortlich dafür, ob eine unbefriedigende Situation stressig bleibt oder nicht. Sie entscheiden darüber, wie es einem geht. Man hängt von anderen ab, von deren Laune, Macht und Willkür. Wie das Baby, das von seiner Mutter herumgetragen wird, obwohl es lieber in Ruhe gelassen werden möchte. Oder erlebt, dass die Mutter nicht zuverlässig kommt, wenn es schreit (siehe Seite 94).

Ist die Kontrollüberzeugung **external-passiv** oder **fatalistisch**, so denkt man, dass alles vom Schicksal, vom Glück und Zufall abhängt. Auch diese Einstellung verhindert die konstruktive Bewältigung von Problemen und ein aktives Bemühen um die Verbesserung einer Situation, da man ergeben an die Macht des Schicksals glaubt. Wenn es das gut mit einem meint, hat man Erfolg – sonst eben nicht. Man hängt auch hier von äußeren Einflüssen ab und nicht von den eigenen Handlungsmöglichkeiten. Entsprechend gering sind das Selbstbewusstsein und die Stressresistenz.

DANI L. ist Leiter Marketing in einem größeren Dienstleistungs-unternehmen. Einer seiner wichtigsten Ansprechpartner, der Leiter Kommunikation, verlässt die Firma. Die Stelle muss neu besetzt werden. Die Zusammenarbeit mit dem bisherigen Kommunikationschef war ausgezeichnet, und Dani L. sorgt sich, ob das wohl auch mit dem neuen Kollegen so sein wird – es wäre für seine Arbeit extrem wichtig. Von der Personalabteilung ist kein Signal gekommen, dass er bei der Auswahl der neuen Führungsperson zu irgendeinem Zeitpunkt hinzuge-zogen wird. Dani L. fragt sich, ob seinen Vorgesetzten klar ist, wie wichtig eine reibungslose Zusammenarbeit zwischen Marketing und Kommunikation für die Firma ist. Der Gedanke, dass er bei der Perso-nalentscheidung nicht einbezogen werden und später mit der neuen Person nicht auskommen könnte, stresst ihn zunehmend. Wie kann sich Dani L. in dieser Situation verhalten?

■ **Variante 1:** Dani L. befürchtet, dass die Personalverantwortliche und seine Vorgesetzten es kaum schätzen werden, wenn er bei der Stellen-besetzung »reinreden« will. Sie würden sowieso nicht auf ihn hören und den Job ganz nach ihrem Vorstellungen vergeben. Er denkt, dass seine Arbeit in der Firma zu unwichtig sei, als dass er etwas zu sagen habe. Ihm bleibt nichts anderes übrig, als abzuwarten und zu hoffen, dass die Verantwortlichen eine gute Wahl treffen. Dani L. hat eine external-defensive Kontrollüberzeugung. In seiner Einschätzung hängt die Stellenbesetzung von anderen, wichtigeren Personen ab. Er hat da keinen Einfluss. Somit kann er auch seinen Stress nicht reduzieren.

■ **Variante 2:** Dani L. ist der Ansicht, dass praktisch alles im Leben vom Zufall abhängt. So auch die Besetzung der offenen Stelle und seine zukünftige Zusammenarbeit mit dem neuen Kollegen. Es kommt ja nur drauf an, wer sich überhaupt bewirbt. Dani L. sieht sich nicht imstan-de, diese Lotterie in irgendeiner Weise zu beeinflussen. Er hofft auf eine günstige Laune des Schicksals. Dani L. hat eine external-passive Kontrollüberzeugung. Auch diese Einschätzung der Situation wird nicht nützlich für seine Stressregulation sein.

■ **Variante 3:** Dani L. ist sich bewusst, dass die Entscheidung über die Einstellung des neuen Mitarbeiters letztlich von höherer Stelle getrof-fen wird. Trotzdem findet er eine funktionierende Zusammenarbeit so wichtig, dass er wenigstens bei der Endauswahl seinen Eindruck mit-

99

teilen möchte. Dani L. bittet seinen Vorgesetzten um einen Termin und trägt ihm sein Anliegen vor. Dani L. hat eine internale Kontrollüberzeugung. Er handelt, nimmt im Rahmen seiner Möglichkeiten Einfluss. So hat er die besten Chancen, seinen Stress reduzieren zu können.

SELBSTTEST: MEINE KONTROLLÜBERZEUGUNG

Kreuzen Sie bei den folgenden Aussagen das Zutreffende an.

	1 Trifft gar nicht zu	2 Trifft nicht zu	3 Trifft eher nicht zu	4 Trifft eher zu	5 Trifft zu	6 Trifft voll und ganz zu
Andere Menschen entscheiden über die wichtigen Dinge in meinem Leben.	☐	☐	☐	☐	☐	☐
Mein Handlungsspielraum ist sehr klein, andere haben das Sagen.	☐	☐	☐	☐	☐	☐
Ich kann nicht viel ausrichten, alles ist schicksalsbestimmt.	☐	☐	☐	☐	☐	☐
Am Ende hängt doch immer alles vom Zufall, Glück oder Pech ab.	☐	☐	☐	☐	☐	☐
Ich habe Möglichkeiten, mein Schicksal zu beeinflussen.	☐	☐	☐	☐	☐	☐
Ich kann vieles bewirken in meinem Leben.	☐	☐	☐	☐	☐	☐

Auswertung:

Wenn Sie bei den Fragen 1 und 2 zusammen einen Wert von 10 oder höher haben, denken Sie, dass vor allem andere Menschen über Ihr Leben entscheiden und Sie von anderen abhängig sind. Ihren eigenen Handlungsspielraum schätzen Sie im Vergleich zu dem anderer gering ein (external-defensive Kontrollüberzeugung).

Wenn Sie bei den Fragen 3 und 4 insgesamt einen Wert von 10 oder höher haben, denken Sie fatalistisch. Sie nehmen an, dass Zufall, Glück oder Pech über Ihr Leben entscheiden – mehr als Sie selbst (external-passive Kontrollüberzeugung).

Wenn Sie bei den Fragen 5 und 6, 10 oder mehr Punkte haben, denken Sie, dass Sie durchaus Handlungsspielraum haben, dass Sie aktiv Ihr Schicksal beeinflussen können, dass Ihr Leben von Ihnen, Ihren Entscheidungen und Handlungen abhängt (internale Kontrollüberzeugung).

Kann man eine ungünstige Kontrollüberzeugung verändern?

Beobachten Sie sich im Alltag: Wie stellen Sie sich auf eine eventuell stressige Situation ein? Sobald verräterische Gedanken wie »Es hat sowieso …«, »Was kann man da schon …«, »Es ist doch immer so …« auftauchen, sollten Sie misstrauisch werden. Auch innere Stimmen wie »Auf mich hört sowieso keiner«, »Nie werde ich berücksichtigt«, »Immer bleibt alles an mir hängen« etc. sind tückisch. Die innere Stimme, die so spricht, verallgemeinert aus Prinzip, ignoriert die konkreten Gegebenheiten einer Situation und zwingt Sie in eine schicksalsergebene, passive oder entmutigte Haltung. Das verstärkt den Stress und schmälert das Selbstwertgefühl weiter.

Was nun? Lassen sich diese Denkmuster, diese negativen Überzeugungen verändern? Wenn Sie in dem kurzen Selbsttest nebenan zum Schluss gelangt sind, dass Sie eine externale Kontrollüberzeugung haben, blättern Sie vor ins Kapitel »Strategien der Stressbewältigung« (Kapitel 8, Seite 163). Hier finden Sie eine Anleitung, wie Sie mit solchen stressverstärkenden inneren Stimmen umgehen und sie sogar durch positive Stimmen ersetzen können (Seite 189). Personen, die im Selbsttest erkennen, dass sie eine internale Kontrollüberzeugung haben, können sich bei der Lektüre freuen, dass solche inneren Störenfriede aufgrund einer günstigen Lerngeschichte zum Glück keine Macht über sie haben.

Schein und Sein

Mangelndes Selbstwertgefühl kann sich auf verschiedene Weise äußern: in Arroganz, Überheblichkeit, aber auch in Unterwürfigkeit. Auch Menschen, die auf den ersten Blick stark und erfolgreich erscheinen, bauen manchmal auf wackligem Fundament – eine Stresssituation erster Güte.

Ein gesundes Selbstwertgefühl geht in der Regel mit einem selbstsicheren, aber auch bescheidenen Verhalten einher. Wer seinen Wert kennt, muss den nicht zelebrieren und sich wichtig machen. Eine selbstsichere Person ruht in sich, kann auf ein stabiles Fundament zurückgreifen und ist sich dessen bewusst. Anders ist es bei einem niedrigen Selbstwertgefühl.

Sieht man mir an, wie gut mein Selbstwertgefühl ist?

Personen mit einem niedrigen Selbstwertgefühl sind häufig überangepasst oder unterwürfig und wirken leicht eingeschüchtert, beeindruckbar und sozial unsicher. Sie halten sich lieber im Hintergrund auf, nehmen eine beobachtende Position ein, und sie gehen Bewertungen und Kritik aus dem Weg.

Oder aber sie zeigen genau das gegenteilige Verhalten, treten großspurig oder sogar arrogant auf, geben sich hochnäsig und gestelzt, fordernd oder angriffslustig. Eine dritte Variante stellen die Personen dar, die aufgrund eines schwachen Selbstwertgefühls nach ständiger Anerkennung hungern und pausenlos bewundert werden möchten.

HINWEIS *Hinter dieser Fassade steht weder eine bewusste noch eine böse Absicht. Sie ist eine Strategie des Selbstschutzes. Ein solches Verhalten ist immer begleitet von der latenten Befürchtung, entlarvt zu werden. Denn unterschwellig realisieren diese Menschen sehr wohl, dass sie sich auf ihr Fundament nicht verlassen können, dass es auf Sand gebaut ist.*

SELBSTTEST: WIE STEHT ES MIT MEINEM SELBSTWERTGEFÜHL?

Kreuzen Sie das Zutreffende an und zählen Sie dann Ihre Punktzahl zusammen.

	1 Trifft gar nicht zu	2 Trifft nicht zu	3 Trifft eher nicht zu	4 Trifft eher zu	5 Trifft zu	6 Trifft voll und ganz zu
Ich bin mit mir im Reinen.	☐	☐	☐	☐	☐	☐
Ich kann meinen »Marktwert« realistisch einschätzen.	☐	☐	☐	☐	☐	☐
Ich bin authentisch und brauche niemandem etwas vorzuspielen.	☐	☐	☐	☐	☐	☐
Ich verspreche nicht mehr, als ich halten kann.	☐	☐	☐	☐	☐	☐
Der Gedanke, dass ich mir meine gegenwärtige Position erschlichen haben könnte, ist mir fremd.	☐	☐	☐	☐	☐	☐
Schwierigkeiten bringen mich nicht gleich aus dem Konzept.	☐	☐	☐	☐	☐	☐
Meine aktuelle Stellung verdanke ich meinen bisherigen Leistungen und meinem Einsatz.	☐	☐	☐	☐	☐	☐

	1 Trifft gar nicht zu	2 Trifft nicht zu	3 Trifft eher nicht zu	4 Trifft eher zu	5 Trifft zu	6 Trifft voll und ganz zu
Ich kann meine Leistung selbst gut einschätzen. Von Lob und Bewunderung anderer bin ich unabhängig.	☐	☐	☐	☐	☐	☐
Ich kann gut damit leben, dass mich nicht alle Leute mögen oder toll finden. Ich muss nicht im Mittelpunkt stehen.	☐	☐	☐	☐	☐	☐

Auswertung:

Über 50 Punkte: Ihr Selbstwertgefühl scheint intakt zu sein. Das sollte Ihnen helfen, in Stresssituationen gut zurechtzukommen.

25 bis 49 Punkte: Ihr Selbstwertgefühl bewegt sich im Mittelfeld. Schlagen Sie in Kapitel 8 nach, wie Sie es weiter stärken können.

Bis zu 25 Punkte: Sie neigen dazu, Ihr Licht unter den Scheffel zu stellen. Sie dürfen sich mehr zutrauen. Versuchen Sie, herauszufinden, wie Sie das tun können, was Sie brauchen, was Ihnen gut tut und wo Sie allenfalls weitere Unterstützung bekommen können. Wenn Sie einen sehr niedrigen Wert erzielt haben, sollten Sie über die Möglichkeit von professioneller Hilfe nachdenken.

Das Hochstapler-Selbstkonzept

Menschen mit diesem Selbstkonzept führen ein anstrengendes Leben. Denn sie geben vor, etwas zu sein, was sie nicht sind. Ihre innere Substanz ist meist hohl, ihr Fundament ist instabil und gibt keinen verlässlichen Halt. Aber sie haben eine vermeintlich erfolgreiche Strategie entwickelt: Sie geben vor, selbstsicher zu sein. Und es gelingt ihnen auch oft, ihre Umwelt zu beeindrucken, einzuschüchtern und sich damit offensiv gegen mögliche Gefahren durch andere zu schützen. »Angriff ist die beste Verteidigung« ist ihr Motto.

Oft sind Menschen mit dem Hochstapler-Selbstkonzept in guten Positionen zu finden. Sie haben tolle Jobs, bekleiden angesehene Ämter, können eine steile Karriere und eine beeindruckende Leistungsbilanz vorweisen. Tragischerweise können sie ihren Erfolg jedoch nicht genießen. Sie schreiben das, was sie erreicht haben, nicht ihren Fähigkeiten und Verdiensten zu, sondern dem Zufall. Häufig begründen sie ihre Leistungen beispielsweise damit, dass sie »zur richtigen Zeit am richtigen Ort« gewesen seien (siehe external-passive oder fatalistische Kontrollüberzeugung, Seite 98). Sie sehen selbst nicht, was sie alles schaffen. Der Erfolg stärkt ihr Selbstwertgefühl nicht, wie dies normalerweise der Fall ist. Sondern schwächt es zusätzlich, da Menschen mit diesem Selbstkonzept das Erreichte für unbeständig und erschlichen halten. Sie trauen sich – entgegen allem Anschein – wenig zu und leben in der ständigen Angst, »entlarvt« zu werden. Wie im Märchen »Des Kaisers neue Kleider« von Hans Christian Andersen befürchten sie, dass plötzlich jemand mit dem Finger auf sie zeigen und rufen könnte: »Alles ein Fake! Der Kaiser ist nackt!«

Kräftezehrendes Selbstkonzept
Der Preis, den Menschen mit dem Hochstapler-Selbstkonzept bezahlen, ist hoch: Der Leidensdruck ist enorm, die tägliche Anspannung groß. Sie leiden unter einem anhaltenden Basisstress, der ihr gesamtes Leben einfärbt.

Solche Menschen können sich niemandem anvertrauen. Denn um vor sich und anderen glaubwürdig zu bleiben, muss ihr Image um jeden Preis gewahrt bleiben. Oft werden sie bewundert und um das beneidet, was sie erreicht haben. Sie führen ein schönes und luxuriöses Leben. Doch der Schein trügt. Sie setzen auch in der Partnerschaft und in Freundschaften alles daran, ihre Fassade zu wahren. Sie tragen

> **GUT ZU WISSEN**
> Das Hochstapler-Selbstkonzept ist nicht abhängig vom Geschlecht. Es betrifft genauso oft Männer wie Frauen. ■

ständig eine Maske, verstellen sich, täuschen und taktieren. Sie können es nicht ertragen, ihre Umgebung zu enttäuschen – und das wäre der Fall, wenn die wüsste, wer sie in Wirklichkeit sind. »Erkannt« zu werden, würde für Menschen mit dem Hochstapler-Selbstkonzept eine Kränkung bedeuten: ein weiterer Schlag für ihr sowieso schon schwaches Selbstwertgefühl.

HINWEIS *Menschen mit dem Hochstapler-Selbstkonzept, die es in eine hohe Position geschafft haben, tendieren dazu, Personen um sich zu scharen, die sich ähnlich verhalten. Menschen mit einem echten, soliden Selbstbewusstsein scheinen für sie eine Bedrohung zu sein. Denn sie könnten ihnen unterlegen sein und von ihnen enttarnt werden.*

Was hilft?

Wenn Sie denken, dass Sie zu diesem Typ Mensch gehören könnten, sollten Sie sich überlegen, was Sie dagegen tun können. Dass Sie es zu etwas gebracht haben, ist Ausdruck und Anerkennung Ihrer Fähigkeiten und Anstrengungen. Leider sehen Sie es nicht so. Und es nützt nichts, wenn Ihnen auch noch so viele Menschen versichern, dass Sie selbst für Ihren Erfolg verantwortlich sind und es keinen Grund für Selbstzweifel gibt. Vermutlich sind Sie durchaus in der Lage, die Sache objektiv zu sehen. Denn in der Regel haben nur die Menschen Erfolg, die sich dafür einsetzen und die eine Eignung und Begabung mitbringen. Dennoch bleiben Sie innerlich davon überzeugt, dass Sie einfach Glück hatten, zur rechten Zeit am rechten Ort waren und den Erfolg nicht wirklich verdienen. Wenn das auf Sie zutrifft und Sie eine Veränderung einleiten möchten, ist eine Verhaltenstherapie empfehlenswert. Dabei lernen Sie, Ihre ungünstigen Denkmuster zu erkennen, zu hinterfragen und zu verändern.

Der unersättliche Drang nach Bewunderung

Die Geschichte aus der griechischen Mythologie ist bekannt: Aus Rache verdammte die Nymphe Echo den schönen Jüngling Narziss dazu, sein eigenes Spiegelbild im Wasser eines Teichs zu lieben. Das Abbild entzog sich ihm immer wieder, trotzdem konnte er sich davon nicht lösen: eine traurige Geschichte über eine einsame Figur.

Das Selbstwertgefühl von Narzissten ist schwach ausgeprägt, ihr Fundament ist nicht stabil. Aus einem Mangel an Zuneigung und Liebe in der Kindheit oder aus überfürsorglicher Zuwendung der Eltern ist das Selbstwertgefühl dürftig geblieben. Das ist auf den ersten Blick nicht einfach so erkennbar, da Narzissten nach außen häufig ein starkes Selbstbewusstsein zur Schau tragen, sich gekonnt inszenieren, gern im Mittelpunkt stehen und sich als großartig und einzigartig darstellen. In Wahrheit sind sie jedoch darauf angewiesen, dass sie von den Menschen in ihrer Umgebung Lob, Zuwendung und Bewunderung bekommen.

Viele narzisstisch veranlagte Menschen sind überaus charmant und erfolgreich – sie haben gelernt, dass sie mit diesem Verhalten die Anerkennung anderer gewinnen können und dass die Strategie funktioniert. Doch der Hunger ist unstillbar, das Fass ohne Boden. Es ist nie genug der Anerkennung, der Bewunderung, der Zuwendung und der Aufmerksamkeit. Oder diese kommen von der falschen Seite – von solchen, die sie gering schätzen anstatt von wichtigeren, statushöheren, erfolgreicheren, schöneren und mächtigeren Menschen. Allerdings nutzt sich auch die Zuwendung der »richtigen« Menschen ab und lässt den ewigen Hunger ungestillt.

Schwierige Beziehung zu anderen Menschen
Narzissten sind nicht in der Lage, mit anderen Menschen eine ausgewogene Beziehung aufzubauen, Mitgefühl für andere zu zeigen, sich ehrlich für sie zu interessieren und an deren Leben teilzunehmen. Der Zuwendungsfluss bleibt einseitig, es kommt nichts zurück. Die Menschen in ihrem Umfeld erkennen, dass sie manipuliert, ausgesaugt und benutzt werden, Dass es nie um sie geht, sondern nur um den Narzissten und um seine Bedürfnisse. Das verunsichert und schmerzt, lässt die Menschen zurückweichen. Das wiederum erschüttert, verletzt und kränkt den Narzissten – und sein ohnehin schon mangelndes Selbstbewusstsein schrumpft weiter.

Anhaltende Selbstzweifel
Wie beim Hochstapler-Selbstkonzept erzeugt die Suche nach Anerkennung und Zuwendung einen Basisstress, der das ganze Erleben »einfärbt«. Der ständige Kampf um Beachtung, Zuwendung und Bewunderung ist anstrengend und zugleich aussichtslos, da eine narzisstisch veranlagte Person nie zufrieden gestellt werden kann. Das Leben ist voller Stress, tägliche Widrigkeiten in allen Variationen machen ihr das Leben schwer. Typisch sind Gedanken wie »Warum hat mich diese Person eben nicht gegrüßt?« – »Warum diese kritische Frage?« – »War der Applaus nach meinem Vortrag genauso laut wie beim Vorredner? Und warum nicht stärker?« – »Warum übergeht man mich bei dieser Aufgabe? Traut man mir das nicht zu?« usw.

Weitere Ausprägungen eines mangelnden Selbstwertgefühls

Hochstapler-Selbstkonzept und Narzissmus sind im Laufe der Lerngeschichte erworbene Persönlichkeitsmerkmale. Solche Menschen haben in der Kindheit zu wenig Aufmerksamkeit, Geborgenheit und Nähe erfahren oder konnten in Leistungssituationen nicht genügen. Aber nicht alle, die ein schwaches Selbstwertgefühl haben, leiden unter einer psychischen Störung. Umgekehrt stehen die meisten psychischen Störungen wie Ängste, Depressionen, Essstörungen etc. im Zusammenhang mit einem niedrigen Selbstwertgefühl.

Wann wird aus schwierigen Persönlichkeitsmerkmalen eine psychische Störung? Das ist eine Frage der Ausprägung, der Intensität, der Dauer, des Kontrollverlusts und des Leidensdrucks der Person und ihrer Umwelt: Je ausgeprägter die beschriebenen problematischen Persönlichkeitsmerkmale sind, desto schwieriger lebt es sich damit. Wenn Sie oder andere darunter leiden, sollten Sie professionelle Hilfe in Anspruch zu nehmen.

WERTSCHÄTZUNG UND ANERKENNUNG

5

Geschätzt und anerkannt zu werden, ist ein zentrales menschliches

Bedürfnis. Die Ausstattung des ersten Stockwerks im Stresshaus

ist deshalb von entscheidender Bedeutung. In diesem Kapitel lesen

Sie, wie sich Wertschätzung auf den Umgang mit Stress auswirkt.

Wie Wertschätzung und Selbstwertgefühl zusammenhängen

Wertschätzung ist ein knappes Gut, im Umgang der Menschen untereinander durch nichts zu ersetzen. Sie stärkt das Selbstwertgefühl und macht stressresistent.

Wertschätzung von sich und anderen erhalten und verbuchen zu können, das ist ganz bedeutend für das Selbstwertgefühl. Erhalten Sie viel positives Echo auf Ihre Person und Ihre Handlungen, dann nährt und stärkt das Ihr Selbstbewusstsein – Sie werden stressresistent bleiben. Erhalten Sie hingegen keine oder zu wenig Anerkennung, dann sehnen Sie sich dauernd danach. Und wenn Sie Wertschätzung nicht verbuchen können, dann bleibt sie wirkungslos und wird Ihr Selbstwertgefühl nicht stärken können. Es ist schwach oder wird geschwächt – das macht Sie stressanfällig.

Wenn die Andockstellen für Wertschätzung fehlen

Möglicherweise fehlt in verschiedenen Bereichen – Beruf, Partnerschaft, Familie, Freundeskreis – tatsächlich eine angemessene Anerkennung. Viel häufiger aber ist der Fall, dass man die kleinen Zeichen der Wertschätzung durch andere nicht sieht, nicht für sich verbuchen kann (mehr dazu im Beispiel auf Seite 116). Lobende Worte, ein anerkennendes Nicken, ein Kompliment fallen ins Leere, können nirgends andocken.

Wie kommt es dazu? Auch hier spielt die Lerngeschichte eine zentrale Rolle. Wenn eine Person im bisherigen Leben erfahren hat, dass sie unwichtig ist und dass das, was sie tut, auch von anderen und von diesen sogar besser getan werden könnte – dann können sich solche Andockstellen nicht bilden. Und das hat Auswirkungen auf Ihr heutiges Leben. Besonders oft ist dies bei Personen mit einem schwachen Selbstwertgefühl der Fall. Mit der Folge, dass aktuelle Erfahrungen der Wertschätzung wirkungslos verpuffen, dass sie keine Anerkennung von anderen wahrnehmen und sich dadurch auch selbst keine geben können.

Anerkennung im Alltag

»Danke, dass du allein zum Elternabend gegangen bist. Das hat mich enorm entlastet und mir die dringend benötigte Verschnaufpause verschafft.«

»Oh, du hast das Wohnzimmer umgestellt? Es ist viel gemütlicher jetzt. Das Sofa anders zu platzieren, war eine gute Idee. Danke, dass du die Initiative ergriffen hast!«

»Ich bin beeindruckt, wie Sie diese schwierige Verhandlung gemeistert haben. Ihre Sozialkompetenz ist bewundernswert.«

»Sie haben in den letzten Monaten außergewöhnliche Leistungen erbracht. Ich werde mich dafür einsetzen, dass Sie eine Gehaltserhöhung bekommen.«

»Eine 2! Und das in dem Fach, das du doch gar nicht magst. Bravo, dein Einsatz hat sich gelohnt!«

»Du hast Mama lange ungestört telefonieren lassen. Das hast du ganz toll gemacht, so, wie wir es vorher besprochen haben. Super! Du kannst dich wunderbar eine Weile selbst beschäftigen. Und mir hat es geholfen, dieses wichtige Gespräch in Ruhe führen zu können. Danke.«

Das sind sechs wertschätzende Äußerungen. Sechs Aussagen, die zeigen, dass jemand die Anstrengungen, den Einsatz und den Verdienst eines anderen Menschen bemerkt. Und sich die Zeit nimmt, seine Anerkennung in zwei, drei persönlichen Sätzen auszusprechen.

TIPP *Wertschätzung findet im Alltag statt. Sie äußert sich in kleinen Gesten, zum Beispiel indem man Interesse am anderen zeigt, ihm zuhört, sich Zeit nimmt. Aber auch indem man Feedback gibt und Komplimente macht, um dem anderen zu zeigen: Ich habe dich und deine Leistung wahrgenommen.*

Geben und Nehmen in Ausgewogenheit

Hand aufs Herz: Wann haben Sie das letzte Mal Ihre Wertschätzung gezeigt – Ihrem Partner, den Kindern, den Kollegen, den Mitarbeitern in Ihrem Team, dem Briefträger, der die Pakete bis vor die Haustüre bringt, anstatt sie am Gartentor zu deponieren, der Nachbarin, die auch gleich die Einkäufe für Sie noch erledigt, dem Lehrer, der sich besonders viel Zeit für Ihr Kind mit Lernschwierigkeiten nimmt? Und wie lange ist es her, dass jemand sich über Sie anerkennend geäußert hat? Dass Sie für das, was Sie täglich tun, von anderen ein gutes Wort gehört haben?

Wertschätzende Gesten oder Worte genießen fast überall Seltenheitswert – vieles wird als selbstverständlich angesehen. »Was soll ich da loben? Es ist doch seine Sache, ob er gute Noten hat, er lernt ja schließlich für sich.« – »Seine Leistung war gut, das stimmt. Aber er gehört ja zur Führungsebene, da sollte das selbstverständlich sein.« – »Gut, das Haus ist immer blitzblank. Wenn ich nach Hause komme, ist es schön gemütlich und einladend. Aber schließlich ist das ihr Job. Ich mache ja auch meinen Job, und da sagt auch niemand Danke.«

Worte und Taten
Auf Belohnung und Anerkennung sind alle Menschen angewiesen: kleine und große Kinder, Angestellte auf jeder Hierarchiestufe, der Partner, Mütter und Hausfrauen, Freunde usw. Es ist ein Gesetz des menschlichen Miteinanders: Wer etwas gibt, möchte auch etwas zurückbekommen. Das muss nicht immer gleich sein – und auch nicht das Gleiche. Aber über die Zeit hinweg sollten Geben und Nehmen ausgewogen sein. Sonst stellt sich ein Gefühl der Benachteiligung, des Ausgenutztwerdens, der mangelnden Wertschätzung ein – und es entsteht ein besonders nagender Stress. Das gilt nicht nur bei der Arbeit, sondern auch in der Partnerschaft und in jeder anderen Beziehung. Eine Ausnahme gibt es: Kleinkinder haben ein ungeschriebenes Recht darauf, von den Eltern ohne Gegenleistung und ohne Dankbarkeit nehmen zu dürfen. Doch schon bei älteren Kindern und Jugendlichen sieht es anders aus: Man erwartet von ihnen, dass etwas zurückkommt – seien es nun Worte oder Taten. Denn die Ausgewogenheit zwischen Geben und Nehmen ist wichtig für ein gutes Familienklima.

TIPP *Ein gutes Wort ist schnell gegeben und kostet nichts. Tun Sie es so oft wie möglich, und tun Sie es möglichst spezifisch. Also nicht einfach: »Gut gemacht!«, sondern: »Gut gemacht! Ich bewundere, wie du bei dieser schwierigen Kundin drangeblieben bist und eine Lösung gefunden hast.« Vorsicht: Ihre Wertschätzung sollte ehrlich* *gemeint und nicht einfach dahergeredet sein. Also lieber kein Lob als ein unaufrichtiges. Denn der Empfänger bemerkt die Unaufrichtigkeit garantiert.*

Sich selbst anerkennen, von anderen geschätzt werden

Wiederum spielt es im Bezug auf Ihr Stresserleben eine Rolle, wie Sie die Wertschätzung und Anerkennung, die Ihnen entgegengebracht wird, persönlich beurteilen. Und es spielt eine Rolle, ob Sie sich selbst innerlich dann und wann auf die Schulter klopfen und zu sich selbst sagen können: »Ich mache einen guten Job. Da bin ich stolz drauf.« Idealerweise bekommen Sie Anerkennung von anderen und können sich selbst welche geben. Dann sind Sie gut gewappnet gegen Stress und werden auch langfristig viel leisten können.

Fremdanerkennung verbuchen

Sind Sie als Kind gelobt worden? Waren Ihre Eltern stolz auf Sie und haben Ihnen ihren Stolz gezeigt? Haben sie an Sie geglaubt und Sie unterstützt, wenn etwas nicht auf Anhieb klappte? Oder war nie gut genug, was Sie getan und geleistet haben, gab es immer ein Haar in der Suppe? Hatten Sie den Eindruck, versagt zu haben, wenn Sie etwas nicht gleich auf die Reihe kriegten? Haben Sie das Gefühl, dass Sie mindestens den Nobelpreis bekommen müssten, damit Ihre Leistung zählen würde – und dass vielleicht nicht einmal der reichen würde, damit Sie gefeiert würden?

TIPP *Blättern Sie auf Seite 41: Hier sind verschiedene schädliche Gedanken aufgelistet. Einige davon treiben zu stetigen Höchstleistungen an. Finden Sie solche in Ihren Gedanken? Erkennen Sie sich wieder?*

Je nachdem, wie Sie als Kind von Ihren Bezugspersonen »eingeordnet« wurden, wird Wertschätzung Sie stärken und Sie stolz und zufrieden machen. Oder aber Sie bekommen zwar Anerkennung, können sie aber innerlich nicht zu Ihren Gunsten »verwerten«.

115

MARTIN S., Grundschullehrer, hat gerade die Elterngespräche hinter sich. Immerhin drei oder vier Väter oder Mütter haben ihm gesagt, wie sehr sie seinen engagierten Unterricht schätzen. Eine Mutter hat dankend angemerkt, dass sie sich stets ernst genommen fühle, wenn sie ein Anliegen habe. Und ein Vater hat hervorgehoben, wie sehr er es geschätzt habe, dass Martin S. zu Geduld riet, als bei seiner Tochter Leseschwierigkeiten vermutet wurden, anstatt sie gleich zum Arzt zu schicken.

Nach den Gesprächen denkt Martin S. zurück und überlegt:

- **Variante 1:** Der Großteil der Eltern hat keine Wertschätzung ausgedrückt – das ist immer so. Das Lob, das ich von einigen Eltern bekommen habe, freut mich umso mehr. Ich habe in dieser Klasse einige anspruchsvolle Kinder und bin bisher ganz gut mit ihnen klargekommen. Die Anerkennung von außen spiegelt das, was ich auch selbst weiß: Ich mache einen guten Job.

- **Variante 2:** Der Großteil der Eltern hat keine Wertschätzung ausgedrückt – das ist zwar immer so, aber es ärgert mich jedes Mal. Da kommt das wenige Lob, das ich von einigen Eltern bekommen habe, nicht gegen an. Die Mehrheit der Eltern sieht nicht, was ich für ihre Kinder tue, wie ich mich täglich für sie verausgabe – und zwar mehr als alle anderen Lehrkräfte. Das ist frustrierend.

- **Variante 3:** Gut, ein wenig Wertschätzung habe ich bekommen, das stimmt. Aber von wem? Kann denn der Vater, dessen Tochter Mühe beim Lesen hat, als einfacher Handwerker überhaupt beurteilen, was ich hier leiste? Von den statushöheren Eltern kam kein gutes Wort. Von denen hätte ich hören wollen, dass ich ein besonders engagierter Lehrer bin. Das hätte gezählt.

- **Variante 4:** Ja, es gab schon von zwei, drei Eltern ein Kompliment. Doch das Lob war nicht ehrlich gemeint. Diese Eltern machen das doch nur, damit ich ihr Kind künftig besonders gut beurteile. Die wollen mich ganz einfach kaufen – mit plumpem Geschleime. Doch darauf falle ich nicht herein.

- **Variante 5:** Die Eltern, die mir ein Kompliment machten, hatten wohl gemerkt, dass ich etwas enttäuscht und geknickt war, weil niemand meine Arbeit so richtig sieht und schätzt. Die hatten Mitleid mit mir und wollten mich aufmuntern.

- **Variante 6:** Alles in allem könnte ich zufrieden sein, immerhin gab es kaum Kritik und wenigstens ein paar lobende Worte. Doch wenn ich die anderen Kollegen höre, wie die offenbar gelobt wurden, ist meine Bilanz ja sehr mager.
- **Variante 7:** Die Eltern waren ganz nett, entweder neutral oder sogar positiv. Doch die können das zu wenig beurteilen. Ich selbst sehe meine Schwächen am besten. Letztes Jahr habe ich nur einen Bruchteil der Klasse aufs Gymnasium gebracht – naja, knapp die Hälfte, doch das genügt nicht. Ich müsste noch mehr Schülerinnen und Schülern diese Chance bieten können.

Es ist nicht schwer, zu erraten, welche Denkweisen stressverstärkend sind. Problematisch sind alle Varianten– außer die erste:

- **Variante 2:** »Es könnte und sollte mehr sein!«
- **Variante 3:** »Von den wirklich wichtigen Leuten bekomme ich keine Anerkennung.«
- **Variante 4:** »Das ist nicht ehrlich gemeint.«
- **Variante 5:** »Das tun die aus Mitleid.«
- **Variante 6:** »Andere bekommen mehr.«
- **Variante 7:** »Die können meine Leistung gar nicht beurteilen.«

Gefährlicher sozialer Vergleich

Vergleiche mit anderen Menschen und mit deren Leistungen sind problematisch. Sie sind Gift für das Gefühl, wertgeschätzt zu werden. Denn es gibt immer jemanden, der besser arbeitet, schöner aussieht oder klüger ist. Schwierig ist es aber auch, wenn man dem Lob der anderen nicht trauen kann, sich manipuliert fühlt oder sogar denkt, dass man die Anerkennung nur aus Mitleid oder Berechnung erhält.

Bei den Varianten 2 bis 7 im obigen Beispiel zählen die wohlwollenden Aussagen für Martin S. nicht. Er kann sie nicht auf seinem Wertschätzungskonto »verbuchen«. Seine eigenen bisherigen Leistungen bewertet er als ungenügend und ist nicht zufrieden mit sich. Damit läuft der positive Effekt der Anerkennung durch andere Leute ins Leere.

Nur bei Variante 1 kann der Lehrer sich über das Lob der Eltern freuen. Und er gibt sich selbst Anerkennung dafür, was er bisher mit seiner Klasse erreicht hat. Diese Haltung reduziert Stress und beugt auch einem Burn-out vor.

117

HINWEIS *Ein psychisches »Nicht-verwerten-Können« von Anerkennung, meist gepaart mit einem schwachen Selbstwertgefühl, ist schwierig zu verändern. Achten Sie darauf, wie Sie auf Anerkennung anderer reagieren. Finden Sie Denkmuster und Interpretationen wie bei Martin S. auch bei sich? Falls Sie erkennen, dass Sie kaum in der Lage sind, die Anerkennung anderer zu »verbuchen«, suchen Sie nach den Gründen dafür. Nehmen Sie gegebenenfalls professionelle Hilfe in Anspruch. Es lohnt sich! Denn sich geschätzt zu fühlen, verbessert das Wohlbefinden und ist ein wichtiger Schutz gegen Stress.*

Zum Überlegen: Mein Umgang mit Fremd- und Selbstanerkennung

- Wenn Sie von jemandem ein Kompliment oder ein Lob bekommen: Was geht in Ihnen vor? Können Sie sich darüber freuen und annehmen, was die Person sagt? Hallen die guten Worte nach? Oder werten Sie sie ab, lassen sie zum einen Ohr rein und zum anderen wieder raus?
- Wenn Sie etwas Schwieriges oder Außergewöhnliches zustande gebracht oder auch einfach nur Ihr Tageswerk zufriedenstellend erledigt haben: Sind Sie stolz auf das, was Sie tun? Zollen Sie sich selbst Anerkennung?
- Können Sie die Leute in Ihrer Umgebung hin und wieder zu Beifall bewegen (»Koste mal, ich habe ein neues Rezept ausprobiert. Lecker, findest du nicht auch?«)? Oder widerstrebt Ihnen das?

TIPP *Fishing for compliments, sich Komplimente angeln – so heißt wenig schmeichelhaft die mehr oder weniger plump zum Ausdruck gebrachte Absicht, dem Gegenüber ein Kompliment zu entlocken. Doch vornehme Zurückhaltung hat definitiv Nachteile: Die Komplimente könnten ausbleiben. Warum also nicht hin und wieder aktiv ein positives Feedback einholen, wenn es Ihnen gut tut? Sie müssen dabei ja nicht übertreiben ...*

Gratifikationskrise und Burn-out-Alarm

Wer arbeitet und seine Kräfte investiert, ganz egal ob in Erwerbs- oder Familienarbeit, erwartet im Gegenzug eine angemessene Gratifikation – er möchte Wertschätzung, eine Belohnung im weiteren Sinne. Bleibt die aus oder ist sie nicht ausreichend, so kommt es zu einer sogenannten Gratifikationskrise – und die bewirkt Stress. Noch größer ist die Gefahr, wenn jemand dazu neigt, sich übertrieben zu verausgaben (siehe unten). Der Gefährdungsfaktor Nummer eins für ein Burn-out ist Stress, der dadurch entsteht, dass geleisteter Einsatz dauerhaft nicht genug belohnt wird.

Wenn gut nie gut genug ist

Auch wer ein gutes Selbstbewusstsein hat und sich selbst Anerkennung geben kann, wird auf die Dauer ermüden, wenn er sich permanent einsetzt, ohne dafür in angemessener Weise belohnt zu werden. Das gilt noch mehr für Menschen mit einem Stresshaus, dessen Fundament nicht stabil ist, deren Selbstwertgefühl also eher schwach ist. Sie neigen häufiger dazu, sich über ihre Kräfte einzusetzen. Weil sie meinen, es werde von ihnen erwartet und sie müssten sich und anderen etwas beweisen. Meist haben sie schon früh die Erfahrung gemacht, dass das, was sie leisten, nie gut genug ist. Sie sind in höherem Maß auf Wertschätzung von außen angewiesen, weil sie sich diese selbst kaum zusprechen können. Außerdem hapert es oft mit dem Verbuchen der Anerkennung (siehe oben). Das gilt für Arbeitnehmer, aber auch für Mütter, die Haushaltsarbeit machen und Kinder betreuen: Hier ist die Burn-out-Gefahr groß.

Berufliches Engagement, Anerkennung und Lohn

Stress im Berufsleben kann verschiedene Ursachen haben: Zeitdruck, Hektik, Mehrfachbelastungen, Unsicherheit infolge von Umstrukturierungen, häufige Unterbrechungen der Arbeitsabläufe, immer die gleiche oder monotone Arbeit. Ein Haupt-Stressverursacher ist jedoch mangelnde Belohnung. Das kann sich auf unterschiedliche Art äußern:

- keine konkret messbaren Leistungseffekte; die geleistete Arbeit kann in ihrem Wert kaum beurteilt und geschätzt werden
- geringer oder fehlender finanzieller Anreiz (keine attraktive materielle Entschädigung für Mehrarbeit, keine finanzielle Entwicklungsperspektive)
- keine längerfristige Aufstiegsperspektive (Beförderung, mehr Verantwortung)
- ein Klima ohne Respekt, Achtung und Wertschätzung durch Kollegen und Vorgesetzte (keine wertschätzenden Worte, keine positiven Evaluationen und Feedbacks)

- fehlende oder ungenügende Möglichkeiten, persönlich zu profitieren, z.B. durch besondere Qualifikation, Zuwachs an Wissen und Können, persönliches Wachstum
- fehlende immaterielle Belohnung durch Ehre, Status (Auszeichnungen, Teil eines erfolgreichen Unternehmens sein dürfen, Einladung als Referent usw.)

Eine Studie aus dem Gesundheitsbereich zeigte, dass es eine Rolle spielt, welche Form der Gratifikation, der Belohnung, ausbleibt: Gesundheit und Wohlbefinden leiden am meisten, wenn es an Wertschätzung mangelt, und am wenigsten, wenn Einsatz und materielle Entschädigung im Ungleichgewicht sind[3]. Zudem verstärken einige Arten der Belohnung zwar kurzfristig das Wohlbefinden (z.B. Ehre, persönliche Entwicklung), doch langfristig ist eine würdige Entschädigung für die erzielte Leistung und den erbrachten Einsatz wichtig. Diese sollte vor allem in Form von Wertschätzung kommen. Es spielen jedoch auch finanzielle Anreize eine Rolle.

Bleibt die Gratifikation aus, so bedeutet das Stress. Wie negativ sich der nicht nur auf das Wohlbefinden und die Gesundheit der Betroffenen auswirkt, sondern auch auf ihre Arbeitshaltung und ihre Leistung, steht in Kapitel 3 unter »Folgen für das Berufsleben« (Seite 87).

Gefährlicher Mix

Hohes berufliches Engagement führt vor allem dann zu ernsthaften gesundheitlichen Problemen, wenn es nicht mit angemessener Gratifikation belohnt wird. Man spricht in diesem Fall von einer Gratifikationskrise. Auf die können sich drei (persönliche) Faktoren verschärfend auswirken – und diesen Zustand sogar chronisch werden lassen:

- fehlende Arbeitsplatzalternativen (zu Beispiel infolge geringer Qualifikation, eingeschränkter Mobilität, schwieriger Arbeitsmarktsituation)
- wenn Betroffene das Ungleichgewicht zwischen Aufwand und Ertrag in Kauf nehmen, weil sie sich dadurch bessere Karrierechancen ausrechnen und sich eine spätere Belohnung für aktuelle Anstrengungen erhoffen
- wenn eine hohe Neigung zur Verausgabung vorliegt (mehr dazu auf Seite 122)

---

[3] van Vegchel et al. (2002), zitiert in Bartholdt/Schütz, Stress im Arbeitskontext, Beltz Verlag, Weinheim 2010.

120

Zum Überlegen: Mangelnde Bestätigung?

Überlegen Sie Folgendes:

■ Welche Form der Belohnung (siehe Seite 114) ist für Sie am wichtigsten?

■ Bekommen Sie eine angemessene Gratifikation in der gewünschten Form?

■ Bekommen Sie eine angemessene Gratifikation in anderer Form (Beispiel: praktisch keine ausdrückliche Anerkennung, dafür ein gutes Gehalt)?

■ Wenn Sie zu wenig Wertschätzung erhalten: Wie sieht es mit Ihrem Spielraum bei den verschiedenen Formen der Gratifikation aus? Was könnten Sie unternehmen, um ein Gleichgewicht herzustellen zwischen Ihrem Einsatz und der Belohnung, die Sie erhalten? (Beispiele: beim Vorgesetzten die Lorbeeren aktiv »abholen«; Argumente für eine Lohnerhöhung sammeln und vorbringen; Entwicklungs- und Karrierechancen am Arbeitsplatz ansprechen, eine Weiterbildung anstreben etc.).

Ausgebrannte Hausfrauen

Dadurch, dass sich im Laufe der letzten Jahrzehnte die Geschlechterrollen aufgelöst haben und nicht mehr so klar definiert sind, wird es für Frauen immer schwieriger, »nur« Hausfrau und Mutter zu sein – auch wenn sie die Möglichkeit dazu haben. Denn in der modernen Gesellschaft zählen Leistung und Arbeit, die gutes Geld bringt. Mit Familienarbeit und Kinderbetreuung ist da nicht zu punkten. Wer Kinder aufzieht und einen Haushalt führt, hat im Rennen um die gesellschaftliche Anerkennung schlechte Karten. Es gibt dafür kein Gehalt, und in der Regel gibt es auch kein Resultat vorzuweisen (außer man sieht die Kinder als seine »Projekte« an und verbucht ihre Erfolge auch aufs eigene Konto).

Dazu kommt: Die meisten der Tätigkeiten wie Aufräumen, Einkaufen, Putzen und Waschen etc., die täglich im Haushalt anfallen, sind weder intellektuell noch kreativ eine besondere Herausforderung. Ganz abgesehen davon, dass das Ergebnis der Anstrengung nicht von Dauer ist und die Arbeiten darum gleich wieder anstehen, sobald man sie erledigt hat. Die »Arbeitsplatzsicherheit« ist ebenfalls nicht gewährleistet – da reicht ein Blick auf die gegenwärtige hohe Scheidungsrate. Und Entwicklungsmöglichkeiten und Beförderung gibt's für Mütter und Hausfrauen schon gar nicht.

Wie viel ist Familienarbeit wert?
Das wäre alles halb so schlimm, wenn nicht zusätzlich die Familienarbeit von der Gesellschaft so wenig anerkannt wäre. Diese Geringschätzung stellt die eigentliche Gratifikationskrise dar, die zusammen mit den oben genannten Umständen viele Frauen in die sogenannte Hausfrauendepression führt. Interessant ist hier die Wortwahl: Man spricht bei Müttern und Hausfrauen von Depression – und nicht etwa von Burn-out. Zwar sind bei ihnen alle kritischen Faktoren für ein Burn-out vorhanden: hohe Anforderungen, Verausgabung, (zu) wenig Wertschätzung, keine Aufstiegs- bzw. Entwicklungsperspektive und kaum Belohnungen. Doch hinter dem Begriff Burn-out steckt eben eine hohe Leistung und außerordentliches Engagement – eine Wertung, die im Zusammenhang mit Familienarbeit gesellschaftlich nicht verankert ist. Ein Burn-out erleiden Managerinnen oder Berufstätige – Hausfrauen haben eine Depression. Sie werden mit Antidepressiva oder Psychotherapie behandelt, nicht mit einer Schonungsphase und Auszeit zur Erholung.

Dass man den versteckt »adelnden« Begriff Burn-out nicht mit Familienarbeit in Verbindung bringt, spiegelt den geringen Stellenwert wider, den unsere leistungs- und erfolgsorientierte Gesellschaft der Arbeit mit Kindern im Haushalt zuweist. Das Gleiche gilt für Erwerbstätige mit niedrigem gesellschaftlich-wirtschaftlichen Status. Oder würden Sie bei einem erschöpften Raumpfleger, einer erschöpften Kassierin von einem Burn-out sprechen? Wahrscheinlich nicht.

Die Tendenz, sich zu verausgaben

Menschen mit einer erhöhten Bereitschaft, sich zu verausgaben, sind besonders anfällig für Gratifikationskrisen, weil sie ja für die besondere Leistung, die sie erbringen (oder glauben, erbringen zu müssen), auch eine besonders große Belohnung erhalten müssten. Müssten – denn diese Rechnung geht selten auf. Und das bedeutet Stress.

Zum Überlegen: Verausgabungsneigung und Distanzierungsunfähigkeit

Leisten Sie regelmäßig mehr, als von Ihnen eigentlich gefordert wird? Können Sie abschalten? Um diese zwei höchst stressrelevanten Fragen geht es in folgenden Punkten:

■ Wie hoch sind die Anforderungen an Sie? Gibt es bei Ihrer Arbeit – dazu zählt auch der eigene Haushalt – Zeitdruck, Hektik, Mehrfachbelastungen oder andere erschwerende Umstände?

■ Wie gehen Sie mit diesen Anforderungen um? Leisten Sie entsprechend mehr oder können Sie auch einmal Stopp sagen?

■ Wer gibt vor, wie viel Sie leisten müssen? Ihr Vorgesetzter, Ihr Partner, Sie selbst – eine strenge Instanz in Ihnen?

■ Könnte es sein, dass Ihr Einsatz wesentlich größer ist als ausdrücklich verlangt – weil Sie meinen, diesen Einsatz schuldig zu sein bzw. erbringen zu müssen?

■ Verfolgen Schwierigkeiten Sie bis in den Feierabend hinein? Oder können Sie am Ende des Tages den Job, den Haushalt sein lassen und das, was Sie tagsüber erlebt haben, aus einer gewissen Distanz betrachten?

Jede noch so kleine Maßnahme, jeder Gedanke, mit dem Sie ein wenig Abstand schaffen, vergrößert Ihren Spielraum und mindert den Stress. Und vor allem gibt er Ihnen Handlungs-, Gestaltungs- und Veränderungsmöglichkeiten. So minimal die auch sein mögen: Wichtig für Ihr Selbstwertgefühl ist, dass es mit Wertschätzung von Ihnen selbst (»Weil ich es mir wert bin ...«) und anderen »gefüttert« wird – täglich.

HINWEIS *Resignation ist der Endpunkt im Prozess der fehlenden Wertschätzung. Wenn Sie beobachten, dass Sie aufgeben und gar nicht mehr nach Anerkennung streben, sich auch selbst keine mehr geben können und denken, dass Sie sie auch überhaupt nicht verdienen, dass Sie es nicht wert sind, dann sollten Sie eine Fachperson aufsuchen.*

AKTUELLES BEFINDEN: LEISTEN, LIEBEN, GENIESSEN

6

Leistungsfähigkeit, Liebesfähigkeit und Genussfähigkeit sind

Anzeichen für psychische Stabilität. Im Stresshaus sind

die entsprechenden Räume im zweiten Stockwerk angesiedelt.

Leistungsfähigkeit und Stress

Eine gute Motivation, die Schwung verleiht, Kompetenzen, die den Aufgaben angepasst sind und die Fähigkeit, zu fokussieren und sich abzugrenzen: Im Gesamtpaket ergeben diese Dinge eine gute Leistungsfähigkeit. Und die wiederum sorgt dafür, dass wir uns bei unserer täglichen Arbeit wohlfühlen können.

Leistungsfähigkeit bedeutet, dass eine Person in der Lage ist, die täglichen Anforderungen angemessen zu bewältigen: mit Effizienz, Elan und Freude. Im Stressmodell bedeutet dies, dass sie die Anforderungen und die eigenen Ressourcen als ausbalanciert wahrnimmt. Und dass sie fähig ist, den Ansprüchen zu genügen und die geforderte Leistung zu erbringen. Es ist dabei nicht nur der Aufwand, den sie betreibt (z.B. als Schüler oder Student viel zu lernen, als Mitarbeiter Überstunden zu schieben), sondern auch das Ergebnis, das interessiert. Die Frage ist: Bringt jemand eine bestimmte Leistung (gute Schulnote, erwartete Geschäftsabschlüsse, erfolgreichen Projektabschluss usw.) mit einer günstigen Bilanz zwischen Aufwand und Ertrag zustande?

GUT ZU WISSEN

Die Katze beißt sich in den Schwanz: Stressresistenz und Leistungsfähigkeit beeinflussen sich gegenseitig. Wer mit Stress gut zurechtkommt, ist leistungsfähiger; und wer leistungsfähiger ist, traut sich mehr zu, ist selbstbewusster – und kommt daher mit Stress besser zurecht. ■

Häufig gelten für die Leistungsfähigkeit einer Person Kriterien wie die Schnelligkeit der Arbeitsausführung, deren Präzision, Kreativität und Innovation. Aber auch die Nachhaltigkeit zählt: Es nützt wenig, wenn jemand kurzfristig hoch leistungsfähig ist, bei anhaltender Belastung aber schnell einbricht. Deshalb sind auch Belastbarkeit, Hartnäckigkeit, Ausdauer und die Fähigkeit, sich langfristig für eine Aufgabe motivieren zu können, Merkmale einer soliden Leistungsfähigkeit.

Leistungsfähigkeit ist somit ein Anhaltspunkt für eine gute Stressregulation. Wenn man vom Stress überwältigt wird, bricht in der Regel die Leistung ein, es kommt zu Blockaden, Fehlern, Aussetzern, Kreativitätseinbußen, Fehlentscheidungen, Leerläufen, zeitlichen Verzögerungen.

Wieso Leistungsfähigkeit so wichtig ist

Arbeiten zu können und sich dabei einigermaßen wohlzufühlen, ist extrem wichtig. Denn Arbeit ist bei weitem nicht nur ein Mittel, um die eigene Existenz zu sichern. Sondern sie hat auch eine bedeutende Funktion in Sachen seelischer Gesundheit und Gesellschaft[4]:

- Idealerweise können wir bei der Arbeit unsere Kompetenzen und Fähigkeiten anwenden und weiterentwickeln. Jede bewältigte Aufgabe stärkt das Selbstvertrauen.

- Erwerbsarbeit strukturiert den Alltag – sowohl was Tage und Wochen als auch was das Jahr, ja sogar das ganze Leben betrifft. Freizeit, Ferien, Rente richten sich alle nach der Erwerbstätigkeit. Struktur ist wichtig für die psychische Gesundheit.

- Arbeit fördert soziale Kontakte und ein Miteinander beim gemeinsamen Erreichen von Zielen. Erwerbstätige sind zumeist in ein Team integriert, oder sie haben auf andere Art und Weise mit Menschen zu tun. Das Bedürfnis, eingebunden zu sein, wird durch Arbeit zu einem guten Teil abgedeckt.

- Arbeit verschafft in vielen Fällen soziale Anerkennung und berufliches Ansehen.

- Arbeit trägt enscheidend zu unserer Identität bei. »Was machen Sie beruflich?« ist die wahrscheinlich häufigste Frage beim »Small Talk«. Wir identifizieren uns mit unserer Tätigkeit und sind im besten Fall stolz darauf.

- Erwerbsarbeit bringt Geld ein, was einen gewissen Lebensstandard sichert und für viele eine große Bedeutung für das eigene Selbstbild hat.

- Arbeit kann zur psychischen und physischen Gesundheit beitragen. Sie nimmt zwar viel Zeit in Anspruch, aber diese Zeit müssten wir sonst anderweitig sinnvoll gestalten – kein leichtes Unterfangen. Wer schon mal selbst seinen Arbeitsplatz verloren hat oder Zeuge war, wie jemand aus dem nahen Bekanntenkreis gekündigt wurde und vielleicht länger nach einem neuen Job suchen musste, kennt das Gefühl der Unsicherheit, der Orientierungslosigkeit und die psychische Belastung, die damit einhergeht.

---

[4] nach Bartholdt/Schütz, Stress im Arbeitskontext, Beltz Verlag, Weinheim 2010.

Voraussetzung dafür, dass man von diesen positiven Aspekten der Arbeit profitieren kann, ist eine gute Leistungsfähigkeit. Hat man die nicht, bleiben einem viele dieser Vorteile verwehrt. Daher lohnt es sich, an der eigenen Leistungsfähigkeit zu arbeiten (siehe unten).

HINWEIS *Arbeit und Leistungsfähigkeit tragen wesentlich und in vielfältiger Weise zur psychischen Stabilität und zur Gesundheit bei. Das gilt ganz besonders in unserer Gesellschaft, in der Beruf, Leistung und Erfolg einen hohen Stellenwert haben.*

Gerade weil Arbeit so wichtig ist, steht für den Einzelnen viel auf dem Spiel. Die anhaltenden Veränderungen durch die rasant voranschreitende Technologisierung, Globalisierung, Arbeitsverdichtung, aber auch durch die Flexibilisierung der Arbeitsverhältnisse stellen immer wieder neue, höhere Anforderungen und machen die Arbeitswelt gleichzeitig unberechenbarer. Das erhöht das Stresspotenzial und erschwert es, leistungsfähig und gesund zu bleiben.

Leistungsfähig durch Motivation

Motivation ist zentral dafür, wie wir unsere Arbeitstätigkeit erleben. Wer gut motiviert ist, arbeitet mit Freude und Elan – und das erhöht die Leistungsfähigkeit.

Motivation spielt aber auch als Stresspuffer eine wichtige Rolle. Wer sich durch die Firma oder Organisation oder direkt durch die Vorgesetzten oder das Team motiviert fühlt, seine beste Arbeitsleistung zu erbringen, der ist auch zufriedener mit den Arbeitsbedingungen, weniger gestresst und verfügt über einen besseren allgemeinen Gesundheitszustand. Wer sich dagegen für seine Tätigkeiten und Aufgaben nicht oder nur ungenügend motivieren kann, läuft schneller Gefahr, gestresst zu sein und fühlt sich häufiger emotional verbraucht, unnütz und wertlos.

HINWEIS *Die Leistungsfähigkeit ist stark mit der eigenen Motivation, etwas leisten zu wollen, verknüpft. Das gilt nicht nur im beruflichen Umfeld, sondern genauso in der Schule, im Studium, zu Hause, in der Freizeit, in Kunst und Kultur.*

Natürliche Schubkraft

Motivation ist in erster Linie eine Kraft in uns, die uns antreibt. Eine Neugierde und Leistungsbereitschaft, die wir von Natur aus mitbringen. Wer nicht aus sich heraus motiviert ist, den werden auch Anreize von außen – zum Beispiel von Vorgesetzten – nicht langfristig und dauerhaft motivieren können. Grundsätzlich sind Menschen bereit, sich einzusetzen und eine Leistung zu erbringen. Doch diese Schubkraft ist anfällig für Blockaden: Eintönige Arbeiten, überflüssige Aufgaben, Überforderung, ausbleibender Erfolg und mangelnde Einfluss- und Gestaltungsmöglichkeiten oder fehlende Belohnung wirken sich negativ auf die Motivation aus.

Leistungsfähig dank Kompetenzen

»Schuster, bleib bei deinen Leisten« – das Sprichwort ist alt. Doch in ihm steckt eine moderne Weisheit zur Reduzierung von Stress. Wenn Sie und Ihre Erwerbstätigkeit optimal zueinander passen, dann sind das beste Voraussetzungen für weniger Stress. Wenn Sie am richtigen Ort sind und außerdem die richtige Dosis Herausforderung finden, dann kann Ihre Leistungsfähigkeit zur vollen Blüte kommen.

Das Sprichwort bringt aber noch mehr zum Ausdruck. Es ermuntert uns, uns dort zu betätigen, wo wir wirklich gut sind. Wenn Sie in Ihrem Arbeitsbereich über gute Kompetenzen verfügen, werden Sie sich sicher fühlen und leistungsfähiger sein. Dann leben sie einfach ohne Stress, weil Sie Ihr Wissen und Können auf Ihrem Gebiet zeigen können. Allerdings: Sie können fachlich noch so kompetent sein – wenn etwas Unvorhergesehenes passiert, kann es trotzdem zu Stresssituationen kommen. Dann ist es wichtig, dass Sie geeignete Strategien zur Bewältigung haben. Im entsprechenden Kapitel (Seite 163) finden Sie ausführliche Anleitungen.

TIPP *Richten Sie es sich nicht allzu gemütlich ein! Bleiben Sie aktiv, erweitern Sie ständig Ihre fachlichen Kompetenzen, halten Sie sich mit Weiterbildungen auf dem Laufenden. Verbessern Sie Ihre Arbeitstechniken, zum Beispiel Ihr Zeitmanagement. Das vermittelt Sicherheit und wirkt somit stressvermeidend.*

Sich abgrenzen können, fokussiert bleiben

Um leistungsfähig zu bleiben, muss man sich abgrenzen können. Das gilt für die Quantität der Arbeit, indem man sich nicht regelmäßig mehr aufbürdet, als man einigermaßen stressfrei erledigen kann. Aber das gilt auch für das Engagement, das man bei der Erfüllung der Aufgaben an den Tag legt. Der Unterschied zwischen Engagement und Verausgabung ist ein schmaler Grat und daher in der Hitze des Gefechts nicht immer leicht zu erkennen. Entscheidend ist, dass Sie »Nein« sagen können. Und sich nicht im Streben nach Perfektion verlieren, sondern in der Lage sind, abzuwägen und fünf auch mal gerade sein zu lassen (zu diesen Bewältigungskompetenzen ab Seite 180). Damit verhindern Sie, dass die Arbeitsberge wachsen und wachsen. Gleichzeitig stellen Sie sicher, dass Sie sich ganz auf die Aufgaben konzentrieren können, die wirklich wichtig sind.

Eng mit der Abgrenzungsfähigkeit zusammen hängt die Fähigkeit, Prioritäten zu setzen. Voraussetzung dafür ist, dass man den Überblick behält und sich bewusst ist, wenn man sich ablenken lässt und sich auf Nebenschauplätzen tummelt. Wer fokussiert arbeitet, arbeitet konzentriert und zielgerichtet. Das ist effizienter, als sich zu verzetteln, und beugt so weiterem Stress vor.

TIPP *Wie bei einer Bergwanderung, bei der man dem Körper regelmäßig jeweils nach 50 Minuten eine Erholungspause von 10 Minuten gönnen sollte, so sind kleine Unterbrechungen auch bei der Arbeit wichtig. Zwischendurch immer mal wieder etwas anderes tun – ein Knobelspiel spielen, mit der Kollegin ein paar Worte austauschen, ein Glas Wasser trinken und ein paar Schritte tun –, das bringt Sie auf andere Ideen und erfrischt den Geist.*

Bye-bye, Leistungsfähigkeit: Burn-out

Wenn Stress nicht mehr angemessen bewältigt werden kann und diese Situation anhält, droht mit der Zeit ein Einbruch der Leistungsfähigkeit. Das zieht häufig psychische oder physische Symptome oder soziale Schwierigkeiten nach sich (siehe auch Seite 75 zu den physischen, psychischen und sozialen Folgen von Stress). Burn-out, Depressionen oder Angststörungen sind häufige Folgen dieses Prozesses der Verausgabung und des Raubbaus an den persönlichen Ressourcen. Beim Burn-out ist besonders das Gefühl von fehlender Belohnung und Wertschätzung für die geleistete Arbeit maßgebend. Besonders gefährdet sind engagierte Menschen mit einer hoher Neigung dazu, sich zu verausgaben (mehr dazu Seite 122).

Doch wo liegt genau der Unterschied zwischen einer Depression und einem Burn-out? Burn-out wird in der Regel in einem bestimmten Zusammenhang gesehen. Er bezieht sich also nur auf die mentale und emotionale Erschöpfung in einem klar begrenzten Rahmen – meist der Arbeitstätigkeit. Betroffene können in anderen Lebensbereichen wie Freizeit und Familie weiterhin gut funktionieren. Dagegen gilt die Depression als eine umfassendere Störung, die sich nicht nur in einem Lebensbereich äußert. Bis heute wird in den klassischen Diagnose- und Klassifikationssystemen DSM und ICD[5] nur die Depression, nicht aber Burn-out als klinische Störung definiert.

Die gesellschaftliche Betrachtung

Letztlich liegt der wesentliche Unterschied zwischen Burn-out und Depression aber nicht so sehr in der Symptomatik als vielmehr in der gesellschaftlichen Wertung der beiden Phänomene. Während der Begriff Burn-out Betroffene in gewisser Weise »adelt«, weil er beinhaltet, dass sie lange Zeit voll engagiert waren und außerordentliche Leistungen erbracht haben, ist die Diagnose Depression nach wie vor negativ besetzt und stigmatisierend. Noch immer denken fälschlicherweise viele Leute, dass eine Depression ein persönliches Versagen sei. Und dass Menschen, die daran erkranken, sich gehen ließen. Das ist abwertend und ein Zeichen von Unkenntnis über eine schwere, leidvolle Krankheit. Wer hingegen in ein Burn-out gerät, also »ausgebrannt« ist, muss vorher »gebrannt« haben – in dieser oft gehörten Aussage schwingt durchaus Anerkennung mit. Deshalb ist es auch wesentlich leichter, sich zu einem Burn-out zu bekennen als zu einer Depression.

---

[5] DSM, Diagnostic and Statistical Manual of Mental Disorders (Diagnostisches und statistisches Handbuch psychischer Störungen) ist das Klassifikationssystem der American Psychiatric Association, das ab Frühjahr 2013 in der fünften Auflage vorliegt (DSM-V) und auch in anderen Ländern verwendet wird. ICD, International Statistical Classification of Diseases and Related Health Problems (Internationale statistische Klassifikation der Krankheiten und verwandter Gesundheitsprobleme) ist das von der Weltgesundheitsorganisation (WHO) herausgegebene Diagnoseklassifikationssystem (aktuelle Ausgabe: ICD-10).

TIPP *Wo und wie auch immer man die Trennlinie zwischen Burn-out und Depression ziehen will: Letztlich ist die richtige Bezeichnung für Betroffene unbedeutend. Wichtig ist vielmehr, zu erkennen, dass man sich in einem Ausnahmezustand befindet und handeln muss – wenn nötig mit Hilfe von außen.*

Sind Sie burn-out-gefährdet?

Burn-out-Betroffene fühlen sich verbraucht und ausgelaugt, die Batterien sind leer und können in den üblichen Erholungspausen nicht mehr aufgeladen werden. Besonders das Gefühl der emotionalen Erschöpfung ist typisch, wie Studien belegen.

Die gute Nachricht ist: Ein Burn-out entwickelt sich nicht schlagartig von heute auf morgen, sondern in einem Prozess. Und das bedeutet, dass es zu jeder Zeit Ausstiegsmöglichkeiten gibt. Das setzt allerdings voraus, dass Sie die Situation richtig einschätzen und sie sich nicht schönreden. Dabei hilft Ihnen die folgende Liste typischer Symptome[6]:

- Man kann nicht mehr abschalten, grübelt endlos über Dinge nach.
- Man ist emotional weniger belastbar, alles hängt länger nach: Enttäuschungen, Ärgernisse, Unstimmigkeiten usw. Reizbarkeit, Wutausbrüche, eine Neigung zu Weinerlichkeit sind typisch, manchmal auch eine starre Mimik.
- Die Konzentration lässt nach, das Gedächtnis ist beeinträchtigt. Die Folgen: Zerstreutheit, Flüchtigkeitsfehler, Vergesslichkeit, Verzettelung.
- Selbst Routinearbeiten gehen nicht mehr locker von der Hand, sondern erfordern mehr Zeit. Die erste Gegenmaßnahme, die meist ergriffen wird, nämlich noch mehr Energie aufzuwenden, bringt nicht das gewünschte Ergebnis, sondern laugt zusätzlich aus.
- Es stellt sich gefühlsmäßig eine gewisse Distanz zur Arbeitstätigkeit ein, ein Motivationsmangel (»Dienst nach Vorschrift«).
- Der Kontakt mit anderen Menschen wird anstrengend, man geht ihnen nach Möglichkeit aus dem Weg. Im Umgang mit Kollegen, Kunden, Patienten, Klienten etc. kann sich eine gewisse Distanz einschleichen oder sogar eine negative bis aggressive Haltung.
- Die Energie reicht nicht mehr für Hobbys und andere Freizeitbeschäftigungen aus.

---

[6] Nach dem Merkblatt für Betroffene, Burnout-Institut Norddeutschland (siehe Anhang)

- Der Körper wird in Mitleidenschaft gezogen: Man kann nicht mehr richtig schlafen, schwitzt, hat Kopfschmerzen oder Magen-Darm-Probleme. Das Immunsystem ist geschwächt, bei jeder Erkältungswelle ist man mit dabei.
- Am Ende stehen die völlige emotionale und mentale Erschöpfung sowie eine bleierne körperliche Ermüdung.

Sie erkennen bei sich einige der oben geschilderten Warnsignale wieder? Dann sollten Sie keine Zeit verlieren und handeln. Je früher, desto besser! Denn dann ist die Chance größer, dass Sie den Burn-out-Prozess erfolgreich stoppen können.

- Gehen Sie in einem ersten Schritt die Übungen im Kapitel »Vermeidbaren Stress auch wirklich vermeiden« (Seite 164) durch.
- Befolgen Sie das Schema auf Seite 185, um mit unvermeidbarem Stress zurechtzukommen.
- Wenn diese Maßnahmen nicht oder nur kurzfristig wirksam sind, ist es ratsam, schnell Hilfe in Anspruch zu nehmen. Unterstützung bieten ein Coach, Psychotherapeuten, der Hausarzt. Suchen Sie so lange nach einer Fachperson, bis Sie sich verstanden fühlen und Vertrauen haben, dass diese Person Ihnen auch wirklich helfen kann.

TIPP *Im Internet gibt es zahlreiche Selbsttests zum Thema Burn-out, kostenpflichtige und kostenlose (siehe Anhang). Solche Tests können Hinweise geben, doch für eine seriöse Diagnose ist eine Fachperson notwendig.*

133

Verbunden mit anderen: Liebesfähigkeit

Beziehungen zu anderen Menschen geben dem Leben Tiefe und sorgen für ein Gefühl der Verbundenheit. Deshalb ist Liebesfähigkeit nicht nur eine Voraussetzung für erfüllte Paarbeziehungen, sondern auch für Freundschaften. Dabei steht Stress im Weg.

Das Zimmer der Liebesfähigkeit befindet sich, wie der Raum der Leistungsfähigkeit, auf der zweiten Etage des Stresshauses. Soziale Beziehungen sind neben einer (Berufs-)Tätigkeit ein zweites zentrales Element im Alltag, das uns trägt. Dazu zählt neben Partnerschaft und Familie idealerweise ein soziales Netz mit Kollegen und Freunden, die wir hin und wieder auch in die Arme nehmen können. Wie gehaltvoll und tragfähig unsere Freundschaften sind und wie sehr wir sie genießen, hängt mit unserer Liebesfähigkeit zusammen.

TIPP *Und die virtuelle Welt, all die Friends auf Facebook, die Followers auf Twitter und Instagram, die WhatsApp-Kontakte? Die mediale Kommunikation kann eine wohltuende Distanz schaffen, eine hin und wieder vielleicht durchaus erwünschte Unverbindlichkeit. Alarmierend ist es, wenn Kontakte nur noch »um die Ecke« bzw. über ein Medium erfolgen. Und wenn Sie Ihren Freunden nicht auch hin und wieder in die Augen schauen und sie im »wahren Leben« anfassen können.*

Was es bedeutet, liebesfähig zu sein

Unsere Liebesfähigkeit bestimmt, wie attraktiv (im weitesten Sinn) wir für andere sind. Ob es sich für sie lohnt, sich mit uns abzugeben. Liebesfähigkeit ist aber auch ein Gradmesser dafür, inwieweit wir selbst Beziehungsangebote anderer annehmen und uns von sozialen Beziehungen stärken lassen. Jeder Mensch braucht emotionale Nähe, Geborgenheit und Liebe.

TIPP *Die Liebesfähigkeit eines Menschen misst sich nicht an der Anzahl von Freunden, sondern an der Qualität der Beziehungen, deren Stabilität und Verbindlichkeit. Und, ganz wichtig: an der Frage, ob Sie diese Beziehungen persönlich auch positiv verbuchen können, ob Sie (und die anderen Beteiligten) daraus einen Gewinn ziehen, ob sie Sie stark machen gegen Stress.*

Vertrauen und Sicherheit

Auch hier werden die Weichen wieder einmal früh gestellt: Die Erfahrungen von Nähe und Geborgenheit, die ein Mensch in den frühen Baby- und Kinderjahren macht, sind für das spätere Leben entscheidend. Wer in der Anfangsphase des Lebens zu wenig Liebe und Aufmerksamkeit erfährt, wird bindungsunsicher. Eine solche Person reagiert später möglicherweise ängstlich, zwiespältig, argwöhnisch oder sogar zurückweisend auf die Zuwendung anderer Menschen.

Frühe Bindungserfahrungen sind für das Selbstwertgefühl wichtig (siehe Kapitel 4, Seite 92). Sie sind es aber auch für die Liebesfähigkeit. Wenn sich ein Kind ungeliebt fühlt, wenn es Opfer von Gewalt und Missbrauch wird, wenn es sieht, wie die Beziehung der Eltern in die Brüche geht, und die Trennung von einem Elternteil erlebt, dann kann all das Auswirkungen auf seine Liebesfähigkeit haben. Auf das Vertrauen, das es anderen Menschen entgegenbringt. Es kann den Grad bestimmen, in dem es sich auf andere einlässt – jetzt und später im Leben. Denn Liebe hat immer mit Vertrauen zu tun. Mit dem Gefühl, sich auf den anderen verlassen zu können, sich ihm hingeben zu können, in der Geborgenheit sicher zu sein.

Liebesfähigkeit hat somit sehr viel mit Stressresistenz, Gesundheit und Leistungsfähigkeit zu tun: Wer sicher in sich ruht, wer weiß, dass er als Person in Ordnung ist, dass er so geliebt werden kann, wie er ist, an dem prallen viele Widrigkeiten ab. Wer hingegen Angst hat, verletzt zu werden, bei Kritik gleich als ganze Person in Frage gestellt zu werden, der ist anfälliger für Stress. Genauso wie jemand, der zu stark von den Bewertungen anderer abhängig ist.

Unheilsames Duo

Leistung und Liebe sind häufig ungünstigerweise gekoppelt. Viele Menschen machten in den frühen Jahren die Erfahrung, dass sie nur geliebt wurden, wenn sie etwas Besonderes leisteten (siehe Konstrukte, Seite 61).

135

Sie versuchen daher auch später, über Leistung die Zuneigung der Mitmenschen zu gewinnen. Andere wiederum flüchten sich in die Arbeit und meiden aus Angst vor Verletzung soziale Begegnungen, Freundschaften oder enge Partnerschaften. Beide fühlen sich einsam und verwundbar. Und ihre Leistungsfähigkeit ist ebenfalls auf unsicherem Grund gebaut (siehe Hochstapler-Selbstkonzept, Seite 104).

HINWEIS *Wenn man diesen Gedanken weiterspinnt, so zeigt sich, dass ein Großteil von Stress letztlich sozialer Stress ist. Es stresst, wenn man Angst hat, den Ansprüchen anderer nicht zu genügen, andere zu enttäuschen, bloßgestellt und gedemütigt zu werden, von anderen nicht mehr gemocht oder geliebt zu werden, verlassen zu werden. Je sicherer gebunden eine Person ist, je liebesfähiger sie demzufolge ist, desto besser ist diese Person gegen beruflichen Stress wie auch gegen viele andere Stresssituationen gewappnet.*

Stabile Beziehungen pflegen

Ob in Ihrem Zimmer der Liebesfähigkeit nun viele Personen aus- und eingehen oder ob nur ganz wenige Menschen dazu Zugang haben, spielt keine Rolle. Wichtig sind stabile Beziehungen – dabei ist die Anzahl weniger wichtig als die Qualität. Mindestens ein guter Freund kann bereits ausreichen, ideal sind zwei bis drei.

Ob jemand mit Freunden vor allem tiefe Gespräche führt oder ob die Verbindung hauptsächlich aus gemeinsamen Unternehmungen und Erlebnissen besteht, ist eine Frage der persönlichen Vorliebe. Ausreichend Zeit und Energie sind aber in jedem Fall nötig, um allen Freundschaften gerecht werden und sie pflegen zu können. Dabei ist Stress ein Hindernis.

Mit der Liebesfähigkeit ist es so wie mit der Arbeitsfähigkeit: Einerseits sorgt sie für ein gutes Polster im Umgang mit Stress, andererseits ist sie aber auch Ausdruck davon, wie gut das gelingt. Denn nur wer sich gut fühlt, ist offen für andere – und damit liebesfähig.

Stress schädigt die Liebesfähigkeit: Unter Stress werden wir egozentrisch und asozial. Und es fehlt die Zeit, Freundschaften zu pflegen. Menschen, die uns an und für sich lieb sind, sind auf einmal nur lästig, weil wir unsere Ruhe brauchen und keine Lust auf Sozialkontakte haben.

BINDUNGSSTILE UND STRESSANFÄLLIGKEIT

Wenn jemand **sicher gebunden** ist, dann vertraut er auf die Verlässlichkeit der anderen, hält sich selbst für liebenswert und ist auch selbst liebesfähig. Er kann Liebe empfangen, für sich verwerten und auch Liebe zurückgeben. Diese Personen sind gut geerdet und ruhen in sich. Sie kommen in der Regel sozial gut an, sind beliebt, haben gute Freunde und eine glückliche Partnerschaft. Sie haben viele Schutzschilder gegen Stress und können in besonderen Belastungssituationen auf die Unterstützung von Partner, Freunden, Bekannten und Verwandten zurückgreifen. Ist eine Person **unsicher-distanziert gebunden,** fehlt ihr der Glaube an die Verlässlichkeit anderer. Sie wurde in ihren Bindungserfahrungen häufig enttäuscht, zurückgestoßen, hat Bezugspersonen als nicht empfänglich für ihre Bedürfnisse erlebt. Sie versucht, gefühlsmäßig enge Beziehungen zu meiden, möchte unabhängig und selbstständig sein, sich nicht auf andere einlassen. Sie lässt ihren Wunsch nach Liebe, Nähe und Geborgenheit nicht zu, ist in ihrer Liebesfähigkeit beeinträchtigt und kann weder Liebe richtig empfangen noch verschenken. Das macht anfällig für Stress.

Auch eine Person mit einem **verwickelten** oder **ängstlich-ambivalenten Bindungsstil** hat ungünstige Bindungserfahrungen gemacht, gekennzeichnet durch Trennungserfahrungen, nicht sensitive Elternreaktionen auf ihre Bedürfnisse oder qualitativ ungenügende Mutter-Kind-Interaktionen. Diese Menschen empfinden Nähe als unangenehm und schwierig, da sie kein Vertrauen aufbauen können und sich fürchten, auch in neuen Beziehungen wieder verletzt zu werden. Sie lassen sich daher nicht voll auf Beziehungen ein, sind argwöhnisch, eifersüchtig, ängstlich. Entsprechend sind sie anfälliger für Kritik, Zurückweisungen und damit allgemein für Stress.

Auch ein **besitzergreifender Bindungsstil** spricht nicht für eine gesunde Liebesfähigkeit. Diese Personen klammern sich an andere, brauchen Beziehungen als Stütze ihrer Psyche. Es geht ihnen nur gut, wenn sie in engen Beziehungen sind. Auch wenn sie merken, dass sie den anderen einschränken. Auch hier handelt es sich nicht um gesunde Liebesfähigkeit, und auch hier ist die Anfälligkeit für Stress erhöht. ■

Viele Menschen, für die es ganz wichtig ist, mit anderen Menschen zusammen zu sein und ihre Freundschaften zu pflegen, tun das in Zeiten von Stress kaum noch. Sie bündeln ihre Kräfte und konzentrieren sich auf anderes – und schneiden sich damit selbst von einer wichtigen sozialen Kraftquelle ab.

TIPP *Verlieren Sie das unschätzbare Gut der Liebe und der Verbundenheit mit nahestehenden Menschen nicht aus den Augen, streben Sie es immer wieder mit vereinten Kräften an und engagieren Sie sich dafür. Das ist gerade in Zeiten der Belastung besonders notwendig.*

Genießen können

Es muss nicht immer ein 7-Gang-Menü oder ein Wellness-Wochenende sein. Genuss und Freude verschaffen auch die kleinen Dinge des Lebens – jeden Tag. Gerade in stressigen Zeiten ist es sinnvoll, den Blick dafür zu schärfen.

Die Genussfähigkeit ist neben der Leistungs- und der Liebesfähigkeit das dritte Element, für das gilt: Wer genießen kann, ist weniger schnell gestresst. Und wer gestresst ist, kann nicht genießen. Genussfähigkeit ist ein starkes Mittel gegen Stress. Es ist Ausdruck davon, ob wir schöne Sinneserfahrungen machen und uns daran erfreuen können.

Im Kapitel »Was sonst noch gut tut«, das Sie weiter hinten in diesem Ratgeber finden (Seite 156), geht es um den ganz praktischen Aspekt des Genusserlebens: um die kleinen freudigen Überraschungen, die uns täglich das Leben versüßen. Um die Fähigkeit, schöne Momente bewusst wahrzunehmen, zu genießen und uns davon stärken zu lassen. In diesem Kapitel ist das Thema die Genussfähigkeit an sich: Was bedeutet es, genussfähig zu sein? Und wie können wir uns unsere Genussfähigkeit erhalten – in Zeiten des Stresses und gegen den Stress?

Im Reich der Sinne

Genießen können wir über alle fünf Sinneskanäle – das verschafft uns Glücksgefühle. Alle Kanäle können sich im Stress aber auch verschließen:

- **Visuelle Wahrnehmung:** Sie beinhaltet Freude an Gegenständen, zum Beispiel an Gemälden, Skulpturen oder anderen Kunstobjekten, an Landschaften, die uns beeindrucken, an Menschen, Tieren, Pflanzen usw. Schönheit und Ausstrahlung dieser Dinge lassen uns auftanken, sie stärken uns. Ein gestresster Mensch ist blind für diese Reize. Er geht achtlos daran vorbei, nimmt deren Schönheit nicht mehr wahr und lässt sich nicht davon berühren.

- **Auditive Wahrnehmung:** Klänge, Musik, Stimmen erfreuen das Herz. Ein Musikstück, ein vorgetragenes Gedicht, ein sanfter Klang kann trösten, stärken, entzücken, begeistern oder einfach nur entspannen, uns zur Ruhe kommen lassen. Unter Stress verschließt man die Ohren, geht taub durch die Gegend, hört das Zwitschern der Vögel, das Lachen spielender Kinder nicht mehr. Häufig fängt Musik sogar an, zu stören. Es ist keine Musik mehr, sondern Lärm – von Genuss kann keine Rede mehr sein. Verschließt sich unser Sinnesorgan Ohr vor der wundervollen Welt der Töne und Klänge, fällt eine wichtige Quelle der Entspannung und Erholung weg.

- **Taktile Wahrnehmung:** Berührungen und Zärtlichkeiten anderer, vor allem des Partners, bescheren uns Glücksmomente: Wir genießen eine Umarmung, ein Streicheln, einen Kuss, eine Massage. In der Partnerschaft gehen Intimität und Nähe meist mit Körperkontakt einher. Sexualität als schönste Form des körperlichen Genusses ist eine wichtige Quelle für Glücksempfinden und Erfüllung. Auch sie versiegt oft ganz unter Stress. Vielleicht ist man gar nicht mehr in der Lage, jemanden an sich heranzulassen: Wenn man gestresst nach Hause kommt, sind die Berührungen des Partners unangenehm, sie engen ein, machen einen nervös. Der gleiche Kuss, den man sonst genießt, wird im Stress bedeutungslos. Man ist abwesend, in Gedanken anderswo, unempfänglich für liebevolle Berührungen.

- **Gustatorische Wahrnehmung:** Eine beliebte und gern genutzte Quelle von Genuss sind Essen und Trinken – vielleicht sogar in guter Gesellschaft. Ein feines Essen, ein herrlicher Wein, ein aromatischer Tee – das sind wunderbare Momente. Doch die Wahrscheinlichkeit, dass man unter Zeitdruck edel essen geht, ist gering. So zerstört Stress die Freude an kulinarischen Genüssen.

- **Olfaktorische Wahrnehmung:** Feine Düfte und Gerüche können intensiven Genuss bereiten – der Duft eines Parfüms, des Frühlings, der Geruch leckerer Speisen, des Regens auf dampfender Erde im Sommer usw. tragen zu unserem Wohlbefinden bei, wecken häufig Erinnerungen, lassen uns schwärmen und träumen. Doch im Stress verschließt sich auch das Universum der Düfte.

Diese Beispiele zeigen, dass die Fähigkeit, zu genießen, ein Spiegel unseres Befindens ist – genau wie die Leistungsfähigkeit oder die Liebesfähigkeit. Nur wenn es uns gut geht, sind wir offen für die sensorischen Reize, die uns Glücksmomente bescheren. Im Stress stumpfen wir ab und sind abgeschnitten von diesen Quellen.

Stress und Exzess

Wer sich von der Freude und dem Genuss an den kleinen Dingen des Lebens abgeschnitten fühlt, sucht gern starke Reize in Form von exzessivem Genuss – sei es beim Sex, beim Essen oder Trinken, beim Spielen oder beim Konsumieren von TV, Internet, Computer-Spielen usw. Es ist gar nicht so selten, dass Stress und Genusssucht gemeinsam auftreten. Stress lässt einen leicht das gute Maß aus den Augen verlieren, man isst im Übermaß, trinkt zu viel, raucht exzessiv, nimmt Drogen, zeigt sexsüchtiges Verhalten, verliert sich im Rausch von Spiel und Fantasie. Mit Genussfähigkeit hat das nichts zu tun. Meist genießen diese Menschen ihre Ausschweifungen auch nicht. Ist der Reiz verpufft, der Rausch verflogen, plagen sie sich mit Schuldgefühlen, machen sich Vorwürfe, weil sie ihre Impulse nicht kontrollieren konnten und ihre Werte mit Füßen traten – und fühlen sich schlechter als vorher.

So wird Genussfähigkeit durch Stress doppelt beeinträchtigt: einerseits dadurch, dass viele Quellen der Freude und des Genusses wegfallen. Anderseits durch Übermaß, Gier und unbeherrschten Konsum. Genuss ist an und für sich ein Gegenmittel zu Stress – umgekehrt lassen sich Genuss und Stress nicht vereinen.

HINWEIS *Notwendig für eine gesunde Genussfähigkeit sind weder Askese noch Überfluss und Üppigkeit, und schon gar nicht zügelloser Konsum. Auch Luxus ist weder ein Hindernis noch eine Voraussetzung für Genuss.*

140

Ein alter Grieche als Stressexperte

Kaum zu glauben: Bereits vor rund 2300 Jahren lebte ein wahrer Stressexperte, der griechische Philosoph Epikur. Heute verbindet man den Namen fälschlicherweise oft mit ungezügeltem materiellem Genuss, üppigen Mahlzeiten, Sex, Luxus. Doch Epikurs Verständnis von Genuss war ein anderes: Er ging davon aus, dass alle Lebewesen nach Lust streben. Und unter Lust verstand er die Abwesenheit von körperlichem Schmerz und das Freisein der Seele von Unruhe, Angst, Kummer und Verwirrung.

Dabei beurteilte er lediglich zwei Seiten: Es gab für ihn nur Unlust und Lust – nicht aber eine Steigerung von Lust. Sind die elementaren (in der Sprache Epikurs die natürlichen und notwendigen) Bedürfnisse wie etwa Hunger und Durst gedeckt, so bedeutet das bereits Lust – und mehr Lust geht nicht. Fülle und Luxus sind nicht nötig, um zufrieden und glücklich zu sein. Erfüllt ist man, wenn man das hat, was man braucht. Und vor allem nicht nach mehr strebt, als man braucht.

Mit Vernunft zum Genuss

Epikur empfahl keineswegs, wahllos jeden Genuss mitzunehmen, der sich präsentiert. Er warb im Gegenteil für eine ganz andere Art, Lust zu empfinden: Freuden sollen durchaus auch mal gemieden werden, wenn sie größere Unannehmlichkeiten – sprich: Stress – mit sich bringen könnten. Andererseits sind Schmerzen auch mal auszuhalten, wenn sich dadurch eine größere Freude ergeben kann. Gefragt ist ein Vergleichen und Abwägen der Vor- und Nachteile. Epikur sprach sich außerdem dafür aus, die eigene Seelenruhe zu bewahren, indem man Unsicherheiten aus dem Weg geht und mehr oder weniger im Verborgenen lebt. Er selbst lebte zurückgezogen in einem kleinen Garten außerhalb Athens und philosophierte dort mit seinen Schülern.

Sehr viel Wert legte Epikur auf die Vernunft. Sie war für ihn das größtes Gut, weil aus ihr alle übrigen Tugenden erwachsen: Es gebe »kein angenehmes Leben (…), wenn es nicht vernünftig, gut und gerecht ist, und auch kein vernünftiges und gutes und gerechtes, das nicht angenehm ist«. Damit drückte er vor zwei Jahrtausenden bereits den Gedanken aus, dass es sich lohnt, Werte zu respektieren (mehr dazu siehe Seite 228).

Bleibende Weisheit

Mit seiner Philosophie erweist sich Epikur als ungeheuer modern. Sein Lob der Genügsamkeit und der Vernunft, sein Ruf nach einem Leben im Verborgenen: Das ist eine Absage an Luxus, an Status und Macht – also an die Dinge, die fast zwangsläufig Stress verursachen, wenn wir versuchen – nur um diese Dinge (auch) zu haben – sie uns zu zu verschaffen. Dennoch verordnet Epikur aber nicht bedingungslose Askese. Er stellt lediglich nüchtern fest, dass »diejenigen den Luxus am besten genießen, die ihn am wenigsten nötig haben«. Gerade dadurch, dass sie genügsam sind und sich auch mal freiwillig einschränken, können solche Menschen auch aus kleinen Dingen den vollen Genuss ziehen.

Wie gelingt es, so zu leben? Notwendig sind bewusstes Handeln und viel Aufmerksamkeit für den Moment – Anforderungen, die in direktem Widerspruch stehen zu unserem schnelllebigen Dasein, das uns nonstop im Hamsterrad gefangen hält und für Stress sorgt, wenn wir es zulassen. Wie bei allen Stressmomenten spielt auch hier die Zeit eine große Rolle: Richten wir unsere volle Aufmerksamkeit auf den Augenblick, »entwischen« wir dem Zeitfluss ein wenig und schlagen so dem zeitlichen Druck ein Schnippchen. Gelingt uns das, dann ist bereits eine Menge Stress im Keim erstickt. Denn die totale Bezogenheit auf den Augenblick ist mit Stress nicht zu vereinbaren – aus dem einfachen Grund: Wir ärgern oder grämen uns dann nicht über Vergangenes und können uns auch nicht um die Zukunft sorgen. Das ist die hohe Schule der Achtsamkeit, die sich als Methode zur Stressbewältigung trainieren lässt.

Der Drang nach mehr

Eine große Quelle von Stress sind zudem Begierden, Ansprüche und Forderungen. Kurz: immer mehr zu wollen, nicht zufrieden zu sein mit dem, was man hat. Wie schon der altbekannte Vers vom »Hansdampf im Schneckenloch« so treffend beschreibt (»… und was er will, das hat er nicht, und was er hat, das will er nicht« …), machen Ansprüche und Begierden unglücklich, undankbar und rastlos. Darum empfahl Epikur, dass wir unsere Begierden zügeln sollten. Denn aus dem Wunsch nach mehr – mehr zu besitzen, noch besser zu sein, noch schöner zu sein, nicht zu altern – erwächst konstanter Stress. Wenn wir uns hingegen begnügen können, wird es uns gelingen, uns an dem, was wir haben, zu freuen, anstatt dem nachzutrauern, was wir nicht haben.

SELBSTTEST: LEISTUNGS-, LIEBES-, GENUSSFÄHIGKEIT

Kreuzen Sie im folgenden Test das Zutreffende an und zählen Sie dann Ihre Punkte in den drei Bereichen einzeln zusammen:

	1 Trifft gar nicht zu	2 Trifft nicht zu	3 Trifft eher nicht zu	4 Trifft eher zu	5 Trifft zu	6 Trifft voll und ganz zu
Leistungsfähigkeit						
Ich gehe meinen täglichen Aufgaben mit Freude und Elan nach.	☐	☐	☐	☐	☐	☐
Ich kann fokussiert und konzentriert arbeiten.	☐	☐	☐	☐	☐	☐
Ich bin auch unter Stress belastbar.	☐	☐	☐	☐	☐	☐
Meine Motivation hält an, auch wenn es zwischendurch mal schwierig wird.	☐	☐	☐	☐	☐	☐
Ich kann Prioritäten setzen und mich abgrenzen.	☐	☐	☐	☐	☐	☐
Ich trotze auch stürmischen Zeiten und bleibe leistungsstark.	☐	☐	☐	☐	☐	☐
Liebesfähigkeit						
Gute Freundschaften stärken mich.	☐	☐	☐	☐	☐	☐

143

	1 Trifft gar nicht zu	2 Trifft nicht zu	3 Trifft eher nicht zu	4 Trifft eher zu	5 Trifft zu	6 Trifft voll und ganz zu
Ich kann mein Herz für meinen Partner ganz öffnen.	☐	☐	☐	☐	☐	☐
Mir nahestehende Menschen bedeuten mir viel.	☐	☐	☐	☐	☐	☐
Ich bin offen für andere, lasse sie an mich heran.	☐	☐	☐	☐	☐	☐
Ich spüre die Zuneigung und Liebe, die andere mir schenken.	☐	☐	☐	☐	☐	☐
Ich kann emotionale Nähe und Geborgenheit zulassen.	☐	☐	☐	☐	☐	☐
Genussfähigkeit						
Ich bin offen für die kleinen Freuden des Alltags.	☐	☐	☐	☐	☐	☐
Sinnliche Erlebnisse – Düfte, Berührungen, Musik usw. – verschaffen mir Entspannung oder Glücksgefühle.	☐	☐	☐	☐	☐	☐
Ich kann mich erholen, kann genießen.	☐	☐	☐	☐	☐	☐
Genuss ist für mich wichtiger als Konsum.	☐	☐	☐	☐	☐	☐

144

	1 Trifft gar nicht zu	2 Trifft nicht zu	3 Trifft eher nicht zu	4 Trifft eher zu	5 Trifft zu	6 Trifft voll und ganz zu
Ich kann die Seele baumeln lassen.	☐	☐	☐	☐	☐	☐
Ich kann Freude, Genuss und Glück empfinden.	☐	☐	☐	☐	☐	☐

Auswertung:

Zählen Sie Ihre Punktzahl pro Bereich zusammen. Erreichen Sie einen Wert von 25 und mehr, sind Sie im betreffenden Bereich gut aufgestellt. Werte darunter zeigen an, dass Handlungsbedarf besteht, dass Sie in diesem Bereich aktiv werden sollten.

Weisen Sie in allen drei Bereichen niedrigere Werte auf, dann sollten Sie generell überlegen, woran das liegt, und bei Bedarf professionelle Unterstützung suchen.

Wenn Sie nur im Leistungsbereich souverän und leistungsstark sind, jedoch Ihre Liebes- und Genuss-fähigkeit eingeschränkt sind, stimmt vermutlich etwas nicht. Vielleicht neigen Sie dazu, mit ihrem Verhalten etwas zu kompensieren. Und bewerten dadurch die Leistungsfähigkeit über und die wichtigen Bereiche der Liebes- und Genussfähigkeit unter.

7

BEWUSSTE LEBENSFÜHRUNG

Stressresistenz ist auch eine Frage der Lebensführung. Gesunde Ernährung, ausgleichende Aktivitäten, Zeit und Muße für sich selbst und andere: Im Stresshaus entsprechen diese Dinge den Leitungssystemen für Wasser, Heizung und Elektrizität. Sie versorgen das ganze Gebäude und machen es erst richtig wohnlich.

Zeit zählt

Chronischer Zeitmangel, wie er unter Stress typisch ist, beeinträchtigt das Leben auf allen Ebenen. Zeit wird nicht nur für Familien- und Erwerbsarbeit benötigt, sondern auch für die schönen Dinge des Lebens – und zwar reichlich.

Zeit entspricht im Modell des Stresshauses der Energie in Form von Elektrizität. Rund um die Uhr zuverlässig verfügbarer Strom ist heute für uns so selbstverständlich, dass ein Stromausfall zu einem – meist stressigen – Ereignis wird. Genau wie der Umgang mit Elektrizität ist auch der Umgang mit Zeit meist keine sehr bewusste Angelegenheit. Einigkeit besteht nur in der Tatsache, dass es Stress bedeutet, wenn die Zeit fehlt. Tatsächlich ist sie aber auch für alle Formen von Stressprävention und Stressbewältigung entscheidend. Zeit spielt in allen Lebensbereichen eine Rolle: Zeit für den Partner, Zeit für die Kinder, Zeit für Freunde, Kollegen, Zeit für Entspannung, Zeit für körperliche Aktivitäten, Zeit für Musisches und Kreatives, Zeit, den Gedanken nachzuhängen. Und, ganz wichtig: Zeit für sich.

HINWEIS *Die Ausrede »Ich habe keine Zeit« ist eben tatsächlich eine. Denn das, was uns wirklich wichtig ist, findet immer Platz. Oft ist das auch nur eine Frage von bewusster Prioritätensetzung und umsichtiger Planung.*

Ein dehnbarer Begriff

Zeit ist einerseits etwas Messbares, zugleich ist sie in der Empfindung jedes Einzelnen und je nach Moment aber auch etwas völlig Relatives. Manchmal zieht sich etwas »ewig« hin, dehnt sich, vergeht nicht. Manchmal vergeht die Zeit »wie im Flug« – und manchmal vergessen wir die Zeit total, zum Beispiel wenn wir in einer Tätigkeit vollkommen aufgehen. Solche Momente sind besonders geeignet dafür, sich dem stressigen Alltag zu entziehen.

148

Zum Überlegen: Mein Umgang mit Zeit

■ Wann haben Sie das letzte Mal gesagt, Sie hätten keine Zeit? Was war der Grund?

■ Wann haben Sie sich das letzte Mal ganz bewusst für jemanden, für etwas Zeit genommen? Wieso ging es da auf einmal?

■ Und wann waren Sie das letzte Mal so in eine Tätigkeit vertieft, dass Sie der Zeit entrückt waren und sie vergessen haben? Was war daran speziell?

Zeit für die Kinder

Wie entscheidend der Faktor Zeit ist, zeigt sich schon ganz zu Beginn des Lebens, in der Babyphase eines Menschen. Im Kapitel »Bindung und Selbstwertgefühl« (Seite 93) haben wir Ihnen gezeigt, wie wichtig es ist, dass ein Säugling von seiner Bezugsperson das bekommt, was es braucht, damit er eine gute Bindung aufbauen kann. Dafür ist viel Zeit notwendig. Denn die Zeit, die eine Person mit dem Baby verbringt, entscheidet mit darüber, mit welcher Treffsicherheit sie seine Signale interpretieren kann – und somit darüber, wie hoch die Bindungssicherheit des Säuglings sein wird. Nur wer ausreichend Zeit mit einem Säugling verbringt, wird über genügend »Verhaltensstichproben« verfügen, um an seinen Äußerungen zu erkennen, ob er hungrig ist, ob er verunsichert ist und Angst hat, ob er herumgetragen werden möchte, ob er müde ist oder einen wunden Po hat. Die meisten Personen werden erkennen, dass einem Baby etwas fehlt. Aber nur die, die mit ihm vertraut sind, werden wissen, was ihm fehlt. Wer ein Kind nur hin und wieder betreut, der wird nicht über die notwendige Vertrautheit und diese speziell auf das Baby bezogene Erfahrung verfügen, um mit ganz empfindsamen »Antennen« zu reagieren und seine Signale richtig deuten zu können.

Ein gutes Selbstwertgefühl und eine sichere Bindung sind somit unter anderem ein Produkt der investierten Zeit. Und daraus leitet sich ab, dass dies auch rein mengenmäßig gemeint ist. Kinder brauchen nicht ab und zu einen spektakulären Tag. Sie brauchen, dass ihre Bezugsperson täglich Zeit für sie hat. Und natürlich sollte diese Zeit qualitativ möglichst gut sein, indem man versucht, auf das Kind und seine Bedürfnisse einzugehen. Sich ihm zuwendet und mit ihm Dinge tut, die beiden Spaß machen.

Zeit für den Partner

Eines der tragenden Elemente einer Partnerschaft ist das Wir-Gefühl: das Gefühl, dass man mit dem Partner zusammen eine unzertrennliche Gemeinschaft bildet. Nicht alle Paare brauchen dieses Gefühl der Zusammengehörigkeit im gleichen Maß. Doch eins gilt für alle: Ohne ausreichend gemeinsam verbrachte Zeit ist ein Wir-Gefühl nicht zu haben. Zeit ist notwendig für gemeinsame Unternehmungen und Erfahrungen, für den Austausch und auch dafür, Schwierigkeiten gemeinsam zu meistern. Nur wenn man ausreichend Zeit füreinander hat, kann Nähe und Intimität entstehen. Nur dann traut man sich, Dinge zur Sprache zu bringen, die unter Zeitdruck nicht angesprochen werden. Nur dann entsteht eine gewisse Tiefe der Begegnung.

HINWEIS *Zeit haben für jemanden bedeutet, dass dieser Jemand wichtig ist. Das gilt nicht nur für Kinder jeden Alters und für den Partner; es gilt ebenso für Freunde, für Eltern, Geschwister usw.*

Zum Überlegen: Zeit für andere
- Wie wichtig ist das Wir-Gefühl in Ihrer Partnerschaft?
- Entspricht die Zeit, die Sie sich beide füreinander nehmen, dieser Wichtigkeit?
- Wenn nicht: Woran liegt es?
- Wie könnten Sie die Situation verändern?
- Wie viel Zeit wenden Sie für andere Personen als den Partner auf, die Ihnen wichtig sind?

Zeit, um anderen Wertschätzung zu geben

Wertschätzung stärkt die Widerstandskraft gegen Stress (siehe Seite 112) – und dabei spielt wiederum der Faktor Zeit eine entscheidende Rolle. Es ist ganz einfach: Wer keine Zeit hat, kann sich seinen Mitmenschen auch nicht zuwenden – im wortwörtlichen Sinne. Und Offenheit, Interesse und Zuwendung sind notwendig, um Anerkennung auszudrücken. Denn echte Wertschätzung passiert nicht im Vorbeigehen oder zwischen Tür und Angel. Es muss im eigenen Tun einen Moment innegehalten werden, um die Kinder, die Kollegen, den Partner usw. bewusst wahrzunehmen, ihr Tun zu realisieren und zu würdigen. Es wird ein Moment des Sich-Zuwendens gebraucht – ein kostbarer Moment Ihrer Zeit.

CHRONOS UND KAIROS

Die Zeit wurde bei den alten Griechen durch zwei Götter repräsentiert: Chronos und Kairos. Chronos stand für die fließende Zeit, für die Vergänglichkeit und Endlichkeit, aber auch für die messbare Zeit, die mithilfe von Uhren bestimmt werden kann. Hier geht es vor allem um die Quantität: Wie viel Zeit habe ich, wie viel Zeit bleibt mir?

Kairos dagegen stand für die günstige Zeit, den flüchtigen Augenblick des richtigen Moments. Dieser Gott wurde mit langem Haar vorn dargestellt, am Hinterkopf hatte er eine Glatze oder kurzes Haar. Denn wer nicht schnell genug zugriff und den richtigen Augenblick beim Schopf packte – eben am Fronthaar –, der kriegte nichts mehr zu fassen, weil ein Zupacken am Hinterkopf unmöglich war. Kairos kommt unangekündigt – und er ist schnell wieder weg. Zwar mag es ein guter und wichtiger Vorsatz sein, sich immer an einem bestimmten Tag oder zu einem festgelegten Zeitpunkt Zeit für eine bestimmte Person oder Aktivität zu nehmen. Doch Kairos ist nicht einplanbar. Bleiben Sie daher auch offen für den günstigen Augenblick, packen Sie Kairos! Nehmen Sie sich Zeit, wenn ein Kind Ihnen etwas zeigen will, halten Sie inne, wenden Sie sich ihm zu. Halten Sie inne, wenn der Partner Sie braucht, mit Ihnen einen wichtigen Moment teilen möchte oder einfach Nähe und Zärtlichkeit sucht. Wenn ein Kollege einen Ratschlag von Ihnen möchte, wenn ein Freund Sie sucht oder einfach auch jemand, dem Sie eigentlich Zeit schenken möchten.

Zeit gehört zu den wertvollsten Geschenken, die wir heute jemandem machen können. Schaffen Sie sich Inseln dafür. Und denken Sie dabei auch an sich: Denn wir können anderen nur schenken, was wir selbst in uns drinnen haben. Wir können für andere nur da sein, wenn wir selbst im Lot mit uns sind, wenn es uns gut geht. Dafür brauchen wir auch immer wieder Zeit, um uns zu erholen. ■

TIPP *Es ist nicht schwierig, in den Alltag bewusst mehr solcher Momente einzubauen. Tun Sie es, denn ein kleines bisschen gilt bei jeder Form des Miteinanders auch die alte Regel: Wie man in den Wald ruft, so schallt es wieder heraus. Wenn Sie sich Zeit für andere nehmen, nehmen die sich in aller Regel auch Zeit für Sie.*

Ernährung und stressausgleichende Aktivitäten

Die Ernährung entspricht im Stresshaus der Wasserversorgung. Wie Wasser ist Nahrung lebenswichtig. Die Heizungsrohre stehen für stressausgleichende Aktivitäten, die einfach gut tun. Dazu gehören Bewegung und Entspannung, aber auch Hobbys, Muße, soziale Kontakte.

Was einfach und selbstverständlich klingt, ist es für die allermeisten Menschen gerade nicht: Gut zu sich selbst zu sein, auf das eigene Seelenheil und die eigene Gesundheit zu schauen, zum Beispiel bei der Ernährung.

Vermutlich überprüfen nur wenige von uns am Morgen nach dem Aufstehen, wie es ihnen geht, und sind bewusst dankbar dafür, dass sie gesund sind. Aufmerksam wird man erst, wenn etwas nicht mehr funktioniert, Wenn man sich krank und elend fühlt oder wenn das Gewicht Anlass zur Sorge gibt.

Gesundheit ist meistens so lange selbstverständlich, bis wir eines anderen belehrt werden. Das ist beim Leitungssystem des Stresshauses nicht anders. Es ist wie in jedem Gebäude in Böden, Wänden und Decken verborgen. Und wir gehen davon aus, dass es schlicht und einfach funktioniert: Das Licht geht an, wenn wir den Schalter drücken; Wasser fließt, wenn wir den Hahn aufdrehen; und auch die Heizung wärmt, wenn sie angeschaltet ist. Dass diese Systeme gepflegt und unterhalten werden müssen, realisieren wir häufig erst, wenn Schäden auftreten.

HINWEIS *Das kann Ihnen niemand abnehmen: Es liegt in Ihrer persönlichen Verantwortung, dass Strom, Wasser und Wärme auf allen Etagen Ihres Stresshauses verfügbar sind. Damit das Leitungssystem gut in Schuss bleibt, braucht es dauerhaft Hege und Pflege.*

Anti-Stress-Ernährung

Eine ausgewogene Ernährung hält Sie fit und leistungsfähig. Das heißt nun nicht, dass Sie sich kasteien müssen. Pizza, Hamburger und anderes praktisches Fastfood sind weiterhin gelegentlich drin – es sollten nur einfach nicht Ihre Hauptnahrungsmittel sein.

Vermutlich kennen Sie die Grundregeln für eine gesunde Ernährung, wie sie die Lebensmittelpyramide der Deutschen Gesellschaft für Ernährung veranschaulicht (wenn nicht, finden Sie eine Abbildung unter www.dge.de): viel trinken, vor allem Wasser, ungesüßten Tee und ungezuckerte Getränke; die berühmten »Fünf am Tag«, also fünf Portionen Früchte und Gemüse; mäßig Kohlenhydrate (Getreideprodukte, Kartoffeln) und Eiweißquellen (Fleisch, Milchprodukte, Fisch); wenig Fett und noch weniger Süßigkeiten, Chips, Alkohol.

TIPP *Sie schaffen die Fünf am Tag nicht? Machen Sie keinen Stress daraus. Probieren Sie es einfach weiterhin. Und seien Sie stolz auf jede Portion Gemüse und Früchte, die Sie mit Genuss essen. Denn auch eine, zwei oder drei Portionen sind besser als keine. Und übrigens: Es dürfen auch Trockenfrüchte oder hin und wieder ein Fruchtsaft sein.*

Nahrungsmittel, die gut sind für Sie

Sie erinnern sich: Im Kapitel »Wie Stress die Gesundheit schädigt« steht, wie sich Stress auf Körper und Psyche auswirkt und welche ungünstigen gesundheitlichen Folgen er haben kann (siehe ab Seite 73). Nicht zuletzt fördert Stress, genauer das Stresshormon Kortisol, die Fetteinlagerung am Bauch. Genau dort ist Fett aber besonders ungesund.

Mit einer vernünftigen Ernährung können Sie Stress nicht nur vorbeugen. Sie können in stressigen Zeiten auch gezielt so essen, dass Sie dem Stress entgegenwirken. Hier einige Tipps:

- Genügend trinken. Ein Flüssigkeitsmangel macht Sie müde und geistig weniger leistungsfähig. Ideal sind Wasser und ungesüße Tees.
- Lebensmittel mit viel Magnesium essen. Der Mineralstoff schützt Herz und Nerven, er fördert die Muskelentspannung und dämpft vegetative Erregungszustände. In Stresszeiten wird mehr Magnesium aus dem Körper ausgeschieden – gerade dann also, wenn Sie den Stoff am nötigsten

153

haben. Das Anti-Stress-Mittel schlechthin ist nur in wenigen Lebensmitteln gut vertreten, das bekannteste ist die Banane. Aber auch grünes Gemüse, Vollkornprodukte, (Erd-)Nüsse, Haferflocken, Bohnen und andere Hülsenfrüchte, Spinat, Fisch und Fleisch liefern es. Und es gibt Mineralwässer, die über einen beachtlichen Magnesiumgehalt verfügen.

- Zink ist für die Nerven ebenfalls wichtig, außerdem beeinflusst es das Immunsystem. Kürbiskerne und Sesam sind ideale Lieferanten, ebenso Fleisch.
- Kalzium wirkt beruhigend auf die Nerven. Es ist in Milch und Hartkäse, aber auch in gewissen Mineralwässern reichlich vorhanden.
- Wenn Sie Kohlenhydrate essen, wählen Sie solche, die langsam ins Blut übergehen, z.B. Vollkornprodukte. Kohlenhydrate wie Weißbrot und Nudeln gehen schnell ins Blut über und sorgen für einen raschen Anstieg des Blutzuckerspiegels. Das gibt Ihnen zwar einen Powerschub. Doch der anschließende Abfall des Blutzuckerspiegels ermüdet Sie umso mehr. Dann geht das Spiel von vorn los – ein ungesundes Auf und Ab. Für eine konstante Leistungsfähigkeit ist es besser, den Blutzuckerspiegel möglichst stabil zu halten.
- Essen Sie zweimal pro Woche eine Fischmahlzeit. Besonders geeignet sind Kaltwasserfische (Lachs, Hering, Makrele, Sardinen, Sardellen, Thunfisch, Forelle), weil sie viele wertvolle Omega-3-Fettsäuren liefern. Diese senken nicht nur den Blutdruck und schützen vor Herz-Kreislauf-Krankheiten, sondern wirken sich auch positiv auf das allgemeine Befinden aus.
- Nehmen Sie täglich eine Extraportion Vitamin C zu sich. Das ist reichlich enthalten in frischen Produkten wie Paprika, Zitrusfrüchten, Kiwi und in Fruchtsäften. Auch Vitamin E ist wichtig, es kommt in Pflanzenölen wie Weizenkeimöl, Raps- und Olivenöl vor, ebenso in Weizenkeimen und Vollkornprodukten. Fertig-Präparate sind nicht empfehlenswert.
- Versorgen Sie sich ausreichend mit Nahrungsmitteln, die Ihren Serotoninspiegel hoch halten. Serotonin ist ein wichtiger Botenstoff, der fürs Wohlbefinden sorgt. Damit Ihr Organismus ihn herstellen kann, benötigen Sie Proteine aus Milch und Milchprodukten, Soja, Fisch, Fleisch und Geflügel, die Sie mit Kohlenhydraten kombinieren. Kurzfristig erfüllt auch ein Stück schwarze Schokolade den Zweck – und sie enthält als Plus auch gleich noch Magnesium und andere Stoffe, die der Laune gut tun.

TIPP *Unter Druck isst man gern schnell, was für den Magen und die Verdauung eine Belastung ist. Versuchen Sie, dem entgegenzuwirken: Machen Sie aus Ihren Mahlzeiten oder Snacks bewusst jedes Mal eine kleine Meditation. Tun Sie nichts nebenbei. Essen Sie langsam und bewusst, kauen Sie lange und gründlich. Konzentrieren Sie sich ganz aufs Essen und genießen Sie es. So tun Sie sich rundum etwas Gutes.*

Anti-Stress-wirksam ist es auch, wenn Sie so oft wie möglich mit Ihrer Familie, mit Ihrem Partner oder mit guten Freunden essen und aus diesen Mahlzeiten ein kleines Festessen machen. Egal, was sonst in Ihrem Leben gerade passiert: Ein schön gedeckter Tisch, eine entspannte Atmosphäre und die Gesellschaft Ihrer Lieben – das verbindet und verschafft Ihnen eine Oase der Ruhe.

Das verstärkt den Stress

In Stresszeiten ist es schon fast ein Reflex, zu Genussmitteln zu greifen, in der Meinung, sie würden einem helfen, »herunterzufahren«. Es ist sicher nichts dagegen einzuwenden, wenn Sie sich gern bei einem guten Glas Wein entspannen. Allerdings: Maßhalten ist ein Muss. Denn Alkohol fördert die Ausscheidung von Magnesium – dem Stoff, der Ihre Nerven »schmiert«. Das bringt mitunter Kopfschmerzen und Müdigkeit mit sich – ein unerwünschter Effekt, ganz besonders in Stresszeiten. Auch Nikotin hilft nicht wirklich. Wie Stress greift es die Blutgefäße an. Beide Substanzen bergen obendrein Suchtpotenzial.

Und wie steht es mit Kaffee, schwarzem Tee, Energy Drinks? Koffeinhaltige Getränke beschleunigen Denkprozesse und hellen kurzfristig die Stimmung auf. Allerdings erhöhen sie auch den Blutdruck. Und der ist in Belastungsphasen sowieso schon höher als üblich. Kaffee bewirkt außerdem eine verstärkte Ausschüttung von Magensäure, was bei empfindlichen Menschen zu Magenbeschwerden und Sodbrennen führen kann. Maßhalten ist also auch hier angesagt.

Was sonst noch gut tut

In Zeiten von Stress neigen viele Menschen dazu, auf die Aktivitäten zu verzichten, die ihnen gut tun und die sie stärken. Die Joggingrunde fällt aus, das allwöchentliche Abendessen im Freundeskreis wird verschoben, das Musikinstrument in die Ecke gestellt, für gute Literatur oder einen spannenden Film reicht es auch nicht mehr. Dauert der Stress nur kurz, kann es eine sinnvolle Bewältigungsstragie sein, die Interessen eine Weile zurückzustecken. Doch beim schädlichen chronischen Stress ist diese Taktik nicht zweckmäßig: Gerade in solchen Zeiten ist es doppelt wichtig, sich zwischendurch etwas Gutes zu tun und für einen Ausgleich zu sorgen. Entspannung, Freude und Genuss machen den Stress erträglicher und schwächen den Alltagsstress ab.

Beispiele für Aktivitäten zum Stressausgleich sind:

- musisch-kreative Aktivitäten (Singen, Musik hören, Musizieren, Malen, ins Theater oder Kino gehen usw.)
- Sport und Bewegung (Tanzen, Joggen, Rudern usw. – mehr zu diesem Thema auf der folgenden Seite)
- soziale Aktivitäten (Freunde treffen, plaudern usw.)
- geistige Aktivitäten (Schach, Lesen, Knobeln usw.)
- Meditation, Spiritualität
- Sex
- Wellness
- Faulenzen
- Kulinarisches (Kochen, Essen usw.)

Zum Überlegen: Meine stressausgleichenden Aktivitäten
- Welche der oben aufgezählten Dinge mögen Sie?
- Welche haben in Ihrem Leben einen fest eingeplanten Platz?
- Welche Aktivitäten könnten Sie ausbauen, gerade auch in Stresszeiten?

Das Allerwichtigste bei allen Tätigkeiten, die Stress mindern können, ist: Sie dürfen nicht selbst zu Quellen von Stress werden, sondern sollen schlicht und einfach Freude, Lust und Spaß machen. Hektik und Zeitdruck sind absolut nicht sinnvoll, auch Leistungsdruck hat hier nichts verloren. Denn Druck macht die Wirkung dieser Aktivitäten, die ja Stress mindern sollten, komplett zunichte.

TIPP *Wie bei allen schönen Dingen des Lebens gilt: Pflegen Sie sie regelmäßig – am besten leiten Sie die guten Gewohnheiten schon in die Wege, wenn Sie nicht unter äußerstem Stress stehen. Machen Sie sie zu einem festen und regelmäßigen Bestandteil Ihres Lebens. Denn was sich erst einmal eingeschliffen hat, lässt sich in Zeiten der Belastung leichter pflegen als Dinge, die Sie ganz neu anpacken müssen.*

Bewegung, Bewegung

Bewegungsmangel ist ungesund – die Evolution hat uns Menschen einfach nicht dafür gemacht, auf dem Bürostuhl zu sitzen. Kommt Stress hinzu, stellt der Organismus eine extra Portion Energie bereit (siehe Kapitel »Wie Stress die Gesundheit schädigt«, Seite 73). Doch seit Mammuts und Säbelzahntiger ausgestorben sind und wir ein zivilisiertes Leben führen, haben Jagd und Kampf gegen Gefahren ihren Sinn verloren. In unserer von Dienstleistungen geprägten Welt sind wir weitgehend Mitglieder einer sitzenden Gesellschaft. Und mit einem Gen, das uns zu regelmäßiger Bewegung verführt, hat die Natur uns leider nicht ausgestattet. Im Gegenteil: Unsere Vorfahren in den Höhlen waren sinnvollerweise darauf programmiert, mit ihrer Energie sparsam umzugehen – und diese Veranlagung wirkt heute noch nach, auch wenn das nun eher ein Nachteil ist.

Wohin also mit all der Power? Es muss nach Möglichkeiten gesucht werden, um die im Übermaß vorhandene Energie – ganz wörtlich – wieder aus dem Leib zu kriegen. Am erfolgreichsten klappt das mit Sport und Bewegung im Alltag. Damit geben Sie Ihrem Körper im Grunde genommen nur das, was er sowieso braucht. Regelmäßige körperliche Aktivität wirkt in vielfältiger Weise stressvorbeugend und –abbauend:

- Sie verbessert das Körpergefühl ganz allgemein.
- Sie senkt den Blutdruck sowie den Blutfett- und Blutzuckerspiegel.
- Sie sorgt für eine verbesserte Durchblutung des Gehirns und dadurch für eine erhöhte geistige Fitness.
- Sie kräftigt Bänder und Sehnen und dient dem Aufbau von Muskelmasse. Das wirkt vorbeugend gegen Rückenschmerzen und Haltungsschäden.
- Sie kräftigt Herz und Lunge.

- Sie stärkt das Immunsystem.
- Sie stärkt das vegetative Nervensystem (Blutdruck, Verdauung, Stoffwechselprozesse).
- Sie verbessert die Schlafqualität.
- Sie verbessert das Wohlbefinden, indem stimmungsaufhellende Stoffe (Endorphine) ausgeschüttet werden. Das wirkt entspannend. Außerdem werden Verspannungen und Druck abgebaut.
- Sie wirkt Ängsten und Depressionen entgegen.
- Sie beugt Übergewicht vor.
- Sie sorgt für ein rundum besseres Selbstwertgefühl.

TIPP *Gut zu wissen im Zusammenhang mit Stress: Körperliche Tätigkeiten wie Bewegung und Sport sind ein ausgezeichnetes Mittel, um die eigene Selbstwirksamkeit zu erleben und zu stärken. Wie wichtig die Überzeugung ist, selbst etwas bewirken und Situationen aktiv beeinflussen zu können, lesen Sie auf Seite 187.*

Ich weiß ja, dass ich sollte

Sie wissen nun, welche vielfältigen Vorteile körperliche Aktivität hat – oder wussten das schon vorher. Aber reicht dieses Wissen auch aus, um Sie ausreichend zu motivieren, wenn Sie sich bisher (zu) wenig bewegt haben? Wahrscheinlich nicht. Zumal es ja darum geht, dem Stress entgegenzuwirken. Es wäre also völlig widersinnig, wenn Sie sich nun in der Freizeit auch noch unter Druck setzen und einem Leistungsziel hinterherhecheln würden. Im Gegenteil: Das Lösungswort heißt Spaß und Erholung. Wenn das fehlt und Sie nicht über eine eiserne Selbstdisziplin verfügen, werden Sie nicht lange am Ball bleiben – und das ist ganz normal.

HINWEIS *Zwischen Wissen und entsprechendem Handeln besteht eine Kluft. Über diese Kluft führt eine Brücke, sie heißt Motivation und Freude.*

Zum Überlegen: Mein Körpergefühl
- Wann haben Sie sich das letzte Mal nach einer körperlichen Anstrengung rundum wohlig müde, entspannt und zufrieden gefühlt?

- Wie kriegen Sie dieses Gefühl hin? Kennen Sie mehrere Varianten (z.B. Vereins- oder Mannschaftssport, eine Familienwanderung, Tanzen, ein ausgedehnter Spaziergang mit einem guten Freund am Sonntagmorgen, alleine Joggen, Walken mit anderen, Radfahren mit den Kindern, Rudern, Schwimmen)?
- Welches ist Ihre Lieblingsvariante?
- Wie könnten Sie sich selbst ein Schnippchen schlagen, um regelmäßig zu Sport und Bewegung zu kommen? Beispiele: einem Verein beitreten, in einem Kurs eine neue Sportart erlernen, sich regelmäßig und verbindlich mit einem Kollegen verabreden usw.

Bedenken Sie: Das Letzte, was Sie brauchen, ist zusätzlicher Stress in der Freizeit. Ausgleich und Erholung sind gefragt, damit Sie Ihre Batterien wieder aufladen können! Deshalb sind Bewegung und Sport zwar wichtig, aber wirklich nur richtig, wenn Sie »Ihr Ding« machen, mit Freude daran gehen und sich danach einfach gut fühlen. Richten Sie sich nicht danach, was andere tun. Oder welche Sportarten gerade im Trend sind oder als besonders gesund gelten. Sondern danach, was Ihnen Spaß macht. Sorgen Sie für eine gute Ausrüstung. Setzen Sie sich keine unerreichbaren Ziele. Grübeln Sie nicht über Versäumnisse nach. Konzentrieren Sie sich auf das, was Sie schaffen. Und nicht auf das, was Sie nicht erreichen können.

SILVIA G. hat durch ihre Doppelbelastung mit Beruf und Familie einen stressigen Alltag. Trotz optimaler Planung und Organisation kommt es immer wieder vor, dass die Tage sie überfordern. Um gesund zu bleiben, hat Silvia G. zwei stressausgleichende Aktivitäten fest in ihrem Leben eingeplant: Am Montagabend geht sie regelmäßig eine Stunde schwimmen. Das Wasser und die rhythmischen, harmonischen Schwimmbewegungen entspannen sie sehr. Am Donnerstagabend trifft sie sich immer mit drei guten Freundinnen zu einem Literaturabend. Dabei diskutieren sie jeweils über ein Buch, das sie alle gelesen haben. Für Silvia G. ist das pure Entspannung, sie liebt die intellektuelle Diskussion und genießt das Zusammensein mit ihren Freundinnen. Dabei wird auch viel gelacht. Nach beiden Aktivitäten fühlt Silvia G. sich jeweils gut gelaunt und ausgeglichen, der Alltagsstress ist in diesen Momenten wie weggeblasen.

159

Genussmomente gegen die Widrigkeiten des Alltags

Genuss und Verpflichtung – das ist ein Widerspruch in sich. Deshalb lässt sich Genuss grundsätzlich nicht verordnen. Das ist einerseits schade, denn manche Menschen haben große Mühe, sich etwas zu gönnen, ohne dabei ein schlechtes Gewissen zu haben (siehe auch Kapitel »Genießen können«, Seiten 138). Für sie wäre es gut, wenn man sie hin und wieder zum Ausspannen »verdonnern« könnte. Doch das funktioniert leider nicht. Denn oft sind wir mit uns selbst am strengsten. Und vordergründig gibt es ja auch eine Menge »guter« Gründe, immer in Aktion zu bleiben: Man muss arbeiten, weil die anderen schließlich auch nicht einfach frei machen; man muss arbeiten, weil noch nicht alles erledigt ist; man muss arbeiten, weil es sich so gehört usw. Solche Gedanken lassen Stress zu einem Perpetuum mobile werden – einem Ding, das immer in Bewegung bleibt und niemals stoppt.

Mini-Auszeiten genießen

So wie es die täglichen Widrigkeiten gibt, die Ihnen das Leben schwer machen, so gibt es auch jeden Tag Momente des Genusses. Manche kommen unerwartet, sind wie ein kleines Geschenk. Manche kehren regelmäßig wieder. Jeder Genussmoment ist eine Mini-Auszeit von den aktuellen Belastungen und somit ein ideales Gegengewicht gegen Stress. Solche Augenblicke können ein netter Austausch mit einem Kollegen sein; ein unerwarteter erfreulicher Anruf; ein Lob der Chefin; ein strahlendes Lächeln Ihres Babys; eine Zusage, auf die Sie schon lange gewartet haben; eine kleine spontane Unterhaltung mit einer unbekannten Person; ein feiner Geruch, der angenehme Erinnerungen wachruft; ein Musikstück, in das Sie eintauchen; die kurze, angenehme Berührung eines lieben Menschen oder eines schönen Materials; ein Spruch, der Sie zum Lachen bringt usw.

Momente des Genießens und Entspannens wirken stressreduzierend, weil es Momente sind, in denen Sie ganz im Augenblick verweilen. Die (drängende) Zeit verliert ihre Bedeutung, sie ist außer Kraft gesetzt. Genussmomente sind ein Geschenk, sie fallen Ihnen einfach zu. Sie brauchen nur noch zu registrieren, dass sich Ihnen ein solcher Augenblick präsentiert – und ihn voll auszukosten. Das bringt Sie kaum in Verzug – und schafft doch ein starkes Gegengewicht im täglichen Stress.

TIPP *Genuss lässt sich nicht verordnen. Aber Sie können trainieren, solche Momente wahrzunehmen und auszukosten. Machen Sie das in ruhigen Zeiten – so können Sie im Stress auf Gewohntes und gut Eingespieltes zurückgreifen.*

STRATEGIEN DER STRESSBEWÄLTIGUNG

8

Vermeidbaren Stress auch wirklich vermeiden und nicht vermeidbarem Stress erfolgreich zu Leibe rücken, das sind die Kernthemen im dritten Stock des Stresshauses. Hier lesen Sie auch, wie Sie als Paar Stresssituationen bewältigen können. Und wie Sie am besten bei Problemen vorgehen, die sich nicht so einfach aus dem Weg schaffen lassen.

Vermeidbaren Stress auch wirklich vermeiden

Einiger Stress lässt sich vermeiden – vor allem der, den Sie sich selbst schaffen. Und damit ist schon viel gewonnen. In diesem Kapitel steht, was Sie gegen negative Gedanken ausrichten können und wie Sie Ihre Einflussmöglichkeiten besser ausschöpfen.

In den vorigen Kapiteln haben Sie gelesen, dass Stress im Zusammenspiel zwischen äußeren und inneren Anforderungen entsteht. Sie haben auch erfahren, welche Faktoren im Zusammenhang mit dem Selbstwertgefühl, der Wertschätzung, der Arbeits-, Liebes- und Genussfähigkeit entscheidend sind für weniger Stress. Doch auch wenn Ihr Selbstwertgefühl noch so gut ist, Ihre Motivation, Kompetenzen und Leistungsfähigkeit noch so stark, Ihre sozialen Verbindungen noch so erfüllend sind – Stress wird es immer wieder geben. Dann ist es durchaus realistisch und sinnvoll, zu akzeptieren, dass Sie äußere Gegebenheiten nicht immer verändern können.

Und wie steht es mit dem Spielraum, wenn Sie manchmal an sich und Ihrem Einfluss zweifeln, in der Leistungsfähigkeit eingeschränkt sind, allein sind, sich hilflos oder ohnmächtig fühlen? In vielen Fällen ist ein Spielraum vorhanden, innerhalb dessen Sie aktiv etwas bewirken können – und sei er auf den ersten Blick noch so unbedeutend. Bedenken Sie: Viele kleine Schritte bringen Sie auch voran. Zum Ziel können folgende Strategien führen, auf die wir in diesem Kapitel eingehen:

- Kontrollüberzeugungen verändern, die Stress verschärfen (siehe nebenan)
- Gedanken verändern, die Stress verstärken (siehe Seite 168)
- eigene Erwartungen und Ansprüche auf ein machbares Niveau herunterfahren (siehe Seite 172)
- sich aufs Wesentliche konzentrieren, eigene Grenzen respektieren und »Nein« sagen können (siehe Seite 176)

Wie groß Ihr Handlungsspielraum ist, beruht auf Ihrer ganz persönlichen Wahrnehmung. Er hängt davon ab, wie Sie die Anforderungen in einer

Stresssituation bewerten und wie Sie Ihre Ressourcen, sie zu bewältigen, einschätzen (siehe Seite 42). Grundvoraussetzung für das Ausschöpfen des Spielraums ist, dass Sie der Überzeugung sind, auch tatsächlich Einfluss nehmen zu können – dass Sie also über eine sogenannte internale Kontrollüberzeugung verfügen. Wie Kontrollüberzeugungen entstehen und welche Formen es gibt, lesen Sie ab Seite 97 nach.

Kontrollüberzeugungen verändern

Im Umgang mit Stress ist es wichtig, dass Sie versuchen, die schicksalsergebene Haltung »Ich kann ja doch nichts tun« oder »Andere Menschen und das Schicksal entscheiden über mein Leben« abzulegen – nur so werden Sie handlungsfähig. Im Folgenden möchten wir Sie dabei unterstützen, solche Gedanken, die Stress verstärken, zu verändern. Das ist keine leichte Aufgabe – und eine, für die Sie sich Zeit geben sollten. Denn Kontrollüberzeugungen spiegeln die ganze bisherige Lebenserfahrung wider, sie sitzen tief im Fundament Ihres Stresshauses. Sie haben jahrelang mit dieser Einstellung gelebt, Gedanken dieser Art sind für Sie zu einem Automatismus geworden.

 TIPP *Beharrlichkeit und kontinuierliche Übung sind notwendig, damit sich in Ihrem Hirn mit der Zeit andere, förderliche Gedanken ausbilden können, die es Ihnen erlauben, aktiv einzugreifen und nicht mehr alles als von außen gegeben hinzunehmen. Bleiben Sie dran: Jede positive Erfahrung wird Sie in Ihrem Vorhaben bestärken und Ihnen helfen, Ihre ungünstige Kontrollüberzeugung zu verändern.*

Den Gedankenfluss umleiten

Vielleicht hilft Ihnen dieses Bild: Ihre gewohnten Gedanken sind wie ein Bach, der sich seit eh und je in seinem Bett bewegt. Das ist über die Jahre tiefer und tiefer, vielleicht sogar zur Schlucht geworden. Das Bett bestimmt den Weg des Wassers. Ohne Eingriff von außen wird es immer hier entlang fließen. Wenn Sie nun diesem Bach eine neue Richtung geben wollen, müssen Sie ganz am Ursprung, in der Nähe der Quelle, ansetzen und dort das Wasser in andere Bahnen leiten. Auch wenn Ihnen das gelingt, wird der Drang des Wassers, wieder den alten Lauf zu neh-

165

men, noch eine Weile lang stark bleiben. Es erfordert viel Zeit und Mühe, ständige Aufmerksamkeit und beharrliches Dranbleiben von Ihrer Seite, damit der Bach auf seinem neuen Weg bleibt – in den Bahnen, die Sie ihm bewusst vorgeben. Sie müssen immer wieder justieren und nachhelfen, denn auch in dieses neue Flussbett wird sich das Wasser zuerst eingraben müssen. Es muss sein neues Bett akzeptieren und lernen, darin zu fließen.

Das dauert seine Zeit. Doch dank Ihrer Ausdauer wird dieses Flussbett mit der Zeit immer tiefer werden – und das alte wird nach und nach austrocknen, überwuchert werden und in Vergessenheit geraten.

TIPP *Banal, aber trotzdem wahr: In stressigen Situationen aktiv zu werden und zu handeln, ist in den allermeisten Fällen einfach die bessere Möglichkeit. Erstens schieben Sie den Vorwürfen, die Sie sich im Nachhinein vielleicht machen könnten (»Hätte ich doch ...«), gleich einen Riegel vor. Zweitens: Sie kommen schneller zu einem Ergebnis. Auch wenn das nicht so ausfällt, wie Sie es sich wünschen, haben Sie es immerhin versucht – das waren Sie sich wert. Und drittens besteht nur so die Chance, dass Sie einen Erfolg erzielen, der Sie zu weiteren Taten ermutigt. Also, wagen Sie den ersten Schritt und dann den nächsten ...*

So gehen Sie vor, um Ihre Überzeugungen in neue Bahnen zu leiten

■ Tun Sie in einem ersten Schritt nichts anderes, als bewusst auf die innere Stimme zu achten, die Ihnen abspricht, Einfluss nehmen zu können und Ihnen das Gefühl der Ohnmacht vermittelt (»Ich kann das nicht«, »Meine Meinung ist nicht gefragt«, »Es nützt sowieso nichts, wenn ich ... tue«, »Die anderen zählen mehr als ich«, »Ich habe keinen Einfluss, die anderen sind stärker« usw.). Je besser Sie diese Stimme wahrnehmen, desto zuverlässiger werden Sie mit der Zeit den Mechanismus erkennen und desto weniger Macht wird er in Ihnen entfalten können.

■ Versuchen Sie in einem zweiten Schritt, innezuhalten, wenn sich ein solcher Gedanke meldet. Machen Sie sich klar, dass diese Stimme nur ein Teil von Ihnen ist, nicht das ganze »Sie«. Sagen Sie innerlich laut »Stopp« zu sich. Dann gehen Sie noch weiter: »Stopp. Diesen Gedanken will ich nicht denken, er ist destruktiv. Er ist Ausdruck einer externalen Kontrollüberzeugung. Dieser Gedanke lähmt mich, macht mich unglücklich.«

- Analysieren Sie in einem dritten Schritt die Situation sachlich: Welche Gedanken sind es genau, die Ihnen eine Abhängigkeit von anderen und/oder vom Schicksal einreden wollen? Versuchen Sie, trotz Stress mit Abstand darauf zu blicken. Atmen Sie dazu tief ein, versuchen Sie sich zu entspannen, einen klaren Kopf zu gewinnen und nicht in den negativen Automatismus zu verfallen.
- Analysieren Sie mit klarem Kopf weiter: Schätzen Sie die Situation, die Sie stresst, wirklich realistisch ein? Oder übersehen Sie vielleicht gewisse Möglichkeiten, Einfluss zu nehmen? Zerlegen Sie das Ziel, das Sie anstreben, in kleine (Teil-)Ziele. Bei welchen Teilzielen könnten Sie Einfluss haben, bei welchen weniger? Bewerten Sie Ihren möglichen Einfluss in Bezug auf die Teilziele auf einer Skala von 0 bis 10.

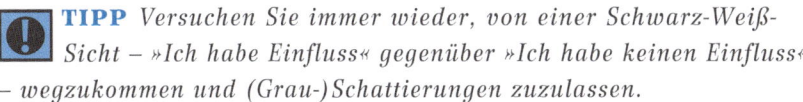

TIPP *Versuchen Sie immer wieder, von einer Schwarz-Weiß-Sicht – »Ich habe Einfluss« gegenüber »Ich habe keinen Einfluss« – wegzukommen und (Grau-)Schattierungen zuzulassen.*

Und wenn es nicht klappt?

Und wenn es Ihnen nicht gelingt, innerlich einen Schritt zurückzutreten und Abstand zum Problem zu bekommen, können Sie sich auch fragen, wie die selbstbewussteste, kompetenteste Person, die Sie kennen, die Situation beurteilen würde. Warum denken Sie bei dieser Person, dass sie Einfluss haben könnte, Sie selbst jedoch nicht? Was macht den Unterschied? Was kann diese Person besser als Sie? Und stimmt es wirklich, dass sie es besser kann? Oder ist es nur eine Frage des Selbstvertrauens, dieses verflixten Selbstwertgefühls, das Ihnen wieder einmal im Weg steht?

Vielleicht brauchen Sie Hilfe

Sie erinnern sich: Kontrollüberzeugungen prägen sich früh aus und sind ein Produkt Ihrer Lebensgeschichte. Sie sind im Fundament des Stresshauses angesiedelt. Je besser das Fundament, desto solider steht das Gebäude für Jahre. Im umgekehrten Fall ist das Haus immer gefährdet, Risse zu bekommen oder im schlimmsten Fall sogar einzustürzen. Selbst später gebaute starke Mauern taugen wenig, wenn das Fundament nicht solide und stark ist. Bei einem zu schwachen, wackeligen Fundament kann man als Hausherr oft selbst wenig ausrichten, da müssen Fachleute hinzugezogen werden.

Auf das Fundament Ihres Stresshauses trifft das ebenfalls zu. Stoßen Sie bei den oben beschriebenen Anleitungen an Ihre Grenzen? Und realisieren Sie, dass diese Aufgaben Sie überfordern? Dann sollten Sie das Fundament Ihres Stresshauses mit professioneller Unterstützung überprüfen und sich helfen lassen, es zu sanieren. Suchen Sie dazu einen geeigneten Therapeuten auf (am empfehlenswertesten ist eine Verhaltenstherapie). Jemanden, der Ihnen hilft, das Fundament in Ordnung zu bringen. Dazu ist es nie zu spät! Es lohnt sich in jedem Alter und in jeder Lebensphase – denn dann lebt es sich in Ihrem Stresshaus plötzlich auf allen Etagen wieder besser.

Negativen Denkweisen eine neue Richtung geben

Sie werden auf Seite 170 eine Denkweise kennenlernen, die unfruchtbar ist: die Verallgemeinerung. Sie vernebelt den Blick für die Wirklichkeit und lässt Sie voreilig das Handtuch werfen. Es gibt aber noch weitere Muster, die Ihren Spielraum bei der Stressbewältigung einengen: den Tunnelblick, bei dem Sie nur auf Negatives fokussieren, das überbewerten, alles Positive ausblenden, und die Winkelried-Haltung, bei der Sie alle Geschehnisse, alle Vorfälle auf sich lenken und beziehen, mit anderen Worten: alles persönlich nehmen.

DIE VERALLGEMEINERUNG: SABINE B. hat bei ihren Einkäufen den Senf vergessen. Obwohl sie all die vielen Dinge, die sie brauchte, auf einem Zettel notiert hatte – auch den Senf –, übersah sie im Geschäft, dass sie auch dieses Produkt einkaufen wollte. Zu Hause realisiert Sabine B. die fehlende Tube, als sie die vielen Sachen aus den Tüten räumt. Sie ist sehr verärgert über sich, denkt, dass sie immer alles vergisst, unzuverlässig ist, nicht mal fähig ist, trotz Einkaufsliste einen vollständigen Einkauf hinzukriegen. Kurz: dass sie einfach zu dumm ist für alles.

DER TUNNELBLICK: SIMON F. hat ein anspruchsvolles Kundenmeeting organisiert und dafür von seinem Vorgesetzten beim abschließenden Aperitif ein dickes Lob geerntet. Doch als alle Beteiligten miteinander auf die gelungene Veranstaltung anstoßen, kann Simon F. sich gar nicht richtig freuen. Er ärgert sich noch immer darüber, dass die eine Podiumsdiskussion mit erheblicher Verspätung begann, weil sich ein wichtiger Teilnehmer verfahren hatte. Das ist eigentlich kaum aufgefallen, weil die Diskussion direkt an die Pause anschloss und im Übrigen bei den Gästen ein voller Erfolg war. Doch als Organisator fühlt sich Simon F. für den verspäteten Beginn verantwortlich. Das stresst ihn. Zwar erinnert er sich, dass er den betreffenden Teilnehmer mehrmals gefragt hat, ob er eine Wegbeschreibung brauche. Der hatte ihm jedoch glaubhaft versichert, er kenne den Veranstaltungsort und den Weg dahin bestens.

DIE WINKELRIED-HALTUNG: VERENA M. hat zwei Freundinnen für ein paar Tage in ihr Haus in den Bergen eingeladen. Das Datum ist abgemacht, und Verena freut sich auf den Besuch. Als sie kurz vorher miteinander telefonieren, um die Details zu besprechen, sagt die eine Freundin, dass sie nun leider nur eine Nacht bleiben werde, und die zweite sagt ab. Beide geben nachvollziehbare Gründe an: Die eine hat zu viel Stress und muss daher früher wieder nach Hause. Die andere erhält Besuch aus den USA und kann deshalb gar nicht kommen. Verena gerät ins Zweifeln: Hat sie etwas gesagt oder getan, das die Freundinnen ihr übel nehmen? Liegt es an ihr, dass eine Freundin so schnell wieder gehen will und die andere gar nicht kommt? Ist sie ihren Freundinnen vielleicht doch nicht so wichtig, wie sie meinte? Hätte die eine Freundin den Besuch aus Amerika nicht verschieben können, ist die andere Person ihr wichtiger als Verena? Haben die Freundinnen überhaupt Lust, zu ihr zu kommen? Oder soll sie die ganze Sache abblasen?

Vermutlich erkennen Sie bei anderen Personen ohne weiteres solche ungünstigen, also stressverschärfenden Denkmuster. Für Ihre eigenen Muster sind Sie jedoch meist blind– sie laufen ja auch nahezu völlig automatisch ab. Für eine gelungene Stressbewältigung ist es wie bei den Kontrollüberzeugungen notwendig, die schädlichen Denkmuster zunächst zu erkennen, dann Distanz dazu zu schaffen und sie langsam zu verändern. Diesem Ziel sind Sie nah, wenn Sie den Trick schaffen, Ihren

»blinden Fleck« zu umgehen und quasi wie eine dritte Person auf Ihre eigenen Gedanken zu schauen.

Die Verallgemeinerung

Sabine B. hat einen Großeinkauf gemacht und als Gedankenstütze eine Einkaufsliste erstellt. Nun fehlt dennoch der Senf – und Sabine B. sieht nur dieses eine Produkt, das sie vergessen hat. Alles, was sie sonst gekauft hat, geht unter. Natürlich kann es ärgerlich sein, wenn man etwas vergisst. Trotzdem ist das Ganze nicht so schlimm und rechtfertigt auf keinen Fall den Gedanken, dass man immer alles falsch mache, generell unzuverlässig und zu dumm für alles sei.

Das Verallgemeinerungsmuster lässt sich durchbrechen:

- indem Sie auf das Ganze und nicht nur auf den einen Fehler achten
- indem Sie sich alles, was gut ging, vor Augen halten und toleranter sind bei dem, was danebenging
- indem Sie den Fehler statt auf ein pauschales Versagen auf ein aktuelles Verhalten zurückführen (»Ich war zu unkonzentriert«, »Ich habe mir zu viel vorgenommen«, »Ich habe den Einkaufszettel unleserlich geschrieben, da übersah ich den Senf«, »Ich habe mich zu sehr beeilt, hätte mir mehr Zeit für den Einkauf lassen sollen« usw.)
- indem Sie negative Persönlichkeitszuschreibungen aufgrund solcher Vorfälle vermeiden (»Ich bin zu dumm, nicht zuverlässig« usw.)

Der Tunnelblick

Simon F. im Beispiel auf Seite 168 blendet in seiner inneren Rückschau auf den Anlass alle positiven Aspekte aus. Für ihn hat nur die Verspätung des einen Teilnehmers eine Bedeutung – eine negative und überhöhte. Dafür macht er sich verantwortlich. Das Lob des Vorgesetzten, die Begeisterung der Anwesenden – das alles zählt für ihn nicht. Er kann sich an seinem Erfolg nicht freuen, dieser »stärkt« ihn nicht.

Erkennen Sie sich in diesem Verhalten wieder? Tendieren Sie auch manchmal oder sogar häufig dazu, das Negative überzubewerten und sich dafür verantwortlich zu machen? Nehmen Sie das Positive gleichzeitig als selbstverständlich hin? So lässt sich das Tunnelblick-Muster durchbrechen:

- Achten Sie bewusst darauf, wann Sie sich in einem gelungenen Ganzen nur auf einen einzelnen negativen Aspekt fokussieren.

- Schaffen Sie dann ein Gegengewicht, indem Sie sich so klar wie möglich alle positiven Punkte vor Augen führen. Was hat geklappt, was war ein Erfolg? Im Beispiel von Simon F. ist diese Liste unendlich viel länger als die der Dinge, die missraten sind. Er hat also einiges richtig gemacht – das bestätigt ihm auch das Lob des Chefs.
- Gewichten Sie die verschiedenen Punkte realistisch. Wie schlimm ist die Verspätung wirklich – im Verhältnis zum gelungenen Rest? Machen Sie die Realitätsprüfung, indem Sie sich vorstellen, Sie wären ein Teilnehmer des Meetings gewesen: Wie hätten Sie dann diese kleine Verspätung beurteilt? Welche Erkenntnisse können Sie aus diesem Wechsel des Blickwinkels ziehen?

Die Winkelried-Haltung

Winkelried hat den Eidgenossen in einer Schlacht den Sieg gebracht, indem er die Speerspitzen des feindlichen Heeres auf sich zog und damit eine Schneise für die nachfolgenden Schweizer Krieger öffnete. Seine Heldentat bezahlte er mit dem Leben. Im richtigen Leben sind die Dinge meist weniger dramatisch. Und Sie brauchen den Stress, den Winkelried zweifellos hatte, nicht auf sich zu nehmen, indem Sie – mal bildlich gesehen – alle Speerspitzen der Umgebung auf sich beziehen, so wie Verena M. das im Beispiel oben tut. Sie ist überzeugt, dass die Freundinnen ihretwegen nicht länger bleiben oder gar nicht kommen – ohne ihre Überzeugung zu überprüfen. Die Erklärungen der Freundinnen nimmt sie nicht ernst, wittert dahinter eine Absage an sie persönlich. Verena denkt, dass sie schuld daran sei, dass das Treffen nicht so klappt wie vorgesehen.

So gehen Sie gegen dieses stressverstärkende Denkmuster an:

- Der erste Schritt besteht wiederum darin, die Winkelried-Haltung bei sich überhaupt zu erkennen. Wie oft am Tag beziehen Sie eine Geste, eine kritische oder unfreundliche Äußerung oder auch nur einen Blick auf sich – ohne dass Sie ausdrücklich angesprochen sind?
- Wenn Sie merken, dass Sie dabei sind, es zu tun: Bauen Sie in Ihrem Denken eine Zusatzschlaufe ein. Sie besteht aus dieser einfachen Frage: Könnte es auch ganz anders sein? Loten Sie die Möglichkeiten aus (»Dem Kollegen geht es heute nicht so gut«, »Die Bemerkung war gar nicht an mich adressiert«, »Die Chefin hat heute einen besonders engen Zeitplan und ist daher mit allen ungeduldig, nicht nur mit mir« usw.). Welche entlastet Sie am meisten?

171

- Versuchen Sie, die für Sie beste Möglichkeit als wahrscheinlich anzu-sehen – bis zum Beweis des Gegenteils. Dieser Schritt ist nicht ganz leicht – bleiben Sie beharrlich.

Im Zweifelsfall hilft Nachfragen! Wenn eine Äußerung, ein Vorfall Sie einfach nicht mehr loslässt, weil Sie ihn auf sich beziehen, dann sollten Sie dem Stress ein Ende bereiten, indem Sie die Situation klären. »Hast du mich gemeint, als du vorhin sagtest …?« – »Hat es mit mir zu tun, dass du …?« – »Habe ich etwas getan, was du …?« Die Sache direkt anzugehen, hat Vorteile: Es ist in aller Regel weniger belastend, zu wissen, um was es wirklich geht, als zu spekulieren.

 TIPP *Dosieren Sie solche Nachfragen, beschränken Sie sich auf die Fälle mit wirklich »hinreichend begründetem Verdacht«. Denn manche Leute finden es schnell anstrengend und mühsam, wenn man immer alles auf sich bezieht.*

Der Weg zu einem menschlicheren Über-Ich

Wie Sie im Kapitel zum Thema Selbstwertgefühl bereits erfahren haben, sind innere Anforderungen oft der ärgste Feind im Umgang mit Stress. Da sind zum Beispiel überhöhte Ziele, unrealistische Erwartungen und Ansprüche an sich selbst sowie strenge Normen. Diese inneren Anforde-rungen zu humanisieren, sie menschlicher zu gestalten, gehört zu den wichtigsten Strategien, um Stress erfolgreich zu reduzieren.

Auf Seite 41 sind Sie den schädlichen inneren Stimmen schon begegnet. Hier sind sie nochmal:
- Ich muss den anderen beweisen, dass ich das kann.
- Ich muss das besser können als andere.
- Ich muss alles im Griff haben.
- Ich darf keine fremde Hilfe in Anspruch nehmen, ich muss es allein schaffen.
- Ich zeige allen, dass ich der Beste/die Beste bin.
- Ich will, dass mich alle toll und nett finden.
- Ich darf mich nicht blamieren.
- Ich darf niemanden enttäuschen, alle erwarten, dass ich das kann.

- Was denken die anderen von mir, wenn ich das nicht schaffe?
- Ich bin nur jemand, wenn ich Erfolg habe.
- Ich muss das schaffen, sonst verliere ich das Gesicht.
- Ich bin nur etwas wert, wenn mich die anderen mögen.

Auch solche stressverstärkenden inneren Anforderungen tragen die meisten Menschen seit Kindesbeinen mit sich herum. Sie führen auf direktem Weg in die Überforderung. Es lohnt sich, sich bewusst zu machen, wo sie im Alltag überall hineinspielen, und ein Gegengewicht aufzubauen.

Wie in Kapitel 2 beschrieben, sind solche Gedanken als Konstrukt in uns abgespeichert und werden durch alltägliche Widrigkeiten aktiviert. Häufig ist der Auslöser völlig banal: Jemand grüßt nicht, jemand drängt sich in der Warteschlange vor Sie, jemand kritisiert Sie, jemand setzt Sie unter Druck, jemand ist netter zu anderen als zu Ihnen, jemand lässt Sie stehen usw. An und für sich sind diese Situationen nicht wirklich schlimm. Doch wenn dabei ein Konstrukt aktiviert wird, dann kommen die negativen Denkmuster (Verallgemeinerung, Tunnelblick, Winkelried-Haltung) voll zum Tragen.

SEIEN SIE BEHARRLICH, ABER NACHSICHTIG MIT SICH

Stressverschärfende Denkmuster, externale Kontrollüberzeugungen und überhöhte innere Anforderungen durchlöchern die Stabilität des Fundaments – und damit des ganzen Stresshauses. Sie haben einerseits ihren Ursprung in einem wackligen Fundament (= niedriges Selbstwertgefühl), zugleich beeinträchtigen sie das Selbstwertgefühl auch jedes Mal wieder – es ist ein Teufelskreis. Deshalb sei hier nochmal betont: Denkmuster und Kontrollüberzeugungen, aber auch unrealistische innere Anforderungen zu verändern, ist anspruchsvoll und nicht mal eben so erledigt. Diese Mechanismen haben sich im Laufe Ihres Lebens ausgebildet und spiegeln die Essenz Ihrer Lebenserfahrung wider. Sie sitzen tief und führen ein Eigenleben – auf Kosten Ihres Selbstwertgefühls und Ihrer Stressresistenz. Wenn Sie selbst nicht dagegen ankommen, ist es sinnvoll, Hilfe in Anspruch zu nehmen. ■

Stressverstärkende Gedanken verändern

Kommen Ihnen einige der oben genannten Gedanken bekannt vor? Auf Seite 41 und der vorigen Seite haben Sie sich bereits damit befasst und die »Übeltäter-Gedanken« identifiziert, die besonders zu Ihrem Stress beitragen.

Machen Sie sich nun auf die Suche nach Gegengedanken: Sammeln Sie so viele wie möglich, aber mindestens drei pro Gedanke. Hier zur Inspiration je ein Beispiel zu den überhöhten Anforderungen auf der Liste oben:

- Ich muss den anderen beweisen, dass ich das kann. → Überhaupt nicht. Meine Kompetenz auf diesem Gebiet ist längst anerkannt, dafür schulde ich niemandem mehr einen Beweis.
- Ich muss das besser können als andere. → Aber warum denn? Es reicht doch, wenn ich es gut genug kann. Niemand ist perfekt.
- Ich muss alles im Griff haben. → Ach, nicht wirklich. Wenn ich bei dieser schwierigen Aufgabe an meine Grenzen stoße, ist es keine Schande. Keiner würde das ohne Probleme schaffen.
- Ich darf keine fremde Hilfe in Anspruch nehmen, ich muss es allein schaffen. → Bin ich vielleicht Herkules, der sogar noch das Unmöglichste allein bewältigt? Nein, mir fällt kein Zacken aus der Krone, wenn ich mal etwas nicht im Alleingang durchziehe. Und die meisten Menschen helfen gern.
- Ich zeige allen, dass ich der Beste/die Beste bin. → Wie anstrengend! Ich mache einfach eine gute Arbeit. Das muss reichen.
- Ich will, dass mich alle toll und nett finden. → Eigentlich finde ich ja auch nicht alle toll und nett. Ich bin anständig und respektvoll und werde mich eben an die Personen halten, die mir sympathisch sind.
- Ich darf mich nicht blamieren. → Und wenn, was kann da schon passieren? Es missglückt doch jedem hin und wieder etwas, das ist menschlich. Und schneller wieder vergessen, als man denken würde.
- Ich darf niemanden enttäuschen, alle erwarten, dass ich das kann. → Ich setze mich nach besten Kräften ein, aber ich bin niemandem etwas schuldig. Niemand kann es allen recht machen.
- Was denken die anderen von mir, wenn ich das nicht schaffe? → Das ist mir eigentlich egal. Ich gebe mein Bestes, aber ich bin keine Maschine. Und wenn sie mit meiner Leistung unzufrieden sind, werden sie sich schon bemerkbar machen.
- Ich bin nur jemand, wenn ich Erfolg habe. → Erfolg ist natürlich schön. Aber mal ehrlich: Wie wichtig ist er in meinem Leben wirklich?
- Ich muss das schaffen, sonst verliere ich das Gesicht. → Könnte sein – oder auch nicht. Auf jeden Fall wird die Sache in wenigen Tagen (Wochen, Monaten) vergessen sein. Warum gleich so dramatisch? Vielleicht realisiert man eine Schwäche von mir, aber die haben doch alle.

■ Ich bin nur etwas wert, wenn mich die anderen mögen. → Einige Menschen mögen mich ja auch, das ist ganz angenehm. Für die anderen will ich mich nicht verbiegen. Man kommt nun mal nicht mit allen zurecht, das ist der Lauf der Dinge.

HINWEIS *Würden Sie irgendeine der oben aufgelisteten Forderungen an Ihre Mitmenschen stellen? Wahrscheinlich nicht.*
Warum sind Sie mit sich selbst weniger großzügig als mit anderen?

Stressauslösenden Gedanken und Gefühlen entgegentreten
Eine Banalität bringt Sie aus der Fassung? Hier ein Schema, wie Sie die Situation analysieren und dem Stress begegnen können: das sogenannte »5-Spalten-Protokoll«.

BEISPIEL FÜR EIN FÜNF-SPALTEN-PROTOKOLL

Situation	Stressauslösende Gedanken	Stressgefühle	Stressmindernde Gedanken	Neue Gefühle auf die stressmindernden Gedanken
Sie stehen an, um ein Brot zu kaufen. Jemand drängelt sich vor.	Frecher Kerl, was fällt dem ein!	Ärger Empörung	So schlimm ist das nicht. Ich habe Zeit.	Ärger verfliegt
	Das ist nicht richtig. Ich sollte mich wehren.	Unsicherheit Feigheit	Wer weiß, warum der Mann so in Eile ist. Es gibt vielleicht einen guten Grund dafür.	Versöhnlichkeit Gelassenheit
	Ich sage lieber nichts, will nicht auffallen. Die anderen sind immer frecher, ich kann nichts dagegen machen.	Enttäuschung über sich selbst Resignation usw.	Ich werde mich jetzt wehren. Der muss mich nicht so behandeln. Die anderen verstehen das auch.	Mut

Prioritäten setzen, eigene Grenzen respektieren

ELISABETH T. ist eine erfolgreiche und in breiten Kreisen geschätzte Geschäftsfrau mit gewinnendem Auftreten. Das hat zur Folge, dass sie für viele Ämter und Aktivitäten angefragt wird. Eine politische Partei hat ihr schon mehrmals angeboten, sie als Kandidatin aufzustellen. Diverse Berufsgruppen und Fachverbände möchten sie für den Vorstand gewinnen.

Sie selbst liebäugelt schon lange mit einer Weiterbildung und möchte irgendwann auch noch promovieren.

Im Gespräch mit ihrem Partner wird Elisabeth T. eines Abends bewusst, wie viel sie sich immer wieder auflädt. Darunter beginnt die Qualität ihrer Arbeit zu leiden, aber auch ihre Lebensfreude. Sie realisiert, dass sie nur dann weiterhin gute Arbeit leisten und ihren Ruf bewahren kann, wenn sie sich stärker als bisher aufs Wesentliche konzentriert. Zusammen mit ihrem Partner legt sie nach dem Motto »Weniger ist mehr« die Schwerpunkte ihrer zukünftigen Tätigkeiten fest. Sie plant besser und organisiert ihr Leben bewusster – auch die Freizeit.

Jede einzelne Aktivität für sich genommen macht Elisabeth T. Spaß – sie fühlt sich auf positive Weise herausgefordert (Eustress, siehe Seite 56). Doch die reine Menge bewirkt, dass alles zusammen trotzdem zur Belastung wird. In dieser Situation tut Elisabeth T. das einzig Richtige: Sie reduziert den Stress, indem sie sich einen Abend lang Zeit nimmt, ihre Lebensführung zu überdenken. Sie fällt gewisse Entscheidungen und setzt die konsequent um. Dazu gehört, dass sie der politischen Partei eine klare Absage erteilt. Und die Entscheidung, ob sie wirklich promovieren will oder nicht, aufschiebt. Im Vorstand eines Fachvereins wirkt sie hingegen ehrenamtlich mit. Außerdem einigen sie und ihr Partner sich auf einen festen Tag, an dem sie den Abend gemeinsam verbringen.

TIPP *Es sind nicht alle Menschen gleich leistungsfähig – aus unterschiedlichen Gründen. Das ist okay. Mit den eigenen Möglichkeiten haushalten zu lernen, ist anstrengend und häufig undankbar. Dennoch: Eine Menge Stress lässt sich vermeiden, indem Sie lernen, »Nein« zu sagen und die Grenzen Ihrer Leistungsfähigkeit zu respektieren.*

Elegant »Nein« sagen

Sie haben sich vorgenommen, nicht mehr zu allen Aufgaben, die man Ihnen im Arbeitsalltag gerne übertragen würde, einfach »Ja« zu sagen? Dann geht es darum, das diplomatisch an den Mann oder die Frau zu bringen. Denn ein kurz angebundenes »Nein« kommt selten gut an. Das sind Alternativen:

- Ich bin zeitlich bereits extrem eingespannt und bitte darum um etwas Bedenkzeit.
- Ich würde das sehr gern erledigen, aber meine »To do«-Liste ist schon übervoll. Wenn Sie mir sagen, was ich abgeben oder weglassen kann, um Zeit für diese Aufgabe zu schaffen, kann ich sie gern übernehmen.
- Das ist ein reizvolles Angebot, nur leider …
- Ich kann gut nachvollziehen, dass du es nicht schätzt, wenn ich jetzt »Nein« sage, aber …
- Obwohl ich Sie sehr schätze und erkennen kann, wie wichtig Ihr Anliegen ist, muss ich leider »Nein« sagen.
- Es ist wirklich unglücklich, dass Sie diese Sache ausbaden müssen, aber …
- Ich würde gern helfen, aber wenn ich vernünftig sein will, muss ich leider »Nein« sagen.
- Ich fühle mich überrumpelt, weil du sofort eine Entscheidung verlangst. Bitte gib mir eine halbe Stunde zum Überlegen.
- Ich schätze dein Lob sehr. Trotzdem kann ich diese Aufgabe leider nicht übernehmen.

RENATE K. hat eine pflegebedürftige Mutter und drei schulpflichtige Kinder – mit diesen Betreuungsaufgaben und der Hausarbeit ist sie voll ausgelastet. Wie immer vor den Sommerferien gibt es in der Schule kleinere und größere Anlässe, zu denen die Eltern eingeladen sind. Renate K. hat in den vergangenen Jahren regelmäßig bei der Organisation geholfen. Dabei hat sie festgestellt, dass es immer in etwa die gleichen Mütter und Väter sind, die sich engagieren. Die Betreuung ihrer bettlägerigen Mutter ist Renate K. wichtig. Deshalb hat sie sich dieses Jahr bewusst vorgenommen, bei der Organisation der Schulveranstaltungen nicht mitzumachen. Und noch etwas: Sie bringt zu keinem der Jahresabschlussfeste einen selbst gebackenen Kuchen mit. Dafür frische Früchte, die sie bei ihrem üblichen Wocheneinkauf besorgen kann. Solche Prioritäten zu setzen, entlastet Renate K. Sie fühlt sich freier und kann damit auch ihre anderen Aufgaben besser und engagierter erledigen.

Zum Überlegen: Sich abgrenzen und Perfektionismus vermeiden
Haben Sie einfach zu viel um die Ohren?
- Benutzen Sie das Instrument des Zeitkuchens (siehe nebenan).
- Können Sie »Nein« sagen, wenn eine Aufgabe an Sie herangetragen wird? Wenn nicht, woran liegt es: Müssen Ihre Kollegen mehr arbeiten, wenn Sie ablehnen? Möchten Sie nicht als bequem oder gar als faul gelten? Fühlen Sie sich allzu oft geschmeichelt, wenn Sie für bestimmte Aufgaben »auserwählt« werden – und tappen deshalb in die Falle? Müssen Sie irgendjemandem – und sei es nur sich selbst – etwas beweisen?
- Können Sie eine Arbeit statt perfekt auch einmal nur gut genug machen? Wenn nicht: Wer verlangt von Ihnen, dass alles perfekt sein muss? Sie selbst oder andere (siehe auch Seite 172)?
- Nehmen Sie sich vor, jeden Tag eine kleine Sache nur gut und nicht perfekt zu machen. Steigern Sie sich mit der Zeit. Wie reagiert das Umfeld? Wie fühlen Sie sich selbst dabei: Halten Sie es aus?
- Bürden Sie sich zu oft freiwillig zusätzliche Aufgaben auf, zum Beispiel weil sich sonst niemand dafür findet? Was motiviert Sie dazu?
- Werfen Sie einen Blick in Ihre ferne Zukunft. Was ist Ihnen im Leben wirklich wichtig? Wenn Sie im Alter auf Ihr Leben zurückblicken: Was möchten Sie erreicht haben bzw. was möchten Sie auf gar keinen Fall vermissen?

Zeitkuchen
Notieren Sie einige Tage lang Ihren täglichen Zeitaufwand in folgenden Bereichen: Arbeit/Beruf; Haushalt/Wohnungspflege; Einkäufe; Kinder; Partnerschaft; Freundeskreis; Herkunftsfamilie; Freizeitgestaltung/Hobby; Schlaf; Diverses. Zeichnen Sie den entsprechenden Zeitkuchen, so, wie er jetzt aktuell ist (Beispiel siehe nebenan) Entwerfen Sie dann einen zweiten Kuchen nach Ihrer Wunschvorstellung. Was müssen Sie tun, um den Wirklichkeits-Zeitkuchen mit dem Wunsch-Zeitkuchen in Einklang zu bringen? Wo können Sie andere Prioritäten setzen? Wo sich mehr abgrenzen? Welchen Bereichen mehr Gewicht geben und diese Zeit bei anderen einsparen?

SELBSTTEST: DER ZEITKUCHEN

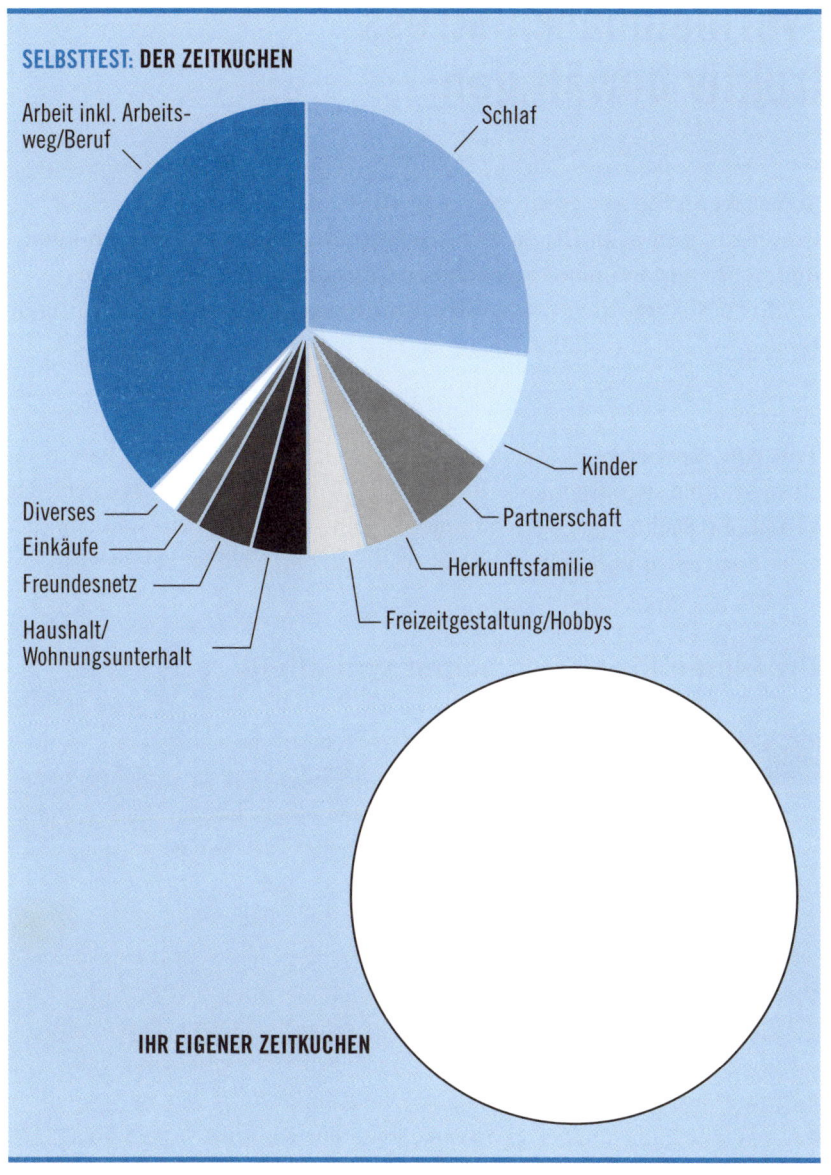

IHR EIGENER ZEITKUCHEN

Nicht vermeidbaren Stress konstruktiv bewältigen

Selbst wenn Sie alle Strategien zur Stressvermeidung meisterhaft umsetzen, gibt es in Ihrem Alltag bestimmt noch genug Belastungen, denen Sie einfach nicht ausweichen können. In diesem Kapitel erfahren Sie, wie sich dieser Stress aktiv und konstruktiv bewältigen lässt.

Tritt eine schwierige Situation auf, ist es meist keine gute Idee, passiv abzuwarten, bis sich das Ganze in Wohlgefallen auflöst – im Gegenteil: das könnte die Sache sogar verschlimmern. Sinnvoller ist es, Stresssituationen aktiv anzugehen und sich zu bemühen, sie in den Griff zu bekommen.

Probleme lösen sich selten von allein

NICOLAS M. studiert im fünften Semester Jura. Er ist ein begabter und engagierter Student, dazu fleißig und motiviert. Im Studium stehen nun zum ersten Mal größere Vorträge an. Sein erster Auftritt vor Publikum verläuft unbefriedigend. Nicolas ist nervös und verliert mehrmals den Faden, obwohl er sich gut vorbereitet hat. Zuerst reagiert er mit Enttäuschung und Ärger, dann mit Selbstzweifeln. Schließlich fragt sich Nicolas M., ob er sich überhaupt als Anwalt eigne. Drei Wochen später steht der nächste wichtige Vortrag an. Das stresst Nicolas schon im Vorfeld: Er schläft schlecht. Und je näher der Vortrag kommt, desto mulmiger wird ihm zumute. Nicolas hat nun mindestens zwei Möglichkeiten, sich dieser Situation zu stellen:

- **Variante 1:** Er meldet sich krank, sein Vortrag wird verschoben. Das entlastet ihn im Moment, doch bereits am nächsten Tag hat er Schuldgefühle. Das Studium schmeißen, nur wegen eines einzigen Misserfolgs? Das geht nun gar nicht, so viel ist Nicolas klar. Deshalb steht fest: Irgendwann wird er den Vortrag halten müssen. Der Gedanke ist mit großer Angst verbunden – Stress pur.

- **Variante 2:** Nicolas geht in Gedanken noch einmal durch, was ihm beim ersten Vortrag passiert ist. Er hat sich nicht mit Ruhm bekleckert. Aber ist es nicht ein bisschen viel verlangt, schon beim ersten Mal alles im Griff haben und einen perfekten Auftritt hinlegen zu wollen? Tatsache ist nun mal, dass Nicolas eher schüchtern ist – das ist nicht schlimm, auch wenn es solche Auftritte natürlich nicht einfacher macht. Doch die Vorträge sind schließlich dazu da, das Auftreten zu üben. Nicolas kommt zu dem Schluss, dass er eine gewisse Routine entwickeln wird, wenn er es nochmal probiert. Nicht ein Mal, sondern viele Male. Vor dem nächsten Auftritt wird er zu Hause vor dem Spiegel üben, auch wenn es etwas Überwindung kostet. Und er fasst einen Vorsatz: Wenn er am Ende des Semesters feststellen sollte, dass Fortschritte ausbleiben, wird er eine vertraute Person um Unterstützung bitten. Sollten alle Stricke reißen, gibt es auch professionelle Redetrainings – doch Nicolas denkt, dass er das nicht brauchen wird, wenn er etwas nachsichtiger mit sich selbst ist und geduldig an seiner Auftrittstechnik arbeitet.

Dieses Beispiel zeigt, dass es besser ist, den sprichwörtlichen Stier bei den Hörnern zu packen. Die Vermeidung von Stresssituationen verschafft zwar kurzfristig Erleichterung, setzt aber die Hürden für das nächste Mal noch höher. Viel besser ist es, aktiv an die Situation heranzugehen – und die Ansprüche an sich selbst zu prüfen und gegebenenfalls zu senken.

Doch wie gehen Sie nun konkret vor, wenn Sie mit einer Stresssituation konfrontiert sind? Halten Sie sich an die folgenden drei Schritte, die wir Ihnen in den nächsten Kapiteln ausführlich vorstellen:

- Ruhe bewahren
- Die Situation auf ihre objektiven Merkmale prüfen
- Die Probleme in sechs Schritten erfolgreich lösen

Schritt 1: Ruhe bewahren

Es ist einfacher gesagt als getan. Doch ein klarer Kopf ist nötig, um richtig entscheiden und sinnvolle Maßnahmen ergreifen zu können.

Stresssituationen, die für Sie eine hohe Relevanz haben, können mit einem starken emotionalen Stresserleben einhergehen. Deshalb spielt die

Fähigkeit, sich beruhigen zu können, eine wichtige Rolle. Mögliche Wege dazu sind positive Selbstgespräche und gut eingeübte Entspannungsmethoden.

Positive Selbstgespräche

Bei einem positiven Selbstgespräch geht es darum, sich mit Aussagen wie »Ich kann das«, »Nur ruhig bleiben«, »Ich pack das«, »Alles wird gut« etc. positiv einzustellen, sich Mut zu machen oder sich zu beruhigen. Die Sätze sollten kurz und prägnant sein, damit sie innerlich schnell gesprochen und notfalls mehrfach wiederholt werden können. Halten Sie solche Sätze bereit. Trainieren Sie sie am besten bereits mit der Übung, wie Sie negative Gedanken durch positive ersetzen können, falls Sie die Tendenz haben, automatisch gleich negativ zu denken (siehe dazu auch Seite 165). Denn in der Hitze des Gefechts haben Sie keine Zeit, nach einem positiven Gegengedanken zu suchen, wenn Sie ihn nicht bereits haben. Trainieren Sie solche Gedanken so beharrlich, dass der Gegengedanke schneller auftritt als der negative Gedanke. Versuchen Sie dann in Stresssituationen konsequent, ein positives Selbstgespräch mit sich zu führen.

 HINWEIS *Auch Personen, die nicht dazu neigen, gleich negativ zu denken, können in einer Stresssituation ins Rudern kommen – umso mehr, je wichtiger die Situation ist. Beruhigen Sie sich durch guten inneren Zuspruch.*

Die innere Stimme sollte dabei ruhig sein. Sprechen Sie die Worte langsam zu sich, schließen Sie mitunter die Augen und atmen Sie dazu ruhig und tief aus und ein (»Ich kann das«, »Kein Problem für mich«, »Packen wir's an«, »Ganz ruhig«). Finden Sie kurze knappe Sätze, die zu Ihnen passen, die für Sie persönlich hilfreich sind. Je länger und intensiver Sie innerlich diese Sätze wiederholen, desto mehr verhindern Sie die Möglichkeit, dass negative Gedanken (Katastrophisierungen) durchkommen, weil das Gehirn bereits mit dem inneren positiven Monolog beschäftigt ist.

TIPP *Lesen Sie zu diesem Thema auch das Kapitel »Negativen Denkweisen eine neue Richtung geben« (Seite 168).*

182

Entspannungsmethoden

Entspannung ist etwas, das Ihr Körper lernen kann. Dafür braucht man zu Beginn etwas Zeit.

🛈 **HINWEIS** *Keine Angst: Sie brauchen in einer Stresssituation nicht mit der Yogamatte in den Pausenraum zu fliehen, um sich dort nach allen Regeln der Kunst einer 20-minütigen Entspannungsübung hinzugeben. Je öfter Sie »im Trockenen« geübt haben, desto zuverlässiger und schneller wird es Ihnen gelingen, den Zustand der Entspannung auch in schwierigen Situationen schnell und verlässlich abzurufen.*

Geeignete Entspannungsmethoden sind beispielsweise Meditation, Yoga, Autogenes Training oder die Progressive Muskelentspannung – je nach Vorliebe. Während die ersten drei eher aufwendiger zu erlernen und zu beherrschen sind, bringt die Progressive Muskelentspannung in der Regel schon bald den gewünschten Effekt. Die Entspannung ist in fast allen Situationen durch die einfache Übung leicht abrufbar. Sie steigern sich in drei Schritten von einer längeren Variante bis zum simplen Entspannungsreflex. Alle Varianten sind im Anhang beschrieben.

🛈 **TIPP** *Schaffen Sie sich »Reminder«, kleine Erinnerungsstützen. Zum Beispiel in Form von Klebezetteln, die Sie dazu animieren, den Entspannungsreflex jedes Mal auszuführen, wenn sie Ihnen begegnen. Mit dieser Übung können Sie den Stress im Alltag gezielt und ohne großen Aufwand reduzieren. Ihren positiven Effekt entfaltet sie aber nur, wenn Sie intensiv trainieren und die Übung zu einem festen Bestandteil Ihres Lebens wird.*

Schritt 2: Die Situation auf ihre objektiven Merkmale überprüfen

Im Kapitel »Stress als subjektives Geschehen« (Seite 34) haben wir Stress als Ergebnis der subjektiven Einschätzung einer Situation und der subjektiven Bewältigungsmöglichkeiten beschrieben. Diese subjektive Einschätzung und die damit einhergehenden Gefühle können uns in

Stresssituationen daran hindern, angemessene Entscheidungen zu treffen. Prof. Dr. Meinrad Perrez, ein namhafter Schweizer Stressexperte, hat sich über Jahrzehnte mit der Stressbewältigung verschiedenster Situationen befasst. Er schlägt als Gegenmaßnahme zur vorschnellen Stressreaktion vor, eine Situation zuerst systematisch anhand von vier objektiven Situationsmerkmalen zu überprüfen:

- Wie relevant ist die Situation wirklich?
- Wie sicher ist es, dass die befürchtete Situation tatsächlich eintritt?
- Muss ich etwas tun, oder ändert sich die Situation von selbst zum Guten?
- Kann ich etwas tun, habe ich Einflussmöglichkeiten?

Von den Antworten auf diese Fragen hängt ab, welches die passende Bewältigungsstrategie ist.

Frage 1: Ist die Situation relevant?
Nehmen wir an, Sie haben vor zwei Wochen einen Laptop gekauft und entdecken, dass er jetzt in einer Aktion wesentlich günstiger zu haben wäre. Das ist ärgerlich, aber Sie können es nicht mehr ändern – es ist nun mal geschehen. Und das Beste ist, so schnell wie möglich einen Schlussstrich unter die Sache zu ziehen. Die Relevanz dieser Situation sollten Sie daher nicht überbewerten.

Tatsächlich kommt es häufig vor, dass Situationen im Alltag in ihrer objektiven Bedeutung subjektiv überhöht werden. So ist es meist nicht wirklich schlimm, wenn man zu spät kommt. Auch ist man in aller Regel leichter ersetzbar, als man denkt. Deshalb kann es beispielsweise sinnvoller sein, mit Fieber zu Hause zu bleiben, als sich trotzdem zur Arbeit zu schleppen. Nicht einmal die Kritik des Vorgesetzten ist ein Weltuntergang und bedeutet gleich das Ende der Karriere.

Von großer Bedeutung ist eine Situation dann, wenn Entscheidungen fürs Leben getroffen werden müssen, das persönliche Schicksal oder das anderer von Ihren Handlungen abhängt, wenn durch die Situation Ihr Leben einen anderen Verlauf nehmen könnte oder allgemein viel auf dem Spiel steht, beispielsweise bezüglich Gesundheit, psychischem Befinden, Lebenszufriedenheit, Finanzen, Ruf und Ehre, Karriere, eigene Entwicklung usw.

Von hoher Relevanz kann aber auch eine an und für sich banale Situation für Sie werden, wenn ein persönliches Thema von Ihnen (Konstrukt,

SITUATIONSPROFIL UND ANGEMESSENE STRESSBEWÄLTIGUNG

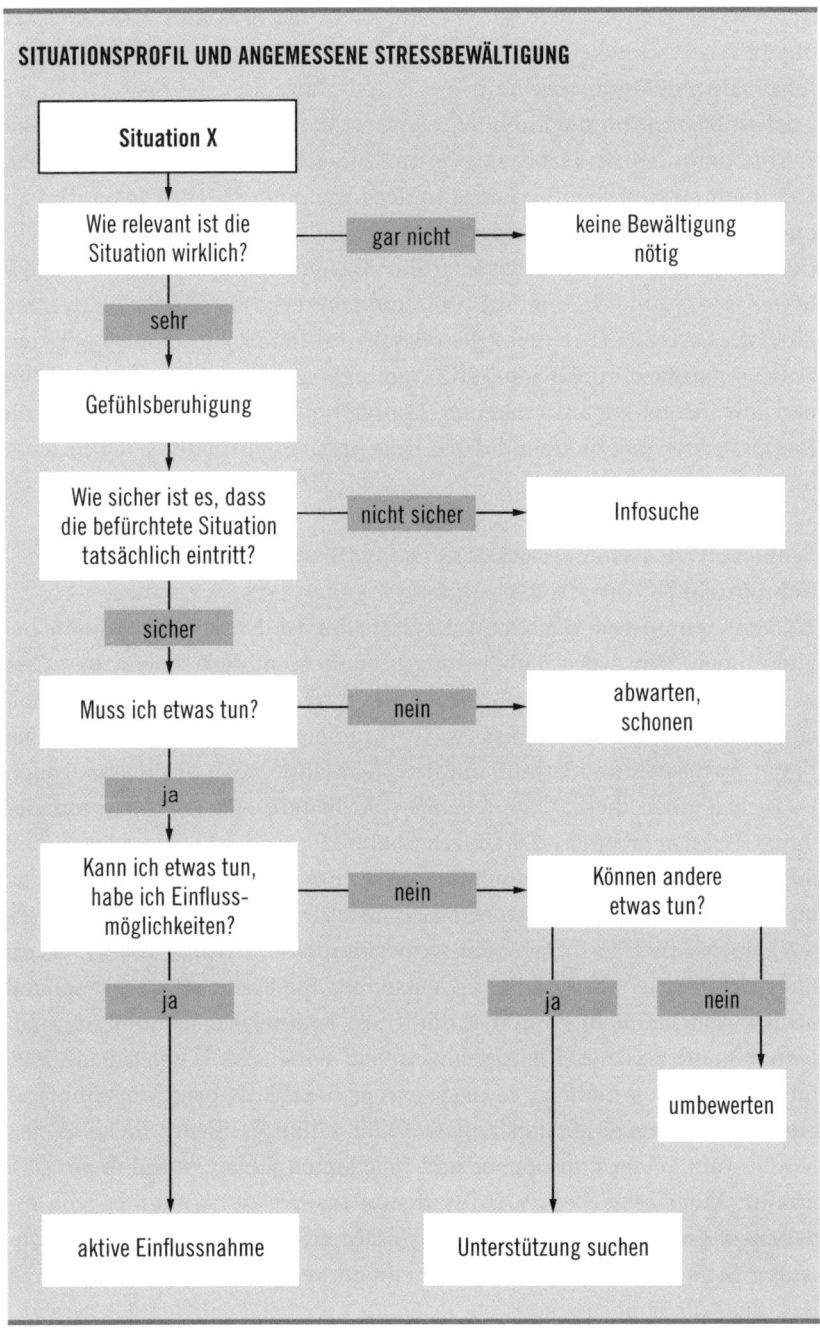

siehe Seiten 61) aktiviert wird. Dann kann die Situation zwar in ihrer objektiven Wichtigkeit durchaus gering sein. Für Sie selbst ist sie jedoch sehr bedeutend und stressreich.

Ist eine Situation für Sie hoch relevant, dann geht es in einem ersten Schritt darum, sich zu beruhigen und einen kühlen Kopf zu behalten. Denn nur so sind Sie überhaupt in der Lage, auf die Wichtigkeit der Situation angemessen zu reagieren. In einem Black-out können Sie nicht richtig denken und handeln. Je größer Ihr persönlicher Stress ist, desto höher ist die Chance, dass die Situation erst recht missglückt. Setzen Sie die oben beschriebenen Strategien des positiven Selbstgesprächs oder der Entspannung ein (siehe Seite 182). Falls Sie genügend Zeit haben, können auch Joggen, Spazierengehen, Musizieren, Basteln, ein Gespräch mit Ihrem Partner (siehe Seiten 156) oder mit einem nahen Freund usw. hilfreich sein.

Frage 2: Wie sicher ist es, dass die befürchtete Situation tatsächlich eintritt?
Bei Vorkommnissen, die bereits passiert sind, ist der Fall klar. Anders bei Situationen, von denen Sie vorerst nur befürchten, dass sie eintreten. Ein Beispiel: In den Nachrichten hören Sie, dass es zu einem Massenunfall auf der Autobahn gekommen ist. Ihr Bruder war mit seiner Familie bei Ihnen zu Besuch und ist nun auf der Heimfahrt genau auf dieser Route. Es ist klar, dass diese Nachricht Sie sehr beunruhigt. Die Relevanz der Situation ist sehr hoch, die Unsicherheit jedoch auch. Denn es ist völlig unklar, ob er und seine Familie genau zu dem Zeitpunkt an diesem Ort in das Geschehen verwickelt sein könnten.

Versuchen Sie zunächst, sich zu beruhigen – es bringt nichts, wenn Sie sich in etwas hineinsteigern. Versuchen Sie dann, möglichst schnell an Informationen zu kommen, die Ihnen Klarheit verschaffen können. Rufen Sie Ihren Bruder beispielsweise auf seinem Mobiltelefon an. Verfallen Sie jedoch nicht in Panik, wenn er nicht antwortet. Er könnte es auch einfach ausgeschaltet haben. Oder er hat es in der Jacke in den Kofferraum gelegt und hört es nicht. Schätzen Sie ab, wann er wo sein könnte. Überlegen Sie, ob es überhaupt realistisch ist, dass er zum gegebenen Zeitpunkt am Unfallort sein könnte. Hören Sie Nachrichten. Rufen Sie später, wenn sich immer noch keine Gewissheit eingestellt hat, die Polizei an.

TIPP *Zuerst ist die Suche nach Informationen die wichtigste Strategie. Erst wenn es sicher ist, dass eine Situation wirklich eingetreten ist, stellt sich die Frage nach den angemessenen Handlungsmöglichkeiten.*

Frage 3: Muss ich etwas tun, oder wendet sich die Situation von selbst zum Guten?

Eine Situation ist relevant und tritt mit Sicherheit ein oder ist bereits eingetreten. Die Frage ist nun, ob Sie etwas unternehmen müssen oder ob Sie zunächst einfach abwarten sollten. Stellen Sie sich zum Beispiel vor, Ihre 15-jährige Tochter habe versprochen, vom Um-die-Häuser-ziehen mit Freunden um 23 Uhr nach Hause zu kommen. Um 23 Uhr 30 ist sie immer noch nicht zurück, und ans Handy geht sie auch nicht. Müssen Sie aktiv werden?

Warten Sie zuerst einmal ab. Es ist erst eine halbe Stunde, um die sie sich bisher verspätet hat. Das kann viele Gründe haben. Vor allem wenn der Aufwand groß wäre und die Möglichkeit der Einflussnahme gering, ist es ratsam, wenn Sie noch etwas abwarten und Ihre Kräfte schonen, ehe Sie beispielsweise selbst eine Suchaktion starten und/oder die Polizei benachrichtigen. Es ist ja gut möglich, dass Ihre Tochter nur den Zug verpasst und vergessen hat, Ihnen eine SMS zu schicken. Und dass sie im angeregten Gespräch mit ihren Freundinnen den Klingelton nicht hört, wenn Sie anrufen. Somit ist die Wahrscheinlichkeit gegeben, dass sich die Situation von selbst zum Guten wendet. Schon bald kommt die nächste S-Bahn an, dann haben Sie mehr Gewissheit.

Wenn die Chancen gut stehen, dass sich eine Situation von selbst zum Guten wendet, dann sollten Sie vorerst nichts unternehmen. Im vorliegenden Beispiel kann Passivität angemessen sein, wenn Sie noch einen nächsten Zug abwarten können. Wenn Sie wissen, dass Ihre Tochter insgesamt zuverlässig ist, aber auch nicht gleich anruft, wenn sie nur wenig zu spät kommt. Wenn Sie wissen, dass sie häufig vergisst, ihr Handy aufzuladen. Wenn Sie wissen, dass Sie ihr vertrauen können und deshalb eine geringe Gefahr besteht, dass etwas Schlimmes vorgefallen sein könnte.

Frage 4: Kann ich etwas tun, habe ich Einflussmöglichkeiten?

Kommen Sie zum Schluss, dass Sie etwas tun müssen, dann stellt sich die Frage, ob das auch möglich ist, ob Sie überhaupt aktiv werden können.

Falls Sie mit »Ja« antworten, geht es darum, eine sinnvolle Lösung des Problems anzustreben und Ihren Handlungsspielraum auszureizen. Wie Sie das am besten angehen, lesen Sie ab Seite 191.

Nehmen Sie als Beispiel Ihre nächsten Ferien am Meer. Die Fahrt dorthin ist lang. Da macht es Sinn, wenn Sie Ihr Auto vor der Abreise zum Urlaubs-Check in die Werkstatt bringen. So können Sie dem Stress einer Panne vorbeugen – das ist bereits eine Möglichkeit, Einfluss zu nehmen. Und wenn sich die Panne trotzdem nicht vermeiden lässt? Auch da gibt es in aller Regel Handlungsmöglichkeiten, auch wenn Sie selbst nichts von Motoren verstehen: Sie können den Pannendienst rufen, Autofahrer anhalten und um Hilfe bitten oder im Handbuch Ihres Fahrzeugs nachlesen, welche Alarmlampen welches Problem anzeigen, und selbst eine kurzfristige Lösung finden, bis Sie bei der nächsten Werkstatt sind.

Wenn Sie die Situation selbst nicht beeinflussen können, stellt sich häufig die Frage, ob andere Ihnen unter die Arme greifen oder mit Rat und Tat zur Seite stehen können. Überlegen Sie, wer Ihnen Unterstützung geben könnte und wie Sie die bekommen könnten.

Und wenn gar nichts geht?
Weder Sie selbst noch andere können an Ihrer Situation etwas ändern? Dann bleibt Ihnen nur eine Möglichkeit. Nämlich die, Ihre Haltung der Situation anzupassen, die Angelegenheit aus einem anderen Blickwinkel zu betrachten und umzubewerten. Das ist übrigens eine Vorgehensweise, die in vielen Lebenslagen entlastend wirkt.

MARIANNE K. ist Projektleiterin in einem mittelgroßen Unternehmen und karrieremäßig gut unterwegs. Kein Wunder, denn sie setzt sich sehr ein und hat Spaß an ihrer Arbeit. Nun muss sie notfallmäßig wegen eines Myoms operiert werden und anschließend zur Erholung eine mehrwöchige Ruhepause einlegen. Das passt gar nicht in ihre Pläne. Doch der Arzt drängt zu der Operation und sagt, dass sich das Problem nicht von selbst zum Guten wenden wird und dass sie selbst keine Einflussmöglichkeiten auf die Genesung hat. Erst ist Marianne K. frustriert. Dann sagt sie sich, dass sie während dieser Pause all die liegen gebliebenen Dinge aufarbeiten kann. Dass sie danach wieder auf dem neuesten Stand ist und besser vorbereitet in das neue Projekt einsteigt. Außerdem wird sie mehr Zeit für ihre Lieblingslektüre haben.

Wenn Sie keine Einflussmöglichkeiten haben und wenn auch die Chancen, dass sich eine Situation von selbst zum Guten wendet, nicht groß sind, dann heißt das Motto »Umbewertung«. Das ist der Versuch, einer noch so schwierigen Situation etwas Positives abzugewinnen (»Das ist nicht so schlimm, ich gewinne dadurch andere Möglichkeiten«, »Zwar bedaure ich das, aber etwas Gutes hat es auch«, »Schade, dass ich dieses Portemonnaie verloren habe, doch zum Glück ist es nicht dasjenige, das mir so viel bedeutet, weil ich es von meinem Partner geschenkt bekommen habe«, usw.).

Beispiele zur Anwendung des Schemas
Unten finden Sie zwei Beispiele, an denen die oben beschriebene Vorgehensweise nochmal aufgezeigt wird. Wenden Sie das Schema im täglichen Leben so oft wie möglich an. So wird es zu einer nützlichen Gewohnheit, die Sie von Stress entlastet.

LUKAS T. ist im Auto unterwegs nach Hause, als er an einem entlegenen Ort im Wald eine Panne hat. Weit und breit ist kein Haus zu sehen, und bald wird es dunkel. Lukas T. hat zwei linke Hände und versteht nichts von Autos. Und sein Handy hat im Wald kein Netz. Er merkt, wie starke Angstgefühle hochkommen. Er fühlt sich ausgeliefert, der kalte Schweiß läuft ihm den Rücken hinunter.

Einschätzung:
- **Wie relevant ist die Situation wirklich?** → Die Relevanz ist hoch, irgendwie muss Lukas T. aus dem Wald wieder heraus und nach Hause kommen. Um zu überlegen, wie er das am besten anstellt, muss er sich zuerst etwas beruhigen.
- **Wie sicher ist es, dass die befürchtete Situation tatsächlich eintritt?** → Sehr sicher, die Panne ist Tatsache.
- **Muss Lukas T. etwas tun, oder ändert sich die Situation von selbst zum Guten?** → Lukas T. muss aktiv werden, das Problem wird sich nicht von alleine lösen.
- **Kann Lukas T. etwas tun, hat er Einflussmöglichkeiten?** → Ja. Er kann die Panne zwar nicht selbst beheben. Immerhin aber kann er sich auf den Weg machen, zum nächsten Haus laufen und den Pannendienst anrufen.

189

ANNA M. steht kurz vor ihrer Beförderung zur Abteilungsleiterin. Sie hat die letzten Jahre aktiv und zielstrebig auf diese Position hingearbeitet, sodass sie gute Karten hat. Das hat ihr Vorgesetzter bestätigt. Es dauert noch eine Woche, dann tritt die Führungsebene zusammen und entscheidet. Eines Morgens im Fahrstuhl hört Anna M. zufällig, dass inoffiziell auch ein externer Kandidat für die Stelle diskutiert werde. Sie ist bestürzt, fühlt sich verraten und frustriert und denkt, dass nun alle ihre Bemühungen umsonst waren. Am Abend ist sie völlig aufgelöst und kann nicht schlafen, alles dreht sich in ihrem Kopf.

Einschätzung:

■ **Wie relevant ist die Situation wirklich? Sehr relevant:** Es geht um Anna M.s berufliche Zukunft.

■ **Wie sicher ist es, dass die befürchtete Situation tatsächlich eintritt?** → Nicht sicher; es ist nicht klar, ob das Gerücht stimmt.

■ **Muss Anna M. etwas tun, oder wird sich die Situation von selbst zum Guten wenden?** → Das ist nicht sicher, wenn sie nicht handelt und dem Gerücht nachgeht. Denn falls es zutrifft, könnte es für sie von Nachteil sein, wenn sie passiv bleibt und einfach abwartet, wie sich die Dinge entwickeln.

■ **Kann sie etwas tun, hat sie Einflussmöglichkeiten?** → Ja, Anna M. kann sich Gewissheit verschaffen, indem sie zum Beispiel ihren Vorgesetzten darauf anspricht. Sie kann ihre Erwartungen einbringen, ihre Verdienste für die Firma nochmal hervorheben und sich ins Spiel bringen.

Stress entsteht im Kopf – dort müssen Sie ihm auch begegnen. Achten Sie darauf, wie Sie Situationen einschätzen: welche Relevanz Sie ihnen geben, ob Sie sich sicher sind, dass die Situation auch wirklich eintreten wird, ob Sie denken, dass Sie Einfluss nehmen können, oder ob Sie meinen, dass sich die Situation von selbst zum Guten wenden wird. Versuchen Sie, Strategien zur Bewältigung anzuwenden, die an die Anforderungen angepasst sind. Es gibt nicht die eine optimale Strategie für alle Situationen. Aber es gibt für jede Situation eine beste Strategie. Je flexibler Sie sind und je mehr Bewältigungsmöglichkeiten Sie im Repertoire haben, desto effektiver werden Sie mit Stress zurechtkommen.

Schritt 3: Probleme in sechs Schritten erfolgreich lösen

Stress hat immer zwei Seiten: eine emotionsbezogene und eine problembezogene. Viele Bewältigungshandlungen können Auswirkungen auf beide Komponenten haben (z.B. Informationssuche, aktive Einflussnahme), während andere darauf abzielen, vor allem die Stressemotionen zu bewältigen (z.B. positive Selbstgespräche, Gefühlsberuhigung, Umbewertung). Andere dagegen haben eindeutig die Lösung des Problems zum Ziel. Um die problembezogene Seite der Stresssituation zu lösen, sind ganz praktische, tragfähige, konkret umsetzbare Handlungsanweisungen nötig. Strategien zur Problemlösung sind damit ein wichtiges Element im Alltag, um Anforderungen wirksam und effizient begegnen zu können. Hier einige Beispiele für Situationen, die solche Anforderungen darstellen:

- Wie kann ich den Kontakt mit meinen alten Kollegen besser pflegen?
- Wer bringt die Kinder in die Kita?
- Wie schaffe ich es, nicht so oft unpünktlich zu sein?
- Wie kann ich es mir einrichten, dass ich für die Bearbeitung wichtiger Unterlagen genügend Zeit habe?
- Wohin fahren wir das nächste Mal in die Ferien?
- Wie bringen wir Berufstätigkeit und Haushalt für beide fair unter einen Hut?
- Wie finde ich Zeit, um die vom Arzt verordnete tägliche Sporteinheit umzusetzen?
- Usw.

Solche Fragestellungen, die für Sie persönlich wichtig sind und stressend sein können oder in sozialen Beziehungen immer wieder zu Konflikten führen, lassen sich durch einen systematischen Problemlösungsprozess strukturiert und effizient angehen – allein, im Arbeitsteam, in der Familie oder mit Ihrem Partner.

Beachten Sie: Die Suche nach einer geeigneten Lösung wird nur gelingen, wenn Sie den Kern des Problems wirklich verstehen. Wenn Sie erkennen, warum Ihnen eine Sache so zu schaffen macht, warum sie für Sie relevant ist und warum es notwendig ist, eine Lösung zu finden. Denn erst dann ist es sinnvoll, sich auf die Suche nach einer konkreten praktischen Lösung zu begeben. Es ist so ähnlich wie bei der Trichtermethode

(Seite 203): Wenn Sie sich zu früh auf die praktische Ebene begeben, fällt Ihr Lösungsversuch vielleicht unbefriedigend aus, weil er am falschen Ort ansetzt – und Sie sind wieder da, wo sie angefangen haben.

TIPP *Nehmen Sie sich nicht zu viel auf einmal vor. Das kann entmutigend sein und dazu führen, dass Sie letztlich keine der angestrebten Veränderungen wirklich umsetzen. Da Veränderungen viel Kraft und Energie kosten, ist es sinnvoll, sich zuerst auf ein Thema zu beschränken, dieses aber auch wirklich anzupacken.*

Der Lösungsprozess, den wir Ihnen jetzt vorstellen, läuft in 6 Schritten ab:
Schritt 1: Problem wahrnehmen und beschreiben
Schritt 2: Ziele definieren
Schritt 3: Lösungsmöglichkeiten suchen
Schritt 4: Lösungsmöglichkeiten bewerten und beste Lösung finden
Schritt 5: Planen und im Alltag umsetzen
Schritt 6: Auswertung und Selbstwertschätzung bei Erfolg

PATRICK M. ist in einem mittelgroßen Unternehmen angestellt. Nun ist ein Mitarbeiter wegen eines Burn-outs ausgefallen und länger krankgeschrieben. Patrick M. muss nun auch die Arbeiten des Kollegen übernehmen. Schon nach einer Woche merkt er, dass das Pensum kaum zu schaffen ist. Er arbeitet bis spätabends und kommt erschöpft nach Hause. Sport, Kollegen, Hobbys – die sind aus seinem Leben verschwunden. Patrick M. stört das, er möchte an dieser Situation etwas verändern.

Schritt 1: Problem wahrnehmen und beschreiben
Nehmen Sie sich genügend Zeit, um das Problem genau zu verstehen. Stellen Sie sich Fragen wie »Was belastet mich genau?«, »Was stört mich an der Situation besonders?«, »Welche Veränderungen brauche ich, um wieder zufrieden zu sein?«. Horchen Sie in sich hinein. Machen Sie sich bewusst, welche Gefühle, Wünsche und Bedürfnisse mit dem Problem in Zusammenhang stehen. Arbeiten Sie heraus, warum das Thema für Sie wichtig ist, was es für Sie bedeutet und warum Sie sich eine Lösung wünschen. Orientieren Sie sich dabei an der Trichtermethode (Seiten 203), die Sie auch für sich alleine gut anwenden können.

TIPP *Falls möglich, ist es natürlich auch hilfreich, wenn Ihr Partner bei der Lösung des Problems mithilft.*

Wenn nötig, grenzen Sie das Problem ein und definieren Sie ganz konkret, auf welche Aspekte Sie sich bei der Lösungsfindung konzentrieren möchten. Halten Sie die zentralen Punkte schriftlich fest.

PATRICK M. nimmt sich Zeit, um darüber nachzudenken, warum genau ihn die aktuelle Situation so stört. Er realisiert, dass er keine Zeit mehr hat, mit den Kollegen in die Pause zu gehen, dass er am Abend nichts mehr unternehmen mag außer fernsehen und dass er einfach ganz generell an Lebensqualität verloren hat. Das ärgert ihn und macht ihn traurig. Gleichzeitig befürchtet er, wie sein Kollege auch an einem Burn-out zu erkranken und dann selbst auszufallen. Patrick M. notiert:

PROBLEM

Ich muss die Aufgaben des Kollegen übernehmen.
=> Keine Gelassenheit mehr bei der Arbeit -> Druck, Freudlosigkeit, Anspannung
=> Lebensqualität verloren-> Gefühl der Leere, des einseitigen Gebens
=> Angst vor Burn-out wie Kollege
=> kein Ausgleich mehr, daher Gewichtszunahme, fühle mich in meinem Körper nicht mehr wohl -> Unzufriedenheit, Unausgeglichenheit
=> keine ausreichende Anerkennung dafür, dass ich nun neben meiner Arbeit auch die des Kollegen mache, alles zu selbstverständlich -> Enttäuschung, Frustration, Deprimiertheit
=> alle Verantwortung und die ganze Arbeit lasten auf meinen Schultern -> fühle mich einsam, alleingelassen, ausgebeutet
=> Dauer dieser Mehrbelastung nicht abzuschätzen -> Hilflosigkeit

Patrick M. grenzt anschließend das Problem ein: Er möchte zuerst die unbefriedigende Arbeitssituation angehen und sich um den Aspekt »Gewichtszunahme« erst später kümmern. Seine Problemdefinition lautet:

PROBLEMDEFINITION

Mit der gegenwärtigen Arbeitsbelastung komme ich unter die Räder und fühle mich ausgebeutet.

Schritt 2: Ziel definieren

Definieren Sie nun Ihr Ziel und halten Sie es schriftlich fest. Achten Sie darauf, dass das Ziel positiv formuliert, realistisch und überprüfbar ist. Indem Sie ein Ziel festlegen, geben Sie der Lösungssuche eine bestimmte Richtung.

PATRICK M. NOTIERT ZWEI ZIELE:

Der Arbeitsberg muss zu bewältigen sein.
Ich muss mich wehren und zusätzliche Hilfe anfordern.

Schritt 3: Lösungsmöglichkeiten suchen

Sammeln Sie nun möglichst viele und kreative Lösungsmöglichkeiten – und verbieten Sie der mahnenden Stimme in Ihrem Kopf, reinzureden. Blicken Sie über den Tellerrand, lassen Sie auch verrückte und kreative Ideen zu. Wagen Sie es, unkonventionelle Vorschläge zu notieren. Verlassen Sie ausgetretene Pfade ganz gezielt, lassen Sie bewusst auch Gedanken zu, die ungewohnt sind oder unmöglich erscheinen.

Es ist wichtig, dass Sie in diesem Stadium darauf verzichten, die Lösungsideen zu bewerten. Denn das würde den Prozess hemmen und unnötig einschränken. Fürs erste gilt: Quantität kommt vor Qualität! Denn je mehr Ideen Sie suchen und zulassen, desto mehr öffnet sich Ihre Perspektive. Und die Chance steigt, dass Sie eine gute Lösung finden.

Listen Sie Ihre Ideen schließlich auf.

Im Fall von Patrick M. sieht das so aus:

MÖGLICHE LÖSUNGEN

- mich besser organisieren
- nur noch die eigenen Aufgaben erledigen
- eine Vertretung suchen
- fluchen und lautstark klarmachen, dass das so nicht geht
- 15 Stunden am Tag arbeiten
- einen Praktikanten suchen
- neue Aufträge ablehnen
- Aufträge schlampig ausführen
- bei jedem neuen Auftrag die realistische Bearbeitungsdauer kommunizieren
- eine neue Stelle suchen
- dem Chef die Situation objektiv schildern und Unterstützung anfordern
- Tagesstruktur (morgens arbeite ich an meinen Projekten, nachmittags an denen des Kollegen)
- mitteilen, dass ich nicht alles schaffe, dass beide Projekte nur wenig vorankommen
- nur wichtigste Aufgaben erledigen (Prioritäten setzen)
- mehr delegieren, andere Kollegen einbinden

Schritt 4: Lösungsmöglichkeiten bewerten und entscheiden
Jetzt geht es darum, die einzelnen Ideen systematisch zu bewerten und deren Vor- und Nachteile gegeneinander abzuwägen, um schließlich die beste Lösung bestimmen zu können.

Überdenken Sie jeden Lösungsvorschlag kurz, betrachten Sie die Vor- und Nachteile. Bewerten Sie jeden Vorteil mit einem Plus, jeden Nachteil mit einem Minus. Rechnen Sie dann pro Lösungsidee die Minuszeichen und die Pluszeichen gegeneinander auf. Welcher Vorschlag schneidet am besten ab? Haben mehrere Lösungen gleich viele Punkte erhalten? Wägen Sie sie nochmals gegeneinander ab.

Hinterfragen Sie zu guter Letzt die Idee, die Sie als beste bewertet haben, noch einmal kritisch. Prüfen Sie, ob sie sich mit dem Ziel, das Sie festgelegt haben, vereinbaren lässt. Wenn nicht, sollten Sie einen oder zwei Schritte zurückzugehen.

PATRICK M. überlegt sich die Vor- und Nachteile und hält sie fest. Dann zieht er Bilanz: Er möchte einen Praktikanten einstellen. Allerdings ist er sich bewusst, dass das keine sofortige Verbesserung bringt. Denn die Person muss erst gefunden und dann auch noch eingearbeitet werden. Deshalb entscheidet er sich für die Lösung »nur die wichtigsten Arbeiten erledigen (Prioritäten setzen)« und will das seinem Vorgesetzten so mitteilen. Falls auch das noch zu viel sein sollte, würde Unterstützung von der anderen Abteilung notwendig, doch müssten auch diese Leute eingearbeitet werden. Wichtig ist, dass der Vorgesetzte die Situation erkennt und sich bewusst wird, dass Patrick M. alleine nicht zwei Vollzeitstellen abdecken kann.

Patrick M. überlegt nochmal, ob die gefundenen Lösungen mit seiner Zielsetzung vereinbar sind. Sie sind es – er hat ein gutes Gefühl. Am meisten entlastet ihn die Vorstellung, dass er seine Misere mitteilen sowie seinen guten Willen demonstrieren kann und dass ein Abarbeiten der wichtigsten Aufgaben auch wirklich machbar erscheint.

Schritt 5: Planen und realisieren
Jetzt geht es darum, festzulegen, wie Sie die Lösung umsetzen werden. Stellen Sie sich folgende Fragen:
- Welche Schritte muss ich einleiten?
- Wann, wo und wie fange ich damit an?
- Welche Hindernisse oder Störungen könnten auftreten?
- Wie werde ich mit diesen umgehen?

Bringen Sie nun Ihre Lösung so gut wie möglich in den Alltag ein. Entscheidend dabei ist, dass Sie sich und dieser Lösung eine reelle Chance geben und dass Sie sich nicht durch vorschnelle Kritik oder Strenge sich selbst gegenüber entmutigen lassen.

Lösungsideen	Bewertung der Vor- und Nachteile	Total der Bewertung
■ sich besser organisieren	Patrick M. könnte die E-Mails nur noch zweimal täglich abrufen = 1 Plus. Weitere Möglichkeiten für eine bessere Organisation sieht er nicht = 1 Minus	0
■ nur noch die eigenen Aufgaben machen	Das wäre super = 1 Plus. Allerdings würde niemand sonst für den Kollegen einspringen, die Arbeit würde liegenbleiben = 1 Minus. Das würde Patrick M.s Arbeitsbelastung letztlich erhöhen = 1 Minus usw.	− 1
■ eine Vertretung suchen	2 Plus, 2 Minus	0
■ fluchen und lautstark klarmachen, dass das so nicht geht	2 Minus	− 2
■ 15 Stunden pro Tag arbeiten	4 Minus	− 4
■ einen Praktikanten suchen	3 Plus	+ 3
■ neue Aufträge ablehnen	2 Minus	− 2
■ neue Aufträge schlampig ausführen	2 Minus	− 2
■ bei jedem neuen Auftrag die realistische Bearbeitungsdauer mitteilen	3 Plus, 1 Minus	+ 2
■ neue Stelle suchen	1 Plus, 1 Minus	0
■ dem Chef die Situation objektiv schildern und Unterstützung anfordern	4 Plus	+ 4
■ Tagesstruktur ändern (morgens an den eigenen Projekten arbeiten, nachmittags an denen des Kollegen)	1 Plus, 1 Minus	0

Lösungsideen	Bewertung der Vor- und Nachteile	Total der Bewertung
■ kommunizieren, dass ich nicht alles schaffe, dass dafür beide Projekte nur wenig vorankommen	1 Plus, 2 Minus	- 1
■ nur die wichtigsten Aufgaben erledigen (Prioritäten setzen)	3 Plus	+ 3
■ mehr delegieren, andere Kollegen einbeziehen	2 Plus, 1 Minus	+ 1

TIPP *Veränderungen brauchen Engagement und Geduld. Vor allem, wenn nicht alles sofort so klappt, wie Sie es sich vorgestellt haben. Bleiben Sie dran. Loben Sie sich zwischendurch immer mal wieder für gelungene Schritte!*

Legen Sie jetzt auch den Zeitpunkt fest, an dem Sie Ihren Erfolg bewerten werden. Patrick M. notiert:

PLAN
- Ab sofort eine Auswahl treffen, welches die wichtigsten und dringendsten Geschäfte sind, auf diese fokussieren.
- Morgen beim Meeting den Chef ansprechen und ihm die Situation und den Lösungsvorschlag mitteilen.
- Mit dem Vorgesetzten ein Szenario für den Fall ausarbeiten, dass es weiterhin zu viel Arbeit ist.

HINDERNISSE
- Die Kommunikation der Arbeitssituation könnte beim Vorgesetzten Ärger auslösen; er könnte fordern, dass ich das einfach schaffe, und sagen, dass das zumutbar sei und ich mich nicht zieren solle.

> => Argumente vorbereiten, klar argumentieren, Arbeitsvolumen
> realistisch darlegen, Arbeitszeit klarmachen. Ich hätte dann quasi
> eine 200%-Anstellung bei einem 100%-Lohn und eine
> 15-Stunden-Tag anstatt eines 8-Stunden-Tages.
> - Morgen könnte es in der Sitzung keine Zeit für diesen Punkt
> geben, weil ich ihn nicht auf die Tagesordnung gesetzt habe. Eine
> Mail zu schreiben, ist ungünstig, lieber dann die nächste Sitzung
> eine Woche später für eine große Diskussion vorschlagen, mit
> vorbereitetem Ablaufplan.
>
> Bewertung des Erfolgs: in drei Wochen ab heute

Schritt 6: Auswertung und Selbstwertschätzung bei Erfolg
Ziehen Sie eine (Zwischen-)Bilanz: Wie hat die Umsetzung der Lösung
funktioniert? Was hat gut geklappt? Was könnten Sie noch verbessern?
Oder denken Sie mittlerweile, dass eine andere Idee auf Ihrer Liste doch
mehr Erfolg gebracht hätte?

PATRICK M.s Bewertung fällt positiv aus. Zwar fand er es zu
Beginn schwierig, über die belastende Situation zu sprechen.
Doch er konnte seinen Vorgesetzten mit guten Argumenten und mit
seiner klaren Übersicht über Arbeitsmenge und verfügbare Zeit
überzeugen. Er freut sich, dass er nicht aufgegeben hat, und es tut ihm
gut, dass er trotz mehr Stress nun weiß, dass sein Einsatz gesehen
wird. Und dass er die Rückendeckung des Vorgesetzten hat. Er fühlt sich
nicht mehr alleine, im Stich gelassen und ausgebeutet.

HINWEIS *Möglich, dass Sie das Problemlöseschema einige Male
durchspielen müssen – dass Sie zwischendurch oder sogar erst in
der Bewertungsphase wieder Schritte zurückgehen müssen. Das gehört
dazu und ist kein Grund zur Unzufriedenheit. Solche Prozesse sind
nicht einfach und brauchen Zeit. Bleiben Sie dran und setzen Sie sich
nicht zu stark unter Druck! Im Gegenteil: Sagen Sie sich immer wieder,
dass Problemlösen Übungssache ist und trainiert werden muss.*

Blitzableiter: Wenn Sie selbst nicht weiterkommen

Ein gutes Haus besitzt einen Blitzableiter – das ist, wie auf Seite 20 bereits erwähnt, beim Stresshaus nicht anders. Auch im übertragenen Sinn gelingt es nicht immer, selbst alle Notfälle zu beheben, alle Wartungen, Reparaturen und dringenden Arbeiten persönlich auszuführen. Meistens fehlen dafür spezielle Fähigkeiten – da ist Hilfe von außen wichtig und nötig.

Bei Stress ist das nicht anders. Wenn Sie bei der Einschätzung einer Situation realisieren, dass Ihnen nicht genug Ressourcen zur Bewältigung der Aufgabe zur Verfügung stehen, sollten Sie prüfen, welche externen Quellen Sie »anzapfen« könnten, um Unterstützung zu bekommen. Häufig löst sich ein Problem oder stellt sich zumindest in einem anderen Licht dar, wenn man mit nahen Personen (Partner, bester Freund, Familienmitglieder) darüber sprechen kann. In der Partnerschaft eignet sich die Trichtermethode (siehe Seite 203) besonders gut dazu, um der Situation auf den Grund zu gehen, sich Klarheit über deren persönliche Bedeutung zu verschaffen und die Unterstützung zu erhalten, die man effektiv braucht.

Allerdings: Es gibt immer wieder mal Situationen, die auch das soziale Netzwerk überfordern, weil sie besonders intensiv oder chronisch sind. Dann wird professionelle Hilfe notwendig. Wenn Sie merken, dass weder Ihre inneren noch die äußeren Ressourcen zur Bewältigung der Anforderungen ausreichen, oder wenn Sie realisieren, dass Sie immer wieder in denselben Situationen an Ihre Grenzen stoßen, sich über- oder unterfordert fühlen, wenn Sie aus eigener Kraft keine Lösung finden, aber auch nicht ständig Ihr soziales Umfeld belasten können und wollen, dann sollten Sie den Schritt tun und sich umsehen, welche Blitzableiter Ihnen zur Verfügung stehen könnten. Je nach Fall kann Ihnen ein Coaching, eine Beratung (Berufsberatung, Lebensberatung), Krisenintervention oder eine Psychotherapie weiterhelfen.

Es ist ein Zeichen von Souveränität, wenn nötig Hilfe in Anspruch zu nehmen

Es ist normal, dass wir nicht immer alle Situationen bewältigen können, dass diese ab und zu unsere Grenzen sprengen. Das passiert auch den fähigsten und besten Stressbewältigern, erfolgreichen und leistungsstarken Personen. Statistiken zeigen, dass die meisten Menschen im Verlauf ihres

Lebens einmal oder mehrfach professionelle Hilfe in Anspruch nehmen müssen. Bei einem sogenannten somatischen Problem, also einem körperlichen, scheint die Hemmschwelle, zum Arzt zu gehen, niedriger zu sein. Doch Sie sollten auch keine Hemmungen haben, sich bei psychischen Schwierigkeiten an die richtigen Fachstellen zu wenden. Erstens sind Sie dadurch schneller wieder leistungs-, liebes- und genussfähig. Zweitens beugen Sie damit schwereren Einbrüchen in Ihrer Biografie vor.

TIPP *Zögern Sie nicht zu lange. Packen Sie die Probleme mit der Unterstützung eines Coachs, Beraters oder Therapeuten rechtzeitig an, bevor die Situation eskaliert und beginnt, weitere Kreise zu ziehen.*

Paare: Gemeinsam gegen Stress

Ein Stresserlebnis miteinander zu besprechen und ihm auf den Grund zu gehen, ist ein Gewinn für beide Partner. In diesem Kapitel lernen Sie ein Verfahren kennen, das sich besonders für Paare eignet.

Erinnern Sie sich an Nina, die 40-jährige Frau, die an der Ampel von einem Rentner zurechtgewiesen wurde (Seite 60)? Für Nina ging der Vorfall tief. Er stresste sie mehr, als bei einer objektiven Einschätzung der Relevanz vielleicht zu erwarten gewesen wäre. Als Nina am Abend ihrem Partner davon berichtete, konnte er nicht mitfühlen und Ninas heftige Stressreaktion nicht nachvollziehen. Schließlich waren beide frustriert: sie, weil sie sich nicht verstanden fühlte. Er, weil er fand, Nina sei überempfindlich und mache aus einer Mücke einen Elefanten. Oder sie habe sich wie ein Schulmädchen abkanzeln lassen, statt sich wie eine Erwachsene zu wehren.

Den Partner verstehen

Wie können Sie vermeiden, dass der Stress, den Ihr Partner nach Hause mitbringt, in einem vergleichbaren Fall zu einer ähnlich schlechten Stimmung und einem ruinierten Abend führt? Dazu müssen beide ihren Teil beitragen. Wenn Sie realisieren, dass Ihr Partner im Stress ist, sprechen Sie ihn darauf an (»Was ist los? Du wirkst so verschlossen, bedrückt. Ist etwas geschehen?«) und signalisieren Sie Interesse, mehr darüber zu erfahren – allerdings ohne neugierig oder aufdringlich zu sein. Ist der Zeitpunkt gerade ungünstig, können Sie auch später eine Gelegenheit suchen und dem Partner ein Gespräch anbieten, zum Beispiel, wenn die Kinder im Bett sind. Denn Muße und genügend Zeit sind wichtig. Sich dem Partner gegenüber zu öffnen, ist nicht zwischen Tür und Angel möglich.

HINWEIS *Die Person, die den Stress erlebt hat, sollte dem Partner mehr erzählen und nicht einfach nur das Ereignis und die oberflächliche Situation schildern. Es geht darum, zusammen der Situation auf den Grund zu gehen, um herauszufinden, was denn genau so schlimm war, weshalb das Ganze den Partner so beschäftigt und warum der Stress immer noch nachhallt.*

Stress wegen täglicher Widrigkeiten verraucht schnell, weil diese meist eine niedrige Relevanz haben (siehe Seite 48). Ist das nicht so, kann man davon ausgehen, dass der Vorfall tiefer geht, dass ein persönliches Thema (Konstrukt) aktiviert wurde. Da wir häufig selbst nicht wissen, was genau uns dermaßen aufwühlt, ist es wichtig, dem nachzuspüren. Das setzt voraus, dass wir bereit sind, davon zu erzählen. Und dass das Gegenüber aufmerksam zuhört, uns Raum gibt zum Erzählen, offen nachfragt und Interesse und Verständnis zeigt. Der Partner sollte auf keinen Fall voreilig Lösungen oder Ratschläge anbieten, denn Stress ist immer subjektiv. Wir können also nicht von uns auf den anderen schließen. Sondern sollten zuerst versuchen zu verstehen, was die Sache für den anderen bedeutet.

Erst wenn die Situation und die durch sie ausgelösten Gefühle klar geworden sind, kann der zuhörende Partner dem anderen die Unterstützung geben, die der wirklich braucht. Beide können nun dem Problem mit vereinten Kräften zu Leibe rücken.

HINWEIS *Ganz einfach, das Ganze? Nein, das ist es nicht. Aber ein sehr lohnenswertes Unternehmen, das Stress zuverlässig reduziert und damit Ihre Partnerschaft dauerhaft stärkt. Denn durch die gegenseitige Anteilnahme entstehen Intimität, Verbundenheit, Nähe und Vertrauen – und beide wissen, dass man sich an den Partner wenden kann, wenn man ihn braucht.*

Zuerst sind Sie dran

Vorsicht: Ihr Partner ist kein Abfalleimer, in dem Sie alles und jedes, das Sie im Alltagsleben stresst, deponieren können. Zuerst sollten Sie immer versuchen, Ihren Stress möglichst selbst zu bewältigen und ihn gar nicht erst in die Partnerschaft hineinzutragen. Anregungen dazu haben Sie in Kapitel 3 erhalten. Wenn Sie selbst kompetenter mit Stress umgehen können, belasten Sie die Partnerschaft, die Familie oder den Freundeskreis weniger oft. Natürlich kommt es trotzdem immer wieder vor, dass wir den Beistand des Partners brauchen, dass wir mit unserem Latein am Ende sind und die Unterstützung des anderen gut tut.

Mit dem folgenden Fragebogen können Sie sich einen Eindruck davon verschaffen, wie Sie als Paar in stressigen Situationen reagieren.

SELBSTTEST: WIE GEHE ICH MIT MEINEM PARTNER BEI STRESS UM?

	1 Trifft gar nicht zu	2 Trifft nicht zu	3 Trifft eher nicht zu	4 Trifft eher zu	5 Trifft zu	6 Trifft voll und ganz zu
Ich teile ihm mit, dass mich etwas belastet.	☐	☐	☐	☐	☐	☐
Ich zeige meinem Partner, wenn ich froh über seine/ihre Unterstützung bin.	☐	☐	☐	☐	☐	☐
Wenn einer von uns Stress hat, ist der andere für ihn da.	☐	☐	☐	☐	☐	☐

	1 Trifft gar nicht zu	2 Trifft nicht zu	3 Trifft eher nicht zu	4 Trifft eher zu	5 Trifft zu	6 Trifft voll und ganz zu
Wir können im Stress aufeinander zählen.	☐	☐	☐	☐	☐	☐
Wenn ich Stress habe, fühle ich mich von meinem Partner verstanden und wertgeschätzt.	☐	☐	☐	☐	☐	☐
Bei Stress erhalte ich die Unterstützung von meinem Partner, die ich brauche.	☐	☐	☐	☐	☐	☐

Auswertung:

Die ersten beiden Fragen beziehen sich auf Ihre Stressäußerung, darauf, ob Sie Ihrem Partner mitteilen, dass Sie froh über seine/ihre Unterstützung sind. Bei einem Wert über 10 tun Sie das genug. Werte darunter zeigen an, dass Sie sich überlegen sollten, warum Sie sich nicht öfter an Ihren Partner wenden, wenn Sie belastet sind. Suchen Sie Gründe dafür und besprechen Sie diese miteinander.

Die Fragen 3 und 4 beziehen sich auf Ihre Stressbewältigung als Paar. Wenn Sie einen Wert von 9 und niedriger aufweisen, neigen Sie eher zu einer geringen gemeinsamen Stressbewältigung. Dies kann verschiedene Gründe haben. Überlegen Sie, womit das bei Ihnen und Ihrer Partnerschaft zu tun hat.

Die Fragen 5 und 6 beziehen sich auf die Unterstützung durch Ihren Partner. Bei einem Wert ab 10 scheinen Sie zufrieden zu sein, bei einem niedrigeren Wert wäre es wichtig, mit Ihrem Partner darüber zu sprechen, was Sie mehr wünschten, wie die Unterstützung besser und Ihren Bedürfnissen entsprechender erfolgen könnte.

Emotionale Selbstöffnung: die Trichtermethode

Zum tieferen Verständnis des erlebten Stresses verhilft die sogenannte Trichtermethode. Wenn Sie gemeinsam mit Ihrem Partner nach dieser Methode vorgehen, besteht eine gute Chance, dass Sie beide besser verstehen, warum Sie so heftig reagieren und der Stress in Ihnen nachhallt. Und das ist die Voraussetzung dafür, dass Ihr Gegenüber Sie bei der Bewältigung des Problems optimal unterstützen kann. Denn fehlt das tiefere Verständnis auf der emotionalen Ebene, kann auch die Unterstützung nicht richtig greifen Trotz bester Absichten bleibt sie möglicherweise oberflächlich und unwirksam, setzt nicht beim wirklichen Problem – dem persönlichen Thema – an. Man gibt dann vielleicht zu schnell Ratschläge, fertigt den Partner ab oder gibt ihm das Gefühl, das sei doch eigentlich alles nicht so tragisch. Doch für die Person, die es betrifft, ist es eben schlimm – und in diesem Gefühl möchte sie verstanden werden.

Vertrauen und Preisgabe
Die Trichtermethode ist eine wunderbare und bewährte Möglichkeit für Paare, sich gegenseitig Einblick ins eigene Innenleben zu gewähren und sich so noch besser kennenzulernen. Der intime Austausch schafft Nähe, fördert Verständnis und Akzeptanz – und damit die Liebe. Er schmiedet beide in einem Bund gegen den »äußeren Feind« Stress zusammen.

Die Trichtermethode ist eine intensive zwischenmenschliche Begegnung, die das Gegenüber zum engsten Mitwisser von sehr persönlichen Gedankengängen und Gefühlen macht. Dadurch, dass die erzählende Person sich emotional preisgibt, entsteht ein mögliches Machtgefälle. Deshalb ist es von großer Bedeutung, dass sich beide Partner öffnen können und im gleichen Maße bereit sind, über ihr Innenleben zu reden. Ist das nicht der Fall, entsteht ein störendes Ungleichgewicht. Es kommt zu Einseitigkeit und Abhängigkeit. Oder man verschließt sich, bleibt oberflächlich und lässt den Partner nicht an dem teilhaben, was einen beschäftigt und einem wichtig ist.

So gehen Sie vor
Damit die Trichtermethode gelingen kann, ist es wichtig, dass Sie beide innerlich bereit sind, ein Gespräch zu führen. Ein Gespräch, in dem Sie sich wirklich begegnen wollen, in dem Sie sich nicht scheuen, ehrlich in sich hineinzuhorchen, wie es Ihnen geht, warum Sie etwas dermaßen beschäftigt und was das mit Ihnen persönlich zu tun haben könnte. Wichtig ist aber auch die Bereitschaft, zuzuhören, dem anderen Raum zu geben, ihn auf dem Weg des Erkundens mit Interesse, aber ohne fordernde

oder persönliche Neugier zu begleiten und zu versuchen, mitzuschwingen und emotional zu verstehen. Voraussetzung dafür ist, dass Sie beide für solch ein Gespräch genügend Zeit haben (zur Wichtigkeit der Zeit siehe das Kapitel »Zeit zählt«, Seite 148).

Nebenan sehen Sie eine Grafik des Trichters. Im Gespräch arbeiten Sie sich in diesem Trichter von oben nach unten durch. Das ist keine leichte Aufgabe. Doch wenn sie gelingt, können Sie zum Kern des Stresserlebens, zu Ihrem persönlichen Konstrukt, vordringen (zum Begriff des Konstrukts siehe Seite 61). Ein gemeinsam erarbeiteter Erfolg für Sie beide, der Sie verbindet und weiterbringen wird! Denn hier können Sie und Ihr Partner nun ansetzen und in einem zweiten Schritt gemeinsam nach wirksamen Bewältigungsmöglichkeiten suchen.

Darauf sollten Sie achten

Beachten Sie die Regeln für Sprechende und Zuhörende (siehe Kasten auf Seite 208). Und, ganz wichtig: Während der erzählende Partner im Trichter nach unten »taucht«, darf der Zuhörende noch keine konkrete Unterstützung zur Lösung des Problems anbieten. Das wäre zu früh. Das Gegenüber könnte sich »abgeklemmt« fühlen, und die Erkundungsreise könnte vorschnell abgebrochen werden.

Wichtig ist außerdem, dass der Zuhörer nicht meint, zu wissen, wie es der erzählenden Person geht. Dass er oder sie auf jegliche Interpretation verzichtet, sich zurücknimmt und wirklich darum bemüht, einfach zuzuhören und mit hilfreichen Fragen (siehe unten) den Prozess zu unterstützen.

TIPP *Machen Sie als Zuhörer keine Gefühlsangebote (»Da fühlst du dich sicher ...« – »Das muss ja wirklich schrecklich für dich sein.« – »Bist du da nicht ärgerlich?«), sondern lassen Sie nur durch Ihr wohlwollendes und aufmerksames Zuhören alle Gefühle und Gedanken beim Sprechenden selbst entstehen. Folgen Sie dem Sprechenden einfach nur als herzlicher Begleiter auf der gemeinsamen Entdeckungsreise.*

Von oben nach unten durch alle Ebenen

Räumen Sie für das Trichtergespräch genügend Zeit ein und sorgen Sie dafür, dass Sie nicht gestört werden. Arbeiten Sie sich dann sorgfältig von oben nach unten durch:

1. Sachebene: Beginnen Sie mit einer kurzen sachlichen Beschreibung des konkreten Vorfalls, der Sie beschäftigt. Das sollte maximal zwei Minuten dauern. Schildern Sie nur die wichtigen Dinge, damit der Partner die Situation einordnen kann.

Geeignete Fragen: »Was ist geschehen?« – »Worum ging es in der Situation?«

So kann der Zuhörer unterstützen: Stellen Sie sicher, dass Sie die sachliche Ausgangslage nachvollziehen können, damit alles Weitere gut verankert ist. Fragen Sie hier noch nicht groß nach, denn die sachliche Situation interessiert nicht weiter. Es geht nur um den Rahmen, damit Sie wissen, wo und mit wem was stattgefunden hat.

2. Ebene der oberflächlichen Gefühle: Erzählen Sie von den Gedanken und Gefühlen, die die Situation in Ihnen ausgelöst hat. »Oberflächliche« Gefühle sind zum Beispiel Frust, Gereiztheit, Ärger, Nervosität.

Nehmen Sie sich Zeit für diese Ebene und loten Sie sie aus. »Sammeln« Sie alle Gedanken und Gefühle, die Sie in der Situation begleitet haben.

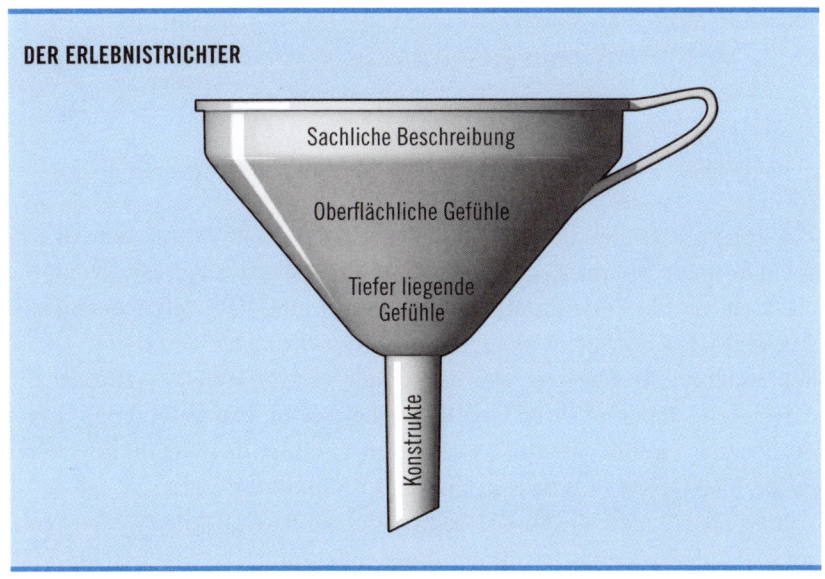

DER ERLEBNISTRICHTER

Sachliche Beschreibung

Oberflächliche Gefühle

Tiefer liegende Gefühle

Konstrukte

TRICHTERMETHODE: REGELN FÜR DIE EMOTIONALE STRESSKOMMUNIKATION

Während Sie sich nun durch die verschiedenen Ebenen des Trichters von oben nach unten durcharbeiten, beachten Sie beim Gespräch Folgendes:

Regeln für den Sprechenden
- **Konkret bleiben:** Sprechen Sie von einer ganz bestimmten, konkreten Situation, die Sie gestresst hat und die immer noch Stressgefühle auslöst: »Welche konkrete Situation hat mich gestresst?«
- **Gefühle:** Gehen Sie auf Ihre Gedanken, Einschätzungen und Gefühle in dieser Situation ein: »Welches war innerhalb der verschiedenen Gefühle das stärkste Stressgefühl?«
- **Bedeutung:** Arbeiten Sie heraus, weshalb die Situation dermaßen belastend war, was sie genau so schlimm gemacht hat. Erforschen Sie die emotionalen Gründe für Ihren Stress: »Warum hat mich das so getroffen?«

Regeln für den Zuhörenden
- **Aktives Zuhören:** Hören Sie dem Partner aktiv, engagiert und interessiert zu, und geben Sie ihm Raum, sich auszusprechen und den Stress zu ergründen.
- **Nachfragen:** Helfen Sie dem Partner bei der Suche nach den Gründen für den Stress, indem Sie offen nachfragen, ohne zu interpretieren. Geben Sie in dieser Phase noch keine Unterstützung, hören Sie einfach nur zu.
- **Zusammenfassen:** Klären Sie den Verlauf des Gesprächs immer wieder, indem Sie die für Ihren Partner wichtigen Inhalte zusammenfassen. Melden Sie zurück, was Sie verstanden haben.

Wichtig ist, dass Sie diese Emotionen auch jetzt empfinden bzw. wachrufen können. Sie merken selbst sehr gut, ob das der Fall ist. Wenn Sie die Gefühle bloß »heruntererzählen«, ohne innerlich mitzugehen, hilft das bei Ihrem Vorhaben nicht. Dann sollten Sie sich die Situation innerlich nochmal wachrufen, das Gespräch verlangsamen, vielleicht die Augen schließen und Ihren Gefühlen nachspüren. Das gelingt nur, wenn der Partner einfühlsam zuhört und dem Erzähler das Gefühl gibt, dass es ihn interessiert und dass er ihm den Raum dafür gibt.

Geeignete Fragen, die Sie sich selbst oder der Partner Ihnen stellen kann, sind: »Und wie erging es dir in dieser Situation?« – »Wie hast du dich gefühlt, als ...?« – »Was ist dir durch den Kopf gegangen, als ...?«, – »Was haben diese Gedanken bei dir bewirkt?« – »Was machte das mit dir?« usw.

So kann der Zuhörer unterstützen: Lassen Sie Ihrem Gegenüber Zeit, bedrängen Sie es nicht. Fragen Sie mit leiser und ruhiger Stimme nach (nicht wie bei einem Verhör oder einer Befragung), was in der Situation belastend war, was im Sprecher gefühlsmäßig vorging, was er oder sie dachte und was das für Gefühle bewirkte. Geben Sie hin und wieder eine Rückmeldung, indem Sie kurz zusammenfassen, was Sie verstanden haben.

Dass Sie beide im Prozess auf dem richtigen Weg sind, merken Sie als Zuhörer daran, dass die geschilderten Emotionen auch in Ihnen etwas auslösen, dass Sie »mitschwingen« können. Sie spüren, dass Sie den Stress Ihres Partners nachvollziehen können und er bei Ihnen anschlägt. Sie werden auch merken, wie das Gespräch langsamer und ruhiger wird, wenn tiefere Gefühle kommen. Wie es manchmal ins Stocken gerät, Schweigen und Pausen entstehen, die Stimmung schwerer wird.

Und wenn das nicht passiert? Das kann daran liegen, dass der Partner nur sachlich von seinen Gefühlen erzählt, ohne dass er die – aus was für Gründen auch immer – wirklich wiedererleben kann. Oder aber Sie selbst sind mit den Gedanken abwesend, lassen sich zu wenig auf den Partner ein, schirmen sich ab und lassen die Erfahrung nicht zu. In dem Fall sollten Sie innehalten. Suchen Sie gemeinsam nach Ursachen, weshalb das Tiefergehen nicht gelingt. Und legen Sie je nach Grund einen späteren Zeitpunkt für das Gespräch fest.

Falls Sie als Paar gar nicht weiterkommen, bringt es nichts, darauf zu dringen. Vielleicht steht Ihnen als Paar diese Ressource nicht zur Verfügung. Dann gibt es die Möglichkeit, dass Sie versuchen, es in einer Paartherapie zu entdecken.

TIPP *Und wenn Sie nun in der Situation ganz anders reagiert hätten? Behalten Sie es für sich. Sagen Sie sich konsequent, dass Ihr Gegenüber der Experte in Sachen eigene Gedanken und Emotionen ist – nicht Sie. So gut Sie Ihren Partner auch zu kennen glauben: Nur er weiß, wie es in ihm aussieht.*

3. Ebene der tieferliegenden Gefühle: Indem Sie auf der zweiten Ebene die Gefühle nochmal durchlebt haben, haben Sie das Gelände so weit vorbereitet, um auf die nächste Ebene hinabzutauchen, die bereits enger gefasst ist. Hier treten nun schwierig auszuhaltende Emotionen ans Licht: Scham, Einsamkeit, Traurigkeit, Hilflosigkeit, Minderwertigkeit, Verzweiflung, Resignation usw. Es sind diese Gefühle, die Ihr Stresserleben so intensiv werden lassen. Wenn Sie zu ihnen vorgestoßen sind, dann spüren Sie und Ihr Partner auf einmal, dass die auslösende Situation alles andere als trivial war. Dass das Geschehen Sie an einem wunden Punkt getroffen hat.

Geeignete Fragen, die Sie sich stellen können oder Ihr Partner Ihnen stellen kann, sind: »Welches war die wichtigste, die stärkste Emotion in dieser Situation? Das Gefühl, das dir am meisten zugesetzt hat?« – »Welches Gefühl hat dich nicht losgelassen? Was war besonders schlimm für dich?« – »Was genau hat es so schwierig gemacht?« usw.

So kann der Zuhörer unterstützen: Wenn spürbar ist, dass beide emotional »aufgeweicht« sind und dass die Stresssituation im Erzählenden aktiviert wurde, dann ist jetzt der richtige Zeitpunkt für eine Warum-Frage (»Warum hat dich das so traurig gemacht?« – »Wie kommt es, dass dich das so aufwühlt?«). Vorher wäre sie nicht sehr ergiebig gewesen und als störend empfunden worden. Für die Antwort auf die Warum-Frage sollten Sie Ihrem Gegenüber Zeit lassen. Halten Sie ganz bewusst auch Momente des Schweigens aus – Sie merken, ob Ihr Partner schweigt, weil erinnerlich »an etwas dran« ist oder einfach nicht mehr weiter weiß. Dann können Sie behutsam nachhaken, zum Beispiel indem Sie kurz zusammenfassen, was Sie bisher verstanden haben. Häufig kommt der Prozess dann wieder in Bewegung.

Je tiefer die Selbstöffnung nun geht, desto langsamer, stockender, leiser und zaghafter spricht der Sprecher und desto intensiver werden die Gefühle. Das Konstrukt ist nun stark aktiviert und stimuliert heftige Stressgefühle – oft tiefe Traurigkeit, die mit Weinen einhergeht. Der Partner spürt diese tiefe Trauer und schwingt unwillkürlich mit, auch er wird traurig und nimmt Anteil.

HINWEIS *Ob man das Konstrukt benennen will oder nicht, ist nicht so entscheidend. Wichtig ist, dass man das Thema spürt und nun den Grund für das starke Stresserleben kennt. Wenn* *man sich seiner Achillesferse bewusst ist, kann man künftig besser damit umgehen und sich schützen. Der Partner ist als Mitwissender ein intimer Verbündeter. Man teilt gemeinsam etwas, wovon die anderen keine Ahnung haben. Das ist exklusiv und verbindet. Außerdem stört ihn das betreffende Verhalten anschließend viel weniger, weil er es einordnen kann.*

Und wenn es für Sie zu viel wird?

Es ist nicht einfach, sich zu öffnen. Aber genauso schwierig ist es, tiefe Gefühle des Partners auszuhalten. Ein Zeichen für Überforderung ist es, wenn Sie dem erzählenden Gegenüber die schwierigen Emotionen am liebsten abnehmen würden. Oder wenn Sie merken, dass Sie sich verschließen. Dann stockt der Verlauf, der Sprecher reagiert darauf, nimmt sich zurück, verschließt sich ebenfalls. Vielleicht sagt er sogar selbst, dass das Ganze ja gar nicht so schlimm gewesen sei. Er wird oberflächlicher und sachbezogener, spielt das Erlebte herunter, dreht es vielleicht sogar ins Witzige, lacht darüber. Man schützt sich und nimmt das Gesagte wieder zurück.

Setzen Sie sich als Zuhörer nicht selbst unter Druck, schwingen Sie einfach mit. Es ist auch in Ordnung, wenn Sie selbst nasse Augen bekommen, sich überwältigt fühlen. Sie müssen nicht stark sein. Lassen Sie einfach mit sich geschehen, was die Schilderung des Partners bei Ihnen auslöst. So spürt er, dass Sie mitgehen, fühlt sich verstanden und getragen.

TIPP *Ein Trichter hat es so an sich, dass er den Inhalt konzentriert auf einen ganz bestimmten Punkt hinlenkt. Allerdings wissen Sie anfangs nicht so genau, wohin die Reise geht. Und manchmal passiert dann alles auf einmal ganz schnell. Und im Trichter bildet sich ein Strudel, der Sie in die Tiefe reißt. Das ist in Ordnung und in der Regel nicht beunruhigend. Doch werden die Gefühle zu intensiv und könnten Sie oder Ihr Partner die Kontrolle verlieren, dann halten Sie inne. Suchen Sie in diesem Fall therapeutische Hilfe.*

Bin ich jetzt auch Therapeut?

Beachten Sie: Die Trichtermethode ist keine gegenseitige Therapie, sie ist eine gemeinsame Erkundungsreise. Man begibt sich miteinander auf einen

Weg, um eine Situation besser zu verstehen, und lernt dabei ganz viel über den Partner und über sich selbst.

Beide sollten es vermeiden, sich als Experte aufzuspielen, der zu wissen glaubt, wo es langgeht. Beide sollten sich in gleichem Maße auf die Übung einlassen, in beiden Rollen ihre Erfahrungen machen können und dabei auf ihre innere Haltung achten. Der Erzählende ist der Experte – und dass er Sie an seinem Innenleben teilhaben lässt, ist eine Auszeichnung und eine Ehre, ein Vertrauensbeweis. Zerstören Sie den nicht durch überhebliches, neugieriges, anmaßendes oder zynisches Verhalten. Nur wenn sich beide ehrlich aufeinander einlassen, erzielen Sie als Paar einen Gewinn. Betrachten Sie das Ganze nicht als gegenseitige Therapie, denn das ist es nicht. Es ist ungesund, wenn Partner sich gegenseitig therapieren wollen.

 TIPP *Grundvoraussetzung für das Gelingen der Trichtermethode ist, dass beide motiviert sind, sich auf diese Ebene der Beziehung einzulassen. Wenden Sie die Methode nur an, wenn Sie sicher sind, dass Ihr Partner Respekt hat und den Anstand, das gewonnene Wissen über Sie nicht zu missbrauchen. Seien Sie nicht verunsichert, wenn Sie nicht beim ersten Mal oder nicht jedes Mal eine gewisse Tiefe im Trichter erreichen.*

DIE TRICHTERMETHODE ALLEINE ANWENDEN

Ihnen fehlt ein Gegenüber, das mit Ihnen in den Trichter hinabtaucht? Sie können das Verfahren auch allein anwenden. Gehen Sie folgenden Fragen nach:

- Was genau ist passiert?
- Was war besonders schlimm für mich?
- Warum war es so schlimm für mich?
- Wie habe ich mich dabei gefühlt?
- Welches war das stärkste, das wichtigste Gefühl?
- Warum war gerade dieses Gefühl so stark?

Gedanken, Gefühle, Konstrukte: ein Beispiel

Sie finden Ihren Schlüsselbund nicht mehr. Er ist verloren gegangen oder Sie haben ihn verlegt, so genau wissen Sie das nicht. Weil daran auch der Schlüssel für den Haupteingang zur Firma hängt, in der Sie angestellt sind, stresst die Situation Sie sehr.

TIPP *Wenden Sie die Trichtermethode nur allein oder mit dem Partner an. Die Methode erfordert exklusives Vertrauen und eignet sich nicht für andere soziale Beziehungen (z.B. Kollegen).*

Ebene im Trichter	Gedanken	Gefühle	Konstrukt
Oberer Teil	Das ist echt doof, dass mir das passieren musste. Warum habe ich diesen blöden Schlüssel überhaupt da hingelegt? Das stinkt mir, dass mir das passieren musste. Es kann jemand kommen und etwas stehlen. Es müssen alle Schlösser ausgewechselt werden, das kostet ganz schön.	Beklommenheit Nervosität Unsicherheit Frustration Ärger Unmut	nicht erkennbar
Mittlerer Teil	Warum musste mich diese Person so lange aufhalten und mich stressen, sodass das passieren konnte? Warum passieren solche Sachen immer mir? Warum bin ich nur immer so zerstreut? Das kann echt schlimme Folgen für mich haben. Wenn der Chef das erfährt! Das kann sich bei der nächsten Gehaltsrunde negativ auf meine Beförderung auswirken.	Ärger Verzagen Angst	nicht erkennbar

Ebene im Trichter	Gedanken	Gefühle	Konstrukt
Unterer Teil	Die anderen machen mich fertig, das ist ein gefundenes Fressen für die. Die denken nun, dass ich unzuverlässig und schlampig bin. Nicht mal auf seine Schlüssel aufpassen kann der. Vor allem Herr Künzler, der wird schadenfroh sein, mir das gönnen. Wenn ich solche Fehler mache, können die anderen nichts von mir halten. Das darf einem nicht passieren. Nicht mir in meiner Position. So etwas hätte ich vermeiden müssen. Ich bin nicht gut genug für eine Führungsposition; sobald ich etwas Stress habe, passieren mir solch schwerwiegende Fehler. Jetzt durchschauen mich die anderen, sehen, dass ich nicht so gut bin, wie ich zu sein vorgebe.	Unsicherheit Betroffenheit Schuldgefühle Angst, Scham Traurigkeit	Konstrukt beginnt zu wirken
Konstruktnaher Teil	Ich muss perfekt sein, darf mir keine Blöße geben. Schon früher wurde von mir erwartet, dass ich immer alles kann, besser bin als die anderen. Niemand hatte Verständnis, wenn es mal nicht so war. Dieser unmenschliche Druck, immer perfekt sein zu müssen.	Minderwertigkeit Traurigkeit Hilflosigkeit Resignation Verzweiflung Einsamkeit	Konstrukt des Perfektionismus

Quelle: Bodenmann, Verhaltenstherapie mit Paaren, Huber Verlag, Bern 2012

Unterstützung geben

Im Gespräch mit Ihrem Partner haben Sie sich mithilfe der Trichtermethode tief in Ihre Innenwelt vorgewagt und über die Emotionen und Themen gesprochen, die Sie so sehr gestresst haben und immer noch stressen. Nun kommt Ihr Gegenüber zum Zug. Denn jetzt ist es Zeit für Phase zwei, für die Unterstützung. Bleiben wir beim Beispiel mit den verlorenen Schlüsseln: Angenommen, Sie haben herausgearbeitet, dass

214

Sie am meisten dieser ewige unmenschliche Druck belastet, perfekt sein zu müssen, keine Fehler machen zu dürfen, besser sein zu müssen als die anderen. Was wünschen Sie sich jetzt in erster Linie von Ihrem Partner, was würde Ihnen gut tun?

a) Dass er Ihnen sachlich anbietet, in den verschiedenen Fundbüros nach dem Schlüsselbund zu fragen, an Orte zurückzukehren, wo die Schlüssel sein könnten, um mit Ihnen danach zu suchen? Dass er Ihnen sagt, dass das alles doch nicht so schlimm sei, es sei ja nur der dämliche Schlüsselbund, die Schlösser könnten auf Kosten der Versicherung ausgewechselt werden, zu Schaden gekommen sei ja niemand?

b) Dass er Ihnen einfach zuhört und Ihnen Verständnis entgegenbringt? Ihnen mitteilt, dass er Ihren Stress nachvollziehen kann, dass Sie deswegen aber keinen Grund haben, sich gleich vollständig in Zweifel zu ziehen, dass alle mal einen Fehler machen und Sie zu streng mit sich ins Gericht gehen? Dass er Ihre Stärken und bisherigen Leistungen aufzeigt und Ihnen versucht das Gefühl zu geben, dass durch ein einzelnes Missgeschick Ihr Bild nicht beschädigt wird, dass andere Ihre Verdienste sehen und ein Fehler Sie nur menschlicher macht? Dass Sie nicht perfekt sein müssen, um seiner Liebe würdig zu sein? Dass er Sie mehr achten und schätzen kann, wenn Sie auch Fehler machen können und einfach Mensch sind?

Und in Ninas Fall?

a) Soll ihr Partner sie auffordern, sich bei der nächsten Beleidigung verbal kräftig zur Wehr zu setzen? Soll er ihr zeigen, wie sie das machen kann, ihr Tipps geben?

b) Oder soll er seine Frau ohne viele Worte in den Arm nehmen, ihr zeigen, dass er sie so liebt, wie sie ist, und dass er zu ihr steht? Dass er versteht, dass der Vorfall sie sehr getroffen hat, dass ihr das weh getan hat?

Es ist nicht schwierig, zu erraten, welche Art der Unterstützung wirkungsvoller sein wird. In den a)-Fällen reden die zwei Partner aneinander vorbei. Der eine schildert einen emotionalen Zustand, und der andere bietet praktische Unterstützung. Nina ist niedergeschlagen, und ihr Mann gibt ihr Ratschläge, wie sie sich nächstes Mal verhalten soll. In beiden Fällen entspricht die Unterstützung nicht der Tiefe der Selbstöffnung.

Daher ist sie unpassend, verletzend und nicht hilfreich. Konkrete problembezogene Unterstützung ist vielleicht in einem nächsten Schritt angemessen – aber zuerst möchte die gestresste Person in ihrem emotionalen Zustand wahrgenommen und dort »abgeholt« werden. Kommt die problembezogene Stressbewältigung zu früh, fühlt man sich unverstanden und mit seinen Reaktionen allein gelassen: »Auch mein Partner versteht mich nicht. Das zeigt ja, dass ich völlig überreagiere, eine lächerliche Gestalt bin.«

Emotionale Unterstützung

Wie können Sie Ihren Partner emotional unterstützen? Wahrscheinlich haben Sie im Laufe Ihres Zusammenseins schon Erfahrungen gesammelt und verfügen bereits über ein gewisses Repertoire, auf das Ihr Gegenüber gut anspricht. Beispiele sind:

- Wertschätzung, Verständnis
- Interesse für den Stress des Partners
- Mithilfe bei der Umbewertung einer Situation (mehr dazu auf Seite 197)
- Mithilfe bei der Gefühlsberuhigung
- Solidarisierung mit dem Partner
- Glaube an den Partner; an seine Fähigkeiten und Kompetenzen
- Mut machen
- zärtliche Umarmung, Körperkontakt
- Massagen und Entspannungsrituale
- usw.

TIPP *Sie haben keine Idee, wie Sie Ihren Partner unterstützen können? Fragen Sie ganz direkt: »Was würde dir gerade jetzt gut tun? Was brauchst du am meisten? Wie kann ich dich am besten unterstützen? Was kann ich tun, das dir hilft?«*

Problembezogene Unterstützung

Wenn die emotionsbezogene Unterstützung glückt, löst sich in der gestressten Person etwas – manchmal schneller, manchmal langsamer. Sie taucht dann aus den Tiefen des Trichters sozusagen wieder auf. Erst jetzt ist es angebracht, auch auf der praktischen Ebene nach Lösungen zu suchen. Beispiele für Unterstützung auf der konkreten, problembezogenen Ebene sind:

- konkrete Vorschläge für das weitere Vorgehen
- Mithilfe bei der Ausführung von Tätigkeiten und Aufgaben
- Informationen sammeln und weitergeben
- Mithilfe bei der Analyse eines Problems
- Ermöglichung von Freiräumen (z.B. externe Kinderbetreuung)
- Entlastung (z.B. durch Übernahme von Aufgaben, Tätigkeiten, Verantwortung)
- materielle Unterstützung
- usw.

Zum Schluss eine Rückmeldung

Sie haben gemeinsam die Trichtermethode durchgespielt und wurden von Ihrem Partner unterstützt? Geben Sie ihm zum Abschluss ein Feedback:

- Wie zufriedenstellend war die Unterstützung?
- Wie wirksam war sie?
- Gibt es etwas, das Sie sich zusätzlich gewünscht hätten?

Wenn das emotionale Tauchen im Trichter auch nur ansatzweise gelungen ist, ist das ein Grund zur Freude. Denn Sie beide ziehen daraus einen Gewinn: Die unterstützende Person erlebt, was sie leisten und bieten kann. Die unterstützte Person fühlt sich getragen und ernst genommen.

9

SELBSTVERWIRK-LICHUNG, WERTE UND DIE SINNFRAGE

Im Modell des Stresshauses ist es der Dachboden, der den Werten und der Sinnfrage gewidmet ist. Es lohnt sich, Ihren Raum der persönlichen Lebensphilosophie mit Umsicht auszustatten, um in Zeiten der Unsicherheit und Orientierungslosigkeit einen Zufluchtsort zu haben.

Entscheidungen, Entscheidungen

Es gibt bereits Apps, die bei der Entscheidungsfindung helfen sollen – so viel Aufwand und Stress verursachen die unzähligen Möglichkeiten in allen Lebensbereichen. Doch wie schlimm ist es eigentlich, wenn wir nicht jedes Mal hundertprozentig richtig entscheiden?

Es liegt in der Natur des Themas, dass Sie in diesem Kapitel nur auf wenige konkrete Tipps stoßen werden. Denn wonach Sie Ihr Leben ausrichten und welche Werte für Sie wichtig sind, das können nur Sie wissen oder herausfinden. Sie finden daher lediglich Denkanstöße und Fragen zum Überlegen. Nehmen Sie sich aus der Fülle der Fragen und Themen die heraus, die Sie momentan beschäftigen, die für Sie wichtig sind und Ihrem Leben eine Orientierung geben. Vielleicht kehren Sie zu einem späteren Zeitpunkt zu anderen Überlegungen zurück.

Freiheit und Kreativitätsdruck

Ein Leben ohne Werte, Ziel und Sinn ist stressig und für die wenigsten Menschen lohnenswert. Doch gesellschaftliche Vorgaben, Regeln, Normen haben stark an Bedeutung verloren und bieten kaum noch geeignete Orientierungshilfen in der Frage, was »richtig« und was »falsch« ist. Das Gleiche gilt für religiöse und moralische Werte.

Im Zuge der Individualisierung und Selbstverwirklichung ist es heute die Aufgabe jedes Einzelnen, für persönliche Stabilität zu sorgen und dem Leben eine Richtung zu geben. Das ist auf den ersten Blick ein Vorteil, denn es bedeutet einen enormen Zuwachs an Freiheit in allen wesentlichen Bereichen des Lebens: bei der persönlichen Entfaltung, im Bereich der Erwerbstätigkeit, bei der Gestaltung der Partnerschaft und in der Erziehung der Kinder. Überall hier sind Handlungsspielräume entstanden, durch das Zeitalter der Aufklärung angestoßen und in der zweiten Hälfte des 20. Jahrhunderts durch die 68er-Bewegung vollends umgesetzt.

Vorschriften, religiöse oder weltliche Autoritäten geben nicht mehr vor, wie man sich zu verhalten hat. Sondern jeder hat unbegrenzte eigene

Möglichkeiten, solange er nur auf seinen Verstand und sein Herz hört. Gesetzliche Schranken regeln lediglich Ausschweifungen dieser Freiheit, legen Grenzbereiche in den Extremen fest – als Normen für den ganz gewöhnlichen Alltag sind sie unbedeutend.

Überforderung durch die Fülle

Freiheiten sind schön, doch die Medaille hat eine Kehrseite. Denn das alles bedeutet auch, dass jeder Mensch völlig auf sich gestellt ist. Dass jeder Einzelne die volle Verantwortung für seine Entscheidungen übernehmen und einen Lebensentwurf finden muss, der zu ihm passt. Jeder muss selbst etwas aus seinem Leben machen, sonst hat er versagt, die Möglichkeiten nicht genutzt, das Leben verpasst oder einfach ein trauriges Schattendasein geführt. Das erzeugt einen gewissen Druck, einen Grundstress: Man darf sich zum einen verwirklichen (sehr schön), doch häufig muss man sich auch verwirklichen (weniger schön), wenn man nicht als langweiliger, spießiger, uninspirierter Mensch gelten will. Man muss kreativ sein und das auch nach außen zeigen. Es gehört dazu, sich selbst darzustellen und den anderen seine individuellen Errungenschaften vorzuführen.

HINWEIS *Der Dachboden in Ihrem Stresshaus ist der Ort der Einkehr. Der Raum, in dem Sie sich den ganz großen Fragen widmen sollen und dürfen: der grundsätzlichen Richtung Ihres Lebens, Ihren Zielen, vielleicht auch dem Sinn Ihres Lebens und Tuns. Hier lassen Sie das Alltagschaos hinter sich und öffnen den Blick fürs Ganze, für Ihren Lebensentwurf. Aber lassen Sie sich dadurch nicht stressen. Auch ein unspektakuläres Leben kann ein erfolgreiches und schönes Leben sein. Wichtig ist nur, dass Sie es so gewählt haben.*

Es sind nicht nur die traditionellen Werte und Konventionen, die nicht mehr ohne Weiteres gelten. Es ist auch die Fülle an Informationen, an Wahlmöglichkeiten, die das Leben zu einem ständigen Orientierungslauf macht. Wo die Abkürzung nehmen, wo sich für den leichten und einfachen Pfad entscheiden? Wo eine Route ausprobieren, die auf der Karte gar nicht verzeichnet ist? Bei welchem Lauf gar nicht erst mitmachen?

Prioritäten zu setzen ist zu einer der wichtigsten Aufgaben des Lebens geworden, denn die Viel-Optionen-Gesellschaft wird für manche durch ihren Überfluss zur Überforderung.

NADINE B.s SOHN braucht ein Paar neue Winterhandschuhe. Er ist schon 17 und könnte seine Handschuhe selbst kaufen. Aber Nadine findet es besser, wenn sie sich darum kümmert. Sie vertraut ihrem Entscheidungsprozess mehr als dem ihres Sohnes. Sie weiß: Ihr Sohn würde einfach ins nächstbeste Geschäft gehen, sich die Auswahl ansehen und dann das Paar nehmen, das ihm am besten gefällt. Nadine macht das anders. Sie geht zwar auch zuerst ins nächstbeste Geschäft, aber mehr, um sich einen Überblick zu verschaffen. Dort findet sie Handschuhe in Mengen, und ein Paar im oberen Preissegment gefällt ihr ganz gut. Doch sie möchte sicher sein, dass es nicht an einem anderen Ort Handschuhe mit einem noch besseren Preis-Leistungs-Verhältnis gibt. Um zu vergleichen, fährt sie in zwei weitere Sportläden im Nachbardorf. Tatsächlich findet sie in einem ein qualitativ gleich-wertiges Paar, das 10 Euro weniger kostet. Leider passt die Farbe der Streifen nicht zur Skijacke. Das ginge nun gar nicht, so gut kennt Nadine ihren Sohn. Nach eineinhalb Stunden fährt sie zurück ins erste Geschäft und kauft dort die Handschuhe, die sie als Erstes gesehen hat. Mit einem guten Gefühl, denn sie weiß: Diese sind die richtigen, und zum richtigen Preis.

Nadine investiert viel Zeit, um eine Entscheidung von relativ geringer Tragweite zu treffen. Sie hat sich für diesen Weg entschieden, die richtige Wahl der Handschuhe war ihr den Aufwand wert. Ihr Sohn hätte es sich einfacher gemacht. Zwei Menschen, zweierlei Prioritäten, zweierlei Vor-gehensweisen.

Nun steht bei einem Handschuhkauf nicht viel auf dem Spiel. Trotzdem ist Nadines Situation typisch für die unzähligen Entscheidungen, mit denen wir täglich konfrontiert sind. Die Welt ist komplex geworden, die Auswahl für fast alles ist riesig: Haushaltsartikel, Nahrungsmittel, Klei-dung, Haushalts- und Bürogeräte, Konsumgüter, Ferienziele, Freizeitan-gebote, Bildungsangebote, Smartphones – und kein Ende. Doch das sind verhältnismäßig unwichtige Entscheidungen, für die wir je nach persön-licher Vorliebe mehr oder weniger Zeit aufwenden können. Misslingen sie, sind die Konsequenzen meist nicht von großem Ausmaß, der Stress ist gering, die Frustration in aller Regel zu überwinden. Doch wie steht es mit den großen Fragen des Lebens?

GLEICHSCHALTUNG IN FREIHEIT

Es steht nur scheinbar im Widerspruch zur Individualität, wenn unzählige Menschen die gleichen Zeitungen lesen, die gleichen Smartphones besitzen, die gleichen Markenklamotten tragen und die gleichen Fernsehsendungen schauen. Würde man diese Gleichschaltung im Konsumbereich erzwingen, käme es wohl zu einem Aufschrei der Empörung. Doch die Menschen entscheiden sich freiwillig dafür – das stärkt die Illusion der Freiheit. Und vielleicht befriedigt es auch den Wunsch, trotz individueller Lebensgestaltung zu einer größeren Gemeinschaft dazuzugehören. Man ist in seiner ganz eigenen Individualität wie die Masse – aber eben selbstbestimmt. Und darauf kommt es an. ■

Generation Option

Es ist noch nicht so lange her, dass das Lebensziel schlicht und einfach »Existenzsicherung« hieß. Ein Ziel, das die Richtung im großen Ganzen vorgab und Entscheidungen, wo es denn Entscheidungsmöglichkeiten gab, erleichterte. Männer sorgten fürs Einkommen, Frauen machten den Haushalt, bekamen Kinder und betätigten sich wohltätig. Ein »gelungenes Leben« hieß in erster Linie ein Leben in materieller Sicherheit.

Zu viel Freiheit. Gibt es das?
Zwar gibt es immer noch unendlich viele Länder, in denen die Not groß ist – sogar in Deutschland gibt es mehr Armut, als viele wahrhaben wollen. Doch die erste Generation der Nachkriegsgeborenen, die heute 50- bis 70-Jährigen, genoss und genießt hierzulande in der Mehrheit bereits ein Leben ohne existenzielle materielle Sorgen. Für die folgenden Generationen gilt das erst recht. Ein wichtiges früheres Ziel und eine Orientierungshilfe fallen damit weg.

Dazu kommt: Die Gesellschaft ist heute dank der Liberalisierung von Werten und Normen in den 60er-Jahren unterschiedlichen Lebensentwürfen gegenüber toleranter. Es gibt kaum noch gesellschaftliche Vorschriften. Doch der Druck ist deswegen nicht geringer. Früher musste man sich dem gesellschaftlichen und kirchlichen Diktat unterwerfen. Heute muss man sich dem Druck der Kreativität, den Bewertungen der anderen stellen – man steht weiterhin unter Beobachtung und Zugzwang.

TIPP *Mit dem Wegfall gesellschaftlicher Normen, mit dem Gewinn von Freiheiten und Möglichkeiten, aber auch mit dem gigantischen Zuwachs an verfügbarer Information tun sich in allen Lebensbereichen unzählige Türen auf. Das ist einerseits wunderbar und eröffnet dem Einzelnen beachtliche Gestaltungsfreiheiten. Anderseits wächst dadurch der Druck, sich entlang des Weges immer wieder zu entscheiden – und es sich und anderen recht machen zu müssen.*

Do the right thing. Oder einfach nicht das Falsche?

Es sind vor allem die ganz großen Fragen des Lebens, bei denen der Druck, aus all den unzähligen verlockenden Möglichkeiten die richtige auszuwählen, Stress verursacht: Berufswahl, Partnerwahl, Kinderfrage. Aber auch die Gestaltung des Alltags wird zur Lebensaufgabe: die Wahl der Kleidung, der bevorzugten Fernsehsendungen, der Musik und Literatur, der Hobbys, der politischen Richtung. Man kann nicht mehr einfach in die Fußstapfen der Eltern treten, sondern muss den eigenen Weg finden und gehen und seine eigenen Abdrücke hinterlassen. Der Zeitgeist wandelt sich schnell. Was gestern noch richtig war, ist heute vielleicht schon veraltet.

Kleine Fragen, große Fragen

Der Gestaltungsdruck setzt früh ein: Schon 12-Jährige müssen sich entscheiden, wie sie mit den Versuchungen des Lebens umgehen wollen, zum Beispiel wenn Mitschüler ihre ersten Zigaretten rauchen, Drogen ausprobieren, erste sexuelle Erfahrungen machen. Schulische Entscheidungen müssen getroffen werden, das Leben soll bereits jetzt eine Richtung erhalten. Mit 14 ist oft die Entscheidung »Beruf oder weiter zur Schule« fällig. Wenn Beruf, dann welchen? Wenn Schule, dann mit welchem Abschluss? Und anschließend welches Studium? Auslandsaufenthalte? Praktika? Und wenn ja, wie viele? Und in welcher Branche?

Das Thema Partnerschaft wird ebenfalls aktuell, die anderen haben bereits ihren ersten Schatz. Soll man abwarten oder sich auch einlassen, wie weit soll man bereits gehen? Wie bereit fühlt man sich dafür, und wie stark ist der Druck von außen?

224

So richtig hart wird der Entscheidungsmarathon dann für die Generation der 20- bis 30-Jährigen, denn in aller Regel geht es jetzt um die Wurst, was Job, Partnerwahl und die Familienfrage anbelangt.

TIPP *Mehr denn je gilt: »Jeder ist seines Glückes Schmied.« Was für die einen eine Verheißung ist, klingt für andere wie eine Drohung: »Du vor allem bist verantwortlich dafür, dass dein Leben gelingt – wenn du nicht dafür sorgst, dass du das Beste daraus machst, bist du selbst schuld.« Das verursacht eine Art Glücksdruck – und Stress.*

Zum Überlegen: Wie entscheide ich?

- Empfinden Sie persönlich die Vielfalt an Wahlmöglichkeiten, die es heute in verschiedenen Lebensbereichen gibt, eher als Stress oder als Segen?
- Fällt es Ihnen generell schwer, sich zu entscheiden? Wenn ja, warum?
- Wenn Sie eine Entscheidung treffen müssen, groß oder klein: Wie stellen Sie sicher, dass es »die richtige« ist? Bauchgefühl? Vor- und Nachteile abwägen? Vergleichen? Auf andere hören?
- Gehen Sie auch für kleinere Entscheidungen von geringer Tragweite auf Nummer sicher, bewerten Sie sorgfältig und treffen erst dann Ihre Wahl? Oder greifen Sie zu, sobald Ihnen ein Produkt, eine Lösung zusagt – auf die Gefahr hin, dass Sie am nächsten Tag auf eine noch bessere Variante treffen?
- Wenn Sie daran denken, dass Sie sich in manchen Fällen aus welchen Gründen auch immer »nur« für die zweitbeste Variante entschieden haben: Was löst das in Ihnen aus? Stress? Ein gedankliches Achselzucken?
- Was spricht dagegen, sich dem Entscheidungsdruck zu verweigern und zur Stressverminderung einfach immer das Nächstbeste zu wählen – sofern es nicht offensichtlich das Falsche ist?

Sich im Risikomanagement üben

Die Entscheidungsgewalt, die dem Einzelnen im Namen der Selbstverwirklichung in so vielen Fragen des Lebens gegeben wird, könnte leicht zu dem Trugschluss verführen, dass sich alles, aber auch wirklich alles steuern lässt. Es ist dieser Trugschluss, der den Druck so mächtig macht. Doch bei Lichte betrachtet ist es irrwitzig, anzunehmen, dass man auch nur in irgendeiner wichtigen Lebensfrage die richtige Entscheidung treffen könnte. Es ist die reinste Selbstüberschätzung. Denn das würde die komplette Kenntnis aller Umstände in der Zukunft, in der Gegenwart und in der Vergangenheit voraussetzen – plus deren richtige Interpretation. Das ist schlicht nicht zu haben, die Zusammenhänge sind zu komplex.

TIPP *Halten Sie sich immer wieder vor Augen, dass das Leben keiner mathematischen Formel folgt, die eine mehr oder weniger simple Berechnung erlauben und ein eindeutiges Ergebnis liefern würde. Das wirkt dem Entscheidungsstress entgegen.*

Kann man sich also genauso gut zurücklehnen, den Gang der Welt sich selbst überlassen, spontan mal das, mal jenes tun? Wenn Sie es aushalten, sich mehr oder weniger ziellos treiben zu lassen, und wenn Sie mit Menschen zusammenleben, denen das ebenfalls nichts ausmacht, ist das durchaus eine Möglichkeit. Auch sich bewusst nicht zu entscheiden, ist eine Entscheidung! Und sie sieht ja auf den ersten Blick auch sehr stressfrei aus. Doch Sie erinnern sich vielleicht, dass für beste Leistungen und Zufriedenheit ein gesundes Mittelmaß an Herausforderungen benötigt wird (siehe Seite 56) und dass fatalistische Kontrollüberzeugungen (Seiten 98) nicht günstig sind. Sich einfach treiben zu lassen, Spielball der Laune des Schicksals zu sein, kann psychisch ungesund sein. Es hilft also, sich gewissen Herausforderungen zu stellen und Ziele anzustreben. Allein schon wegen des guten Gefühls, es wenigstens versucht zu haben.

Vielleicht besteht ein brauchbarer Weg im Stress um die richtigen Entscheidungen darin, auf die großen und kleinen Fragen des Lebens unter Berücksichtigung all der Unbekannten eine Art Risikomanagement anzuwenden. Sich nicht so sehr darauf zu konzentrieren, die absolut »richtigen« Entscheidungen zu treffen. Sondern vielmehr darauf, die komplett falschen Entscheidungen zu vermeiden. Es ist mit Sicherheit weniger stressig, wenn wir uns damit abfinden, dass unsere Entscheidungen lediglich »eher richtig« als »sicher richtig« sein könnten – auf jeden Fall aber »nicht komplett falsch«.

226

TIPP *Und wenn etwas schiefläuft? Dann hilft die Frage: »Wer weiß, wozu es gut ist?« Menschen haben die Gabe, im Nachhinein fast allen Geschehnissen einen Sinn zu verleihen. Das ist eine geeignete Strategie zur Stressbewältigung, wenn eine Situation weder kontrollierbar ist, noch sich von selbst zum Guten wenden wird (siehe Seiten 188). Ein gedanklicher Überlebenstrick, den Sie sich so oft wie nötig zunutze machen sollten.*

Verantwortung übernehmen

Inmitten all der Optionen, die sich täglich auftun, muss man ehrlich unterscheiden: zwischen dem, was wir durch unseren Beitrag und durch unser Handeln erreichen können. Und dem, was sich nicht beeinflussen lässt. Allzu oft schiebt man Ausgänge – vor allem negative oder unbequeme – auf das Schicksal ab, sieht die Verantwortung bei anderen und sich selbst als Opfer des Weltgeschehens. Es hat auch mit Ihren Werten zu tun, wo, wann und in Bezug auf wen Sie Entscheidungen treffen. Und inwiefern Sie bereit sind, dafür Verantwortung zu übernehmen und nachher noch dazu zu stehen.

Zum Überlegen: Meine Entscheidungen und Werte

Wenn Sie auf das, was Sie bisher im Leben erreicht haben, zurückblicken:

- Welches waren/sind wichtige Meilensteine? Für welche haben Sie sich bewusst entschieden? Spielten Ihre Werte dabei eine Rolle, oder haben Sie sich jeweils einfach den Umständen angepasst?
- Wie leicht bzw. wie schwer fällt es Ihnen, zu Ihren Entscheidungen zu stehen, Ihre Werte zu verteidigen? In welchen Situationen mussten Sie das tun, und was war das für ein Gefühl? Wovon hängt es ab, ob es Ihnen schwerfällt oder leicht?
- Wer beeinflusst Sie und Ihre Entscheidungen? Wer lässt Ihre eigenen Werte in den Hintergrund treten? Wie fühlen Sie sich dabei?

Werte als Orientierungshilfe

Loyalität, Verbindlichkeit, Verlässlichkeit: Im Alltag ist es nicht immer einfach, diese Werte hochzuhalten. In diesem Kapitel geht es darum, zu überprüfen, ob Ihnen das auch bei Interessenskonflikten gelingt. Und um die Frage, weshalb ein Verstoß gegen eigene Werte Stress auslöst.

Verbindlichkeit ist das Schmieröl, das persönliche und berufliche Beziehungen am Laufen hält. Verlässlichkeit der Kitt, der ihnen Dauerhaftigkeit verleiht. Als Menschen möchten wir immer auch Teil eines großen Ganzen sein: dazugehören, eingebunden sein. Das bringt Verpflichtungen mit sich. Denn damit eine Beziehung gedeiht, sind Verbindlichkeit, Verlässlichkeit und Engagement (Commitment, mehr ab Seite 233) notwendig. Diese Anforderungen stehen unter Umständen mehr oder weniger stark im Widerspruch zu dem Ziel der Selbstverwirklichung – und mit der Idee, dass man das, was einem auf dem individuellen Weg nicht mehr nützt, einfach wieder wegwerfen kann.

Was es bedeutet, gegen die eigenen Werte zu handeln

In der modernen Wegwerfgesellschaft bezieht sich das Wegwerfen längst nicht mehr nur auf gebrauchte Waren und Abfall, sondern immer mehr auch auf Beziehungen. So stehen bei der Optimierung des eigenen Lebensentwurfs schon mal der Partner oder auch andere Personen, mit denen man verbunden war, im Weg. Und im Arbeitsleben oder in der Politik wirkt sich Loyalität manchmal hemmend auf die persönliche Gestaltungsfreiheit und Karriere aus. Die Seilschaften notfalls zu wechseln, kann strategisch von Vorteil sein. Verbindlichkeiten stören da nur. Auch politisches Kalkül ist ein Feind von Beziehungen mit hoher Verbindlichkeit.

Häufig ist man deshalb vor die Wahl gestellt, ob man sich anderen gegenüber loyal verhalten oder die Beziehungen opfern und seinen eigenen Interessen den Vorzug geben soll. Solche Entscheidungen gehören zu den einschneidenden Ereignissen im Leben. Allerdings gibt man ihnen fast nie genug Raum, weil man sich ihrer Tragweite gar nicht bewusst ist.

TIM K. UND MATTHIAS B. sind beide seit Jahren in der Führungsetage derselben Firma. Sie mochten sich von Anfang an, und so ergab es sich schnell, dass sie zweimal wöchentlich über Mittag Badminton spielen gingen und bei auswärtigen Sitzungen die Fahrt gemeinsam machten. Aus einer kollegialen geschäftlichen Beziehung entwickelte sich mit der Zeit eine Art Freundschaft. Ein- bis zweimal pro Jahr traf man sich mit der ganzen Familie, zum Grillen oder zum Wandern. Wenn es Probleme gab, tauschten sich die beiden aus, wurden so Mitwisser voneinander und schätzten den Rat des anderen. Im Zuge einer Neustrukturierung der Firma droht nun ein Stellenabbau. Vor allem die Führungskräfte sind betroffen. Tim K. realisiert, dass der neue Vorgesetzte, der erst seit einem halben Jahr in der Geschäftsleitung sitzt, bei den anstehenden Entscheidungen eine wichtige Rolle spielen wird. Obwohl er weiß, dass Matthias B. mit dem neuen Chef seine Probleme hat, und obwohl beide schon mehrfach über ihn gelästert haben, sucht er engeren Kontakt zu ihm und bemüht sich, einen besonders guten Eindruck zu machen. Gerade erst wirkte Matthias in einer Sitzung gestresst und nicht so sicher wie sonst. Tim weiß, dass sein Freund ein emotionaler Mensch ist und dass ihm die drohenden Veränderungen im Betrieb zusetzen. Sein Auftritt war deshalb von dieser Stimmung überschattet. Als der Chef Tim auf die Leistung von Matthias anspricht, nimmt Tim ihn nicht in Schutz, sondern findet auch, dass er besser vorbereitet und in seiner Präsentation souveräner hätte sein sollen. Damit verzichtet er bewusst oder unbewusst darauf, seinen Freund zu schützen, um sich selbst bessere Karten zu sichern. Schließlich ist er, Tim, Familienvater von drei Kindern.
Er kann es sich nicht leisten, keinen Lohn nach Hause zu bringen. Er kann nicht auch noch auf Matthias achten. Wenn er solche Auftritte verbocke, findet Tim, dann sei das seine Sache.

Tim K. ist kein Einzelfall – viele würden so handeln wie er. Der Impuls, sich selbst der Nächste zu sein und die eigenen Stärken ins Spiel zu bringen, wenn negative Veränderungen drohen oder die Mittel knapp werden, ist ein Erbe der Evolution. Wer ihm unbesehen folgt, wird selbstlosem

229

Handeln oder Verbindlichkeiten in Beziehungen wenig oder gar keinen Platz einräumen. Was für Tim früher gut war – die Freundschaft mit Matthias –, erweist sich nun als problematisch. Schließlich, so sagt sich Tim, ist er ein Konkurrent um den Job, da ist Rücksicht fehl am Platz.

Viele werden dieser Sicht zustimmen und dabei vordergründig keinerlei Skrupel verspüren. Sie haben keinen Stress oder wollen ihn nicht wahrhaben. Doch innerlich nagt es dennoch an ihnen, dass anderen Schaden zugefügt wurde, den sie angerichtet oder zumindest nicht verhindert haben.

Andere werden genauso handeln wie Tim, sich dabei aber unwohl fühlen. Wieder andere möchten gar nicht erst in diese Situation geraten. Und schließlich würden vermutlich einige von sich behaupten, dass sie anders, nämlich moralisch korrekter reagieren würden. Allerdings: In der Theorie sieht alles meist ein bisschen anders aus als in der Realität. Häufig weiß man erst in der Situation selbst oder später, wie man wirklich reagiert hätte.

Wie hätten Sie sich verhalten? Tatsache ist: Eine Entscheidung zu fällen, die zu den eigenen Werten und Normen im Widerspruch steht, kann zu massivem Stress führen, weil man sich damit selbst enttäuscht. Es ist ein Verrat an der eigenen Person – keine Situation aktiviert unsere Konstrukte stärker (siehe Kapitel 2) als diese, denn nun sind wir in einem Grad schwach und mangelhaft, den nicht nur andere bemerken, vor denen wir uns rechtfertigen müssen, sondern den wir selbst schmerzhaft realisieren. Wir möchten gerecht und verlässlich sein, uns gut oder gar perfekt verhalten – ein Verstoß gegen diese Prinzipien schmerzt uns selbst im Innersten.

HINWEIS *Dass Verlässlichkeit in wichtigen Lebensbereichen und sozialen Beziehungen nicht mehr zählt oder jedenfalls weniger als früher, ist ein Phänomen der heutigen Zeit. Es bewirkt Stress auf beiden Seiten: bei dem, der keine Verlässlichkeit anderer mehr erfährt, wie auch bei dem, der seine Verlässlichkeit verrät. Der letzte Fall hat mit dem Dachboden in Ihrem Stresshuus zu tun. Genauer gesagt damit, welchen Stellenwert Verlässlichkeit in Ihrer Wertehierarchie hat.*

Zum Überlegen: Verbindlichkeit und Loyalität
- Was bedeutet für Sie Verbindlichkeit gegenüber anderen?
- Wie gehen Sie damit um, wenn Sie andere bezüglich Ihrer Verbindlichkeit enttäuschen müssen?

- In welchem Bereich, in welchen Beziehungen und bei welchen Personen schätzen Sie Loyalität und Verbindlichkeit als wichtig ein?
- Was hilft Ihnen, sich auf Ihre Verbindlichkeit zu besinnen?

Eine Frage des Vertrauens

NACH DEM SPRACHSTUDIUM hat die 25-jährige Elisabeth J. sich einen Assistentinnenjob in einer kleinen, dynamischen Werbeagentur geangelt. Sie hat viel Spielraum, lernt interessante Leute kennen, knüpft eine Menge Kontakte und verdient ganz gut. Der Vorgesetzte und das Team sind angenehm, geben ihr wertschätzende Rückmeldungen zu ihrer Arbeit, die Entwicklungsmöglichkeiten sind hervorragend. Die Arbeit macht Elisabeth sichtlich Spaß. Sie bemüht sich sogar um eine Weiterbildung, die ihr auch bewilligt wird. Als sie nach knapp einem Jahr kündigt, ist ihr Chef völlig perplex. Sie erklärt ihm, dass ihr eine bessere Stelle angeboten worden und außerdem der neue Arbeitsweg kürzer sei.

JONAS T. ist seit über 20 Jahren bei seinem Arbeitgeber, einem internationalen Konzern, angestellt. Er wurde im Laufe der Zeit immer mal wieder befördert, heute ist er Mitglied der Direktion. Auf seinem Fachgebiet ist er ein anerkannter Experte, der gut wirtschaftet und dessen Urteil geschätzt und respektiert wird. Seine Leistungen sind tadellos, das kommt auch in den Mitarbeitergesprächen regelmäßig zum Ausdruck. Als Jonas T. eines Tages zu einer Sitzung mit dem Vorgesetzten seines Vorgesetzten eingeladen wird, denkt er an nichts Böses. Anwesend sind sein direkter Vorgesetzter, eine Personalverantwortliche und zwei Security-Leute. In diesem Rahmen wird dem völlig ahnungslosen Jonas die Auflösung des Arbeitsverhältnisses bekanntgegeben – wegen einer »Strukturbereinigung«. Er wird ab sofort freigestellt und erhält eine Stunde Zeit, um seinen Arbeitsplatz unter Aufsicht der Security-Leute zu räumen.

Beide Beispiele zeigen, wie brüchig Loyalitäten im Berufsleben mitunter sind. Loyalität ist als Wert aus der Mode. Und es ist ganz unbedeutend, ob diese Entwicklung nun seitens der Arbeitgeber oder der Arbeitnehmer eingeleitet wurde.

Als Ersatzwerte stehen »Optimierung« und »Gewinnmaximierung« in Großbuchstaben über beiden Beispielen. In Elisabeths Fall geht es um die Optimierung des persönlichen Lebensentwurfs. Im Fall von Jonas letztlich um die der Unternehmenszahlen und des Aktienkurses. Für die Betroffenen sind es in beiden Fällen unvorhersehbare Entscheidungen, die über sie hereinbrechen. Ihr Vertrauen wird erschüttert. Bei Jonas werden nach 20 Jahren geschätzter Arbeit im selben Betrieb sogar Security-Leute eingesetzt – als wenn er ein Verbrecher wäre, ein Mensch, dem man nicht trauen kann. Wie muss das auf ihn wirken?

Das ist alles leicht zu beschreiben und zu lesen, wenn es andere betrifft. Wenn man sich selbst gemütlich zurücklehnen kann und das Ganze mit Abstand betrachtet. Doch lassen Sie sich auf ein Gedankenexperiment ein:

Zum Überlegen: Wie reagiere ich auf einen Vertrauensbruch?
- Wie würden Sie sich in Elisabeths Haut fühlen? Wie in der Haut der Vorgesetzten von Jonas?

Wechseln Sie die Perspektive und überlegen Sie, was mit Ihrem Wertezimmer passieren würde, wenn Sie sich vorstellen, wie Elisabeth Ihnen schnöde kündigt, oder wenn Sie in der Situation von Jonas wären:
- Welche Auswirkungen hätte das auf Ihr Wertesystem?
- Würden Sie sich künftig anders verhalten?
- Würden Sie Ihre Werte herunterschrauben oder es vielleicht sogar zulassen, dass sie auf der Strecke bleiben?

Werte und das Gefühl der Ohnmacht in einer globalisierten Welt

Der Alltag ist nicht nur für den einzelnen Menschen, sondern auch auf höheren Ebenen komplizierter geworden. Die globalisierten Wirtschafts- und Finanzsysteme sind heute so komplex vernetzt, dass auch die besten Experten nicht genau abschätzen können, was passiert, wenn es irgendwo in diesem austarierten Gefüge zu einer Veränderung kommt – und sei sie noch so klein. Die Folge davon ist eine globale Unberechenbarkeit, ein Kontrollverlust, der sich sowohl auf unternehmerischer Ebene als auch auf der Ebene des Einzelnen auswirkt.

Man könnte sich nun leicht dazu verleiten lassen, zu denken, dass man keine wichtige Rolle auf der Bretterbühne der Wirtschaft spielt. Von da ist es nur ein kleiner Schritt, auch die eigenen Werte über Bord zu werfen. Vielleicht ertappen auch Sie sich hin und wieder bei dem Gedanken, dass es ja sowieso unbedeutend ist, was der Einzelne tut. Dass Sie keine Macht haben, keinen Einfluss gegenüber der Macht der globalisierten Welt, die jedem ihre eigenen Werte aufzwingt (siehe dazu auch das Thema Kontrollüberzeugen, Seite 97).

Werte zu haben, bedeutet weniger Stress
So verständlich ein solcher Anflug von Resignation ist: Man sollte sich vor Augen halten, dass die globalisierte Welt kein abstraktes Gebilde ist, sondern dass auch hinter diesem Moloch, hinter der Finanzwelt, der Wirtschaft, dem Dienstleistungssektor, dem Bildungssystem und der Politik weiterhin einzelne Menschen stehen. Jeder Einzelne von uns ist es, der mit seinen Werten für einen Teil der Gesellschaft in all ihren Ausprägungen steht. Wir können und dürfen uns nicht aus der Verantwortung stehlen. Wie gering unser Einfluss auch sein mag, im Zusammenspiel mit Mitmenschen, Freunden, Geschäftskollegen, Familienmitgliedern, Nachbarn, Kindern usw. können wir Modell sein, können wir kleine Zeichen setzen, Werte leben und vermitteln. Und das sind die Keimzellen der Gesellschaft, von hier aus geschehen Veränderungen. Nicht in Brüssel, Berlin oder Bologna werden Werte festgelegt. Sondern jeder Einzelne muss seine Werte jeden Tag, in jeder Beziehung, in jedem Kontakt neu mit Leben füllen.

HINWEIS *Werte zu haben und zu leben, gibt Halt in Zeiten von Stress und verhindert Orientierungslosigkeit. Eigene Werte zu verletzen oder aber gar keine zu haben, bedeutet Stress.*

Engagement in Partnerschaft und Familie

Sich zu seinem Partner zu bekennen, auch wenn die Schmetterlinge im Bauch davongeflattert sind und längst der Alltag mit seinen Anforderungen und Widrigkeiten, seiner Eintönigkeit und Abnutzung eingekehrt ist: Das heißt in der psychologischen Fachsprache Commitment und lässt

233

sich am ehesten mit »Verbindlichkeit« oder »Engagement« übersetzen. Es ist die Haltung, dass man nicht gleich das Handtuch wirft, wenn es mal weniger schön oder sogar anstrengend ist und die Beziehung mehr von einem fordert, als sie einem gibt. Commitment bedeutet, sich füreinander zu engagieren und schwierige Zeiten genauso wie Durchhänger gemeinsam durchzustehen. Das klingt nicht trendig oder cool, sondern anstrengend, unspektakulär und spießig – und genau so ist es manchmal. Den Gewinn aus dieser Haltung, der in Vertrauen und Verlässlichkeit besteht, verliert man dabei leicht aus den Augen.

Dabei sehnen wir uns alle nach dem Commitment des anderen. Wir wünschen uns, dass der andere sich für uns engagiert, dass unser Wohl ihm wichtig ist, dass man exklusiv und damit liebenswert für ihn ist. Das gilt für Kleinkinder, wie in Kapitel 4 beschrieben – und es bleibt ein Leben lang so. Wir sehnen uns stets nach Geborgenheit, Sicherheit, Verlässlichkeit. Ohne dieses Gefühl gibt es keine intime Beziehung. Allerdings fordern wir häufig mehr vom anderen, als wir selbst bereit sind zu geben. Was für den anderen gilt, gilt nicht zwangsläufig auch für uns. Vom Partner erwarten wir ein Commitment, doch setzen wir uns auch selbst genug ein?

❗ HINWEIS *Unglücklich zu sein, in der Ehe betrogen oder unterdrückt zu werden, das war früher häufig ein Schicksal, das einfach ausgehalten werden musste. Im Falle einer Scheidung musste mit gesellschaftlichen Sanktionen gerechnet werden. Heute sind Trennungen nichts Besonderes mehr, ob sie nun einseitig eingeleitet werden oder in gegenseitiger Übereinkunft. Das macht aus dem Commitment eine Absichtserklärung, eine bewusste Investition in die Beziehung – und zwar eine ohne garantierte Rendite.*

Bleiben oder gehen?

Tatsächlich entscheiden sich immer mehr Paare für die Varianten Trennung und Scheidung, zumal diese heute gesellschaftlich akzeptiert sind. Mehr noch: Der Druck, die gegenwärtigen Gestaltungsfreiheiten so gut wie möglich zu nutzen und sich ständig zu verbessern, macht auch vor der Partnerschaft nicht Halt. Immer mehr Paare brauchen fürs Auseinandergehen nicht einmal mehr einen Anlass: Sie lassen sich scheiden, obwohl sie eigentlich zufrieden sind. Es reicht aus, wenn sie oder er jemanden kennengelernt hat, der noch besser passt, mit dem der individuelle Lebensentwurf noch besser gelingen könnte, der wieder dieses prickelnde Gefühl in der Magengrube auslöst, fasziniert und einen neuen Kick gibt.

Leidtragende sind in diesem Fall nicht nur der verlassene Partner, sondern vor allem auch die Kinder. Gibt es chronische Spannungen und Streit zu Hause, ist eine Trennung für die Kinder häufig nachvollziehbar und vielleicht sogar entlastend. Gestaltete sich das Familienleben aber weitgehend harmonisch, ist eine Trennung für sie unvorhersehbar und unkontrollierbar. Sie erscheint ihnen wie ein willkürlicher Akt– das kann traumatisch sein und die Kinder bezüglich Stress verwundbar machen. Denn Kontrollverlust – etwas Negatives zu erleben, das man nicht vorhersehen oder beeinflussen konnte –, gehört zu den schwierigsten Erfahrungen.

Zum Überlegen: Wie halte ich es mit dem Commitment?
- Wie schätzen Sie Ihre Verbindlichkeit gegenüber Ihrem Partner ein?
- Wie stark haben Sie die Überzeugung, bei Ihrem Partner bleiben zu wollen, auch wenn es mal schwieriger ist, wenn Eintönigkeit in Ihre Beziehung einkehrt?
- Wie stark wollen Sie sich auch gefühlsmäßig in Ihrer Beziehung engagieren? Ist Ihr Partner Ihre engste, intimste Vertrauensperson? Wenn nicht, woran liegt das?
- Wie sieht Ihr Beitrag zur Verbindlichkeit aus? Was könnten Sie noch tun?
- Verbindlichkeit ist ein Wert, für den sich idealerweise beide Seiten einsetzen. Aber wenn Sie sich von Ihrer Seite aus zu diesem Wert bekennen, heißt das nicht, dass es Ihr Partner auch tut. Sie machen also eine Investition, die sich nicht zwangsläufig auszahlt. Wie denken Sie über diesen Sachverhalt ? Und welche Konsequenzen ziehen Sie daraus?

Stress und die Sinnfrage

Für einige Menschen liegt der Sinn des Lebens einfach darin, es zu leben, mit allem, was es mit sich bringt. Andere können oder wollen es nicht dabei bewenden lassen. Für sie wird die Sinnfrage früher oder später im Leben zentral.

Religion, die große ehemalige Wertevermittlerin und Sinnstifterin, spielt heute in der westlichen Welt für breite Schichten der Bevölkerung im Alltag eine untergeordnete oder keine Rolle mehr. Die Sinnfrage ist für die allermeisten Menschen damit aber nicht vom Tisch. Manche befassen sich schon in jungen Jahren damit, andere später. Einige vielleicht erst dann, wenn sie in einer persönlichen Krise, im hohen Alter oder im Zuge einer schweren Krankheit auf ihr Leben zurückblicken.

HINWEIS *Aus dem Vollen schöpfen, genießen, Spaß haben ist für viele Menschen wichtiger, als sich zu hinterfragen. Und doch kommt für fast alle früher oder später der Augenblick, in dem sich die Sinnfrage stellt – häufig nach einem gravierenden Anlass, einem einschneidenden Erlebnis, das aufrüttelt.*

Was hat Sinn mit Stress zu tun?

Doch was haben Stress und dieses Buch mit der Sinnfrage zu tun? Artet dieser Ratgeber nun in eine philosophische Bettlektüre aus? Keine Angst, hier geht es nicht um die alte Diskussion über den Sinn des Lebens. Sondern darum, was genau Stress und Sinn miteinander zu tun haben – und das nicht auf philosophischer oder religiöser Ebene, sondern ganz pragmatisch.

Tatsache ist: Stress ist in vielen Fällen die direkte Folge mangelnder Sinnhaftigkeit in einer Tätigkeit (»Warum soll ich das den ganzen lieben Tag lang tun, was macht das für einen Sinn?«), mangelnder Orientierung im Leben (»Welchen Sinn macht es, dass ich mir im Beruf, in der Partnerschaft, für die Familie, für andere so viel Mühe gebe und mich täglich

236

abrackere?«) sowie einer mangelnden persönlichen Verankerung in der Sinnhaftigkeit (»Welchen Sinn macht es in einer habgierigen Welt, sein Brot anständig und redlich zu verdienen?«).

HINWEIS *Erst wenn wir den Sinn in einer Tätigkeit, in einer Beziehung erkennen, können wir den Einsatz dafür als lohnend beurteilen. Sinn zu finden, hat mit persönlicher Belohnung und Wertschätzung zu tun (siehe Kapitel 5) und geht weit über die Gratifikation von anderen hinaus.*

Wenn wir Sinnhaftigkeit in einer Sache, einer Aufgabe entdecken und es uns sinnvoll erscheint, uns dafür einzusetzen, dann scheuen wir in der Regel weder Anstrengung, Schweiß noch Schmerz. Wenn aber der Sinn fehlt, nicht erkannt werden kann oder einem zu unbedeutend erscheint, dann wird die Mühsal schnell zur unerträglichen Last – und Stress entsteht. Sinnhaftigkeit lässt uns also sehr viele Anstrengungen und Qualen erdulden. Man tut es für einen größeren Zweck, es lohnt sich – man erkennt darin ein persönliches oder ein gemeinschaftliches Ziel.

In der Psychologie hat der bekannte Wiener Neurologe und Psychiater Viktor Frankl die Bedeutung der Sinngebung intensiv thematisiert. Als Jude war er im zweiten Weltkrieg in den Konzentrationslagern von Theresienstadt und Auschwitz den Gräueltaten des Holocaust ausgesetzt und erlebte den gewaltsamen Tod seiner Eltern und seiner Frau. Ihm blieb nichts anderes übrig als die Wahl zwischen Verzweiflung oder Sinnfindung: Was macht das alles für einen Sinn? Wie können Menschen so abgrundtief brutal zueinander sein? Welchen Sinn machen Gewalt und Rache?

Viktor Frankl kam zum Schluss, dass nur Versöhnung und Sinnstiftung den Schmerz stillen können, dass man nur dann weiterleben kann, wenn man sich mit dem Schicksal aussöhnen, es als sinnhaft annehmen und akzeptieren kann – selbst wenn man vielleicht den tieferen Sinn gar nicht erkennen kann.

Eine Extradimension

Die Sinnstiftung ist Bestandteil unseres täglichen Wirkens und Handelns. Damit wird der moderne Stressansatz, den wir Ihnen in diesem Buch zu vermitteln versuchten, um ein weiteres Element ergänzt: Es geht nicht nur um Anforderungen und um die Ressourcen, die wir den Anforderungen entgegenstellen können, um den Stress zu bewältigen und ihn als weniger schwerwiegend zu erleben. Es geht auch um die Frage, ob wir es überhaupt als sinnvoll erachten, unsere Ressourcen zu nutzen. Falls ja, werden wir motiviert sein, sie ins Spiel zu bringen.

HINWEIS *Letztlich geht es bei der Stressbewältigung in starkem Ausmaß um die Sinnfrage. Welche Investition ist sinnvoll, wie viel Energie will man aufwenden, um ein Stressereignis zu bewältigen? Aber auch, um mit den eigenen Werten in Einklang zu bleiben? Je mehr wir uns also über den Sinn in unseres Lebens Gedanken machen, den Sinn in einer Aufgabe erkennen, Sinn in schwierigen Situationen sehen können, desto eher gelingt uns eine angemessene Stressbewältigung.*

Schicksalsschläge und Sinnkrisen

Die Sinnfrage stellt sich ganz besonders bei der Bewältigung von schwierigen Lebensaufgaben und Schicksalsschlägen, von Ereignissen also, die uns enormen Stress bereiten. Die in Kapitel 8 beschriebenen Bewältigungsstrategien helfen vor allem im Umgang mit täglichen Widrigkeiten. Sie reichen nicht aus bei wirklich schweren, einschneidenden, erschütternden Vorkommnissen, etwa beim Tod eines geliebten Menschen, bei plötzlicher Behinderung, schwerer Krankheit, Kriegs- oder Foltererfahrung. In solchen Situationen taucht die Sinnfrage mit Heftigkeit auf: »Warum trifft mich dieser harte Schicksalsschlag?« – »Hat es noch einen Sinn, trotz schwerer Behinderung weiterzuleben?« – »Welchen Sinn hat der Tod des geliebten Menschen?« usw.

Manchmal gelingt es vielleicht, in einer Krise, einem Schicksalsschlag Sinn zu sehen und sich damit auszusöhnen – oft aber auch nicht. Dann bleibt nichts weiter als die schwierige Aufgabe des Hinnehmens, des Akzeptierens, um sich mit dem Schicksal irgendwie wieder versöhnen zu können. Nur so lässt sich ein Schicksalsschlag bewältigen, ohne dass Bitterkeit zurückbleibt. Viktor Frankl drückte es so aus: »Das Schicksal, das ein Mensch erleidet, hat also erstens den

Sinn, gestaltet zu werden – wo möglich –, und zweitens, getragen zu werden – wenn nötig.«

Zum Überlegen: Die Frage nach dem Sinn
- Wann, in welchen Situationen stellen Sie sich die Sinnfrage?
- Welche Orientierungshilfen haben Sie bei der Sinnsuche?
- Erkennen Sie Sinnhaftigkeit im Alltag, bei der Ausführung Ihrer Aktivitäten?
- Wenn Sie schwere Schicksalsschläge erlebt haben: Konnten Sie darin einen Sinn sehen? Wenn nicht, wie haben Sie sie überwunden? Was hat Ihnen dabei geholfen?

Sinn suchen – und eventuell finden

Sinn wäre also eine gute Sache – doch wie findet man ihn? Müssen wir dafür alle ins Kloster gehen oder stundenlang meditieren? Nein, das ist nicht nötig. Denn die Sinnfrage lässt sich auch ganz unspektakulär stellen. Sie ist nicht nur in großen Momenten von Bedeutung, auch in alltäglichen Beziehungen, Handlungen und Arbeiten lässt sich über Sinn und Unsinn nachdenken. Sinngebung ist der Motor für viele Handlungen, die Motivation. Wenn wir Sinn erkennen, geben wir unser Bestes, sind stressresistenter und unempfänglicher für Misserfolge. Denn selbst wenn diese eintreten, können wir sie leichter verkraften, wenn wir einen Sinn in unserem Handeln sehen.

Dennoch kann auch eine bewusstere Auseinandersetzung mit Sinnfragen angebracht sein. Ob ein individuell maßgeschneiderter Glaube, ob Atheismus oder Agnostizismus kombiniert mit ethisch-moralischen Grundsätzen, ob Meditation oder eine andere spirituelle Praxis, ob philosophisches Gedankengut oder einfach ein pragmatischer persönlicher Lebensentwurf: Heute kann jeder die Leitlinien wählen, die für ihn persönlich stimmen.

Die Themen Werte, Selbstverwirklichung und Sinnhaftigkeit lassen sich kaum abschließend klären. Ansichten und Prioritäten verändern sich mit der Zeit, der Erfahrungsschatz nimmt zu. Manche Menschen entwickeln bestimmte Vorstellungen, die für eine Weile Gültigkeit haben. Andere sind ein Leben lang auf der Suche.

Damit erweist sich auch der Dachboden des Stresshauses von großer Bedeutung: Wenn wir über solide Werte verfügen und Sinn erkennen, gibt uns das Halt in dem, was wir machen. Sie sind ein Anker im stressigen Leben.

TIPP *Betrachten Sie die Ergebnisse Ihrer Denkarbeit in diesem Kapitel als immaterielle Investitionen in Ihren Dachboden. In Ihre Lebensphilosophie, die Ihnen Orientierung und Stabilität verleiht. Und machen Sie diese Investition immer mal wieder. Denn damit investieren Sie gleichzeitig in eine solide Stressbewältigung für die Zukunft.*

ANHANG

10

Progressive Muskelentspannung: Anleitung

Adressen und Links

Literatur

Stichwortverzeichnis

243

Progressive Muskelentspannung: Anleitung

Die progressive Muskelentspannung ist einfach zu erlernen und anzuwenden. Es gibt drei Formen:
- vollständige Variante
- Kurzversion
- Entspannungsreflex

Das Ziel ist, dass Sie den Entspannungsreflex in Stresssituationen gezielt einsetzen können.

So gehen Sie vor

Üben Sie zuerst die vollständige Variante, bis Sie einen deutlichen Entspannungseffekt verspüren. Das ist die Voraussetzung dafür, dass Sie zur Kurzvariante übergehen können. Mit dieser sparen Sie Zeit, und dadurch wird der Anwendungsbereich größer: Sie können die Kurzversion auch direkt vor einem Vortrag, vor einem wichtigen Termin oder eben in akuten Stresssituationen anwenden.

Sobald Sie die Kurzentspannung gut beherrschen, gehen Sie dazu über, den Entspannungsreflex zu trainieren. Sie können ihn in Stresssituationen gezielt und unbemerkt einsetzen. Oder ihn aber mehrmals täglich anwenden und sich so Entspannungsmomente in der Hektik des Alltags verschaffen. Idealerweise setzen Sie ihn fünf- bis achtmal täglich rund eine Minute lang ein. Damit tun Sie sich etwas Gutes und steigern zugleich Ihre Effizienz.

Die vollständige Variante

Dafür brauchen Sie rund 20 Minuten Zeit. Suchen Sie einen Raum auf, in dem Sie die Übung ungestört durchführen können. Sie sollten weder von Personen noch von Telefonanrufen gestört werden. Lärm kann zwar ebenfalls störend sein, doch an ihn sollten sie sich gewöhnen.

Am besten führen Sie die Übung einmal pro Tag aus. Günstige Zeitpunkte sind beispielsweise vor dem Einschlafen oder zu einem anderen Zeitpunkt im Laufe des Tages, an dem Sie sich 20–30 Minuten ungestört der Übung hingeben können.

1	Sich bequem hinsetzen, Augen schließen	Setzen oder legen Sie sich bequem hin, lockern Sie zu enge Kleidungsstücke. Schließen Sie die Augen und atmen Sie langsam und tief durch.
2	Auf den Atem achten	Achten Sie auf Ihre Atmung, atmen Sie tief ein, halten Sie den Atem ein paar Sekunden an und atmen Sie dann tief durch den Mund aus. Denken Sie beim Einatmen »ganz« und bei Ausatmen »ruhig«.
3	Auf den Körper achten	Achten Sie auf Ihren Körper, spüren Sie, wie er auf dem Stuhl oder der Unterlage aufliegt, welche Partien sich aufstützen. Werden Sie sich Ihres Körpers bewusst. Achten Sie auf die Atmung, wie Sie langsam und tief ein- und ausatmen.
4	Sich auf die Hände und Arme konzentrieren	Nun konzentrieren Sie sich auf Ihre Hände und Arme. Spüren Sie, wie sie auf der Stuhllehne (oder etwas anderem) ruhen.
5	Rechte Hand an- und entspannen (2x)	Konzentrieren Sie sich nun auf Ihre rechte Hand. Ballen Sie sie zur Faust, spannen Sie die Muskeln an, halten Sie die Spannung ca. 5 Sekunden und entspannen Sie sich wieder. Spüren Sie den Unterschied zwischen An- und Entspannung. Achten Sie darauf, wie Ihre Hand nun schwer und warm wird, wie von ihr Entspannung ausgeht, wie sie entspannt aufliegt. Achten Sie auf Ihren Atem, atmen Sie langsam und tief ein und aus. Spannen Sie die rechte Hand nochmals ca. 5 Sekunden an und entspannen Sie sie danach.
6	Rechten Arm an- und entspannen (2x)	Konzentrieren Sie sich auf den rechten Arm. Spannen Sie die Muskeln an, indem Sie den Arm anwinkeln und den Bizeps spannen. Halten Sie die Spannung ca. 5 Sekunden und entspannen Sie die Muskeln wieder. Spüren Sie den Unterschied zwischen An- und Entspannung. Achten Sie darauf, wie Ihr Arm schwer und warm wird und wie von ihm Entspannung ausgeht. Atmen Sie tief ein und aus. Spannen Sie den rechten Arm noch einmal ca. 5 Sekunden an und entspannen Sie sich danach.

7	Linke Hand an- und entspannen (2x)	Konzentrieren Sie sich nun auf Ihre linke Hand. Ballen Sie die linke Hand zur Faust, spannen Sie die Muskeln an, halten Sie die Spannung ca. 5 Sekunden und entspannen Sie sich anschließend wieder. Spüren Sie den Unterschied zwischen Anspannung und Entspannung. Achten Sie darauf, wie Ihre Hand nun schwer und warm wird, wie von ihr Entspannung ausgeht, wie sie entspannt aufliegt. Achten Sie auf Ihren Atem, atmen Sie langsam und tief ein und aus. Spannen Sie die linke Hand nochmal ca. 5 Sekunden an und entspannen Sie sie danach.
8	Linken Arm an- und entspannen (2x)	Konzentrieren Sie sich nun auf den linken Arm. Spannen Sie die Muskeln an, indem Sie den Arm anwinkeln und den Bizeps spannen. Halten Sie die Spannung ca. 5 Sekunden und entspannen Sie die Muskeln anschließend wieder. Spüren Sie den Unterschied zwischen Anspannung und Entspannung. Achten Sie darauf, wie Ihr Arm schwer und warm wird und wie von ihm Entspannung ausgeht. Atmen Sie tief ein und aus. Spannen Sie den linken Arm noch einmal ca. 5 Sekunden an und entspannen Sie sich danach.
9	Sich auf das Gesicht konzentrieren	Nachdem Sie beide Hände und Arme entspannt haben, richten Sie Ihre Aufmerksamkeit nun auf Ihr Gesicht.
10	Gesicht an- und entspannen (2x)	Spannen Sie Kiefer (Lippen und Zähne nicht zu fest aufeinanderpressen), Stirn (Stirn runzeln) und Augen (Augen zusammenkneifen) ca. 5 Sekunden an und entspannen Sie sich anschließend. Spüren Sie den Unterschied zwischen Anspannung und Entspannung. Spüren Sie, wie von Ihrem Gesicht Entspannung ausgeht. Atmen Sie tief ein und aus. Spannen Sie das Gesicht nochmal ca. 5 Sekunden an und entspannen Sie es dann wieder.
11	Sich auf den Bauch konzentrieren	Richten Sie nun Ihre Aufmerksamkeit auf Ihren Bauchraum.

12	Bauch an- und entspannen (2x)	Spannen Sie Ihren Bauch an und drücken Sie die Bauchdecke ca. 5 Sekunden nach außen. Entspannen Sie ihn dann wieder. Spüren Sie den Unterschied zwischen Anspannung und Entspannung. Spüren Sie, wie Ihr Bauch ganz warm wird und wie Entspannung von ihm ausgeht. Atmen Sie tief ein und aus. Spannen Sie nochmals ca. 5 Sekunden den Bauch an und entspannen Sie ihn dann wieder.
13	Sich auf die Beine konzentrieren	Wandern Sie jetzt weiter nach unten zu den Beinen.
14	Beine an- und entspannen (2x)	Spannen Sie beide Beine ca. 5 Sekunden ganz an, indem Sie die Oberschenkel und Waden anspannen und die Füße und Zehen ausstrecken und von sich wegdrücken. Entspannen Sie sich wieder. Spüren Sie den Unterschied zwischen Anspannung und Entspannung. Spüren Sie, wie Ihre Beine schwer und warm werden und wie Entspannung von ihnen ausgeht. Atmen Sie tief ein und aus. Spannen Sie nochmal ca. 5 Sekunden die Beine an und entspannen Sie sich danach.
15	Evtl. noch andere Partien an- und entspannen	Individuell können Sie andere Regionen oder Muskelpartien an- und entspannen, die Ihnen verkrampft vorkommen. Achten Sie darauf, dass Sie stark verkrampfte Partien nur leicht anspannen, da sich sonst Schmerzen einstellen können.
16	Einige Minuten ruhig und entspannt atmen	Atmen Sie nach der Übung noch einige Minuten ruhig und entspannt. Konzentrieren Sie sich auf Ihren Atem und auf das Gefühl von Entspannung, Geborgenheit, Ruhe und wohliger Wärme.
17	Von 5 bis 0 zurückzählen	Um wieder gut in den Alltag zurückzukommen, hilft es, von 5 bis 0 langsam rückwärts zu zählen. Bei 0 öffnen Sie die Augen, beginnen sich langsam zu bewegen und strecken sich.
18	Entspannung mitnehmen	Nehmen Sie diese Entspannung in die nächste Tätigkeit mit.

Wichtig: Während der Übung sollten Sie an nichts anderes denken, als an die Entspannung. Konzentrieren Sie sich daher ganz auf Ihren Körper, die Atmung und führen Sie ständig ein Selbstgespräch mit sich, indem Sie sich Anweisungen geben und sich bei der Atmung Sätze wie »Ganz ruhig.« oder »Lass los.« etc. sagen.

Führen Sie die Übung so häufig wie möglich durch und üben Sie mehrere Wochen lang, bis Sie einen deutlichen Entspannungseffekt verspüren.

Wenn Sie die vollständige Entspannungsmethode gut beherrschen und deutliche Effekte verspüren, können Sie zur Kurzentspannung übergehen.

Die Kurzentspannung

Die Kurzentspannung basiert auf dem gleichen Prinzip der Anspannung und Entspannung einzelner Muskeln. Jedoch nicht mehr in der hohen Auflösung wie bei der vollständigen Muskelentspannung, sondern nun in verkürzter Form. Das geschieht dadurch, dass Sie gleich ganze Muskelpartien zusammen entspannen und nicht wie oben nur einzelne Muskeln. Der Zeitaufwand ist dadurch reduziert und der Anwendungsbereich größer. Die Kurzentspannung können Sie auch kurz vor einem Vortrag, einem wichtigen Termin oder in akuten Stresssituationen ausführen. Voraussetzung für diese Kurzvariante ist, dass Sie die vollständige Form beherrschen.

Sie können diese Übung nun auch regelmäßig anstelle der vollständigen Muskelrelaxationsübung durchführen. Falls Sie jedoch Zeit haben, üben Sie weiterhin auch die Langform, damit Sie den vollen Trainingseffekt haben.

Der Entspannungsreflex

Sobald sie die Kurzentspannung gut beherrschen, können Sie damit beginnen, den Entspannungsreflex zu trainieren. Diesen können Sie individuell aufbauen, indem Sie eine Übung durchführen, die den gesamten (durch die beiden vorher gelernten Übungen aufgebauten) Entspannungsprozess auslöst.

Diese Kurzübung können Sie mit folgenden Körperpartien einleiten:

- Faust an- und entspannen
- Gesicht an- und entspannen
- Schultern an- und entspannen
- Atmung (Zwerchfellatmung)

Den Entspannungsreflex können Sie nun in Stresssituationen gezielt und unbemerkt einsetzen (z.B. vor einem Vortrag oder einem wichtigen Termin eine kurze Atemübung machen oder die Faust in der Hosentasche ballen).

Die Entspannungsmethode bringt nur dann einen Nutzen, wenn Sie sie regelmäßig anwenden und über mehrere Wochen hinweg diszipliniert üben. Erst dann werden die Kurzentspannung und der Entspannungsreflex möglich und können ihre volle Wirkung entfalten.

ANLEITUNG FÜR DIE KURZENTSPANNUNG

1	Sich bequem hinsetzen, Augen schließen	Setzen Sie sich bequem hin oder führen Sie die Übung dort aus, wo Sie können, wenn Sie in oder kurz vor einer Stresssituation stehen.
2	Muskeln für 5 Sekunden anspannen	Verschränken Sie die Arme hinter dem Kopf, drücken Sie die Arme nach vorne, während der Kopf gleichzeitig nach hinten drückt, sodass eine starke Anspannung entsteht. Heben Sie die Beine an, spreizen Sie die Zehen, spannen Sie die Bauchdecke an und drücken Sie die Bauchdecke nach außen. Spannen Sie alle Muskeln gleichzeitig rund 5 Sekunden lang an. Sagen Sie sich innerlich: Ich lasse los.
3	Übung wiederholen	Wiederholen Sie die Übung nochmal nach ca. 10 Sekunden Ruhephase.
4	Ruhig atmen	Atmen Sie während der gesamten Übung tief und ruhig ein und aus. Atmen Sie ins Zwerchfell hinein.
5	Körper lockern und Entspannung fühlen	Lockern Sie anschließend den gesamten Körper, spüren Sie die Ruhe und Entspannung, die von Ihrem Körper ausgeht und Ihren Geist erfüllt.

Adressen und Links

www.onmeda.de
Das Ratgeber-Portal für alle Themen rund um Gesundheit und Medizin bietet auch ausführliche Informationen zum Thema Stress. Und hat viele weitere Tipps zu dessen Bewältigung parat. Außerdem können sich Betroffene unter anderem in Foren austauschen sowie online den Rat von Experten einholen.

Websites des Psychologischen Instituts der Universität Zürich, Prof. Dr. Guy Bodenmann

www.stressfit.ch
Website der Universität Zürich, welche wissenschaftlich fundierte Stressbewältigungskurse anbietet. Zudem kann über diese Website die interaktive DVD »Stark gegen Stress« bestellt werden.

www.paarlife.de
Website der Universität Zürich für Paare, die ihrer Partnerschaft etwas Gutes tun wollen. Hier finden sie wissenschaftlich fundierte Kurse zur Stärkung ihrer Paarbeziehung und zu Kommunikationstrainings.

Weitere Websites

www.psych-info.de
Info-Seite der Psychotherapeutenkammern Berlin, Bremen, Hamburg, Niedersachsen, Saarland und Schleswig-Holstein mit Online-Therapeuten-Suche

www.psychotherapiesuche.de
Service-Seiten der Deutschen Psychologen Akademie mit Informationen und einer Online-Therapeuten-Datenbank

www.hilfe-bei-burnout.de
Die Seiten bieten neben Informationen und einem Selbsttest zum Thema auch die Möglichkeit, online nach Therapeuten und Kliniken in der Nähe zu suchen.

www.burnout-institut.eu
Das Burnout-Institut Norddeutschland (BIND) will zur Prävention auf individueller sowie gesellschaftlicher Ebene beitragen. Auf der Website gibt es verschiedene Merkblätter und eine kostenlose Broschüre zum Downloaden.

www.burnout-helpcenter.de
Hier finden Betroffene viele Informationen und Hilfsangebote.

Literatur

Ruth Jahn: **Natürlich gesund mit Hausmitteln.** So behandeln Sie mit Hausmitteln Beschwerden rezeptfrei und ohne Nebenwirkungen. Ratgeber Edition der BILD am SONNTAG (2013)

Stichwortverzeichnis